近思録集解

新編儒林典要

［宋］朱熹　呂祖謙　編
［宋］葉采　集解
何益鑫　郎嘉晨　導讀　整理

上

图书在版编目(CIP)数据

近思录集解/(宋)朱熹,(宋)吕祖谦编;(宋)叶采集解;何益鑫,郎嘉晨导读、整理.—上海:上海古籍出版社,2023.1(2024.11重印)
(新编儒林典要)
ISBN 978-7-5732-0547-6

Ⅰ.①近… Ⅱ.①朱… ②吕… ③叶… ④何… ⑤郎… Ⅲ.①理学—中国—南宋②《近思录》—注释 Ⅳ.①B244.72

中国版本图书馆 CIP 数据核字(2022)第 214620 号

新编儒林典要

近思录集解

[宋] 朱熹 吕祖谦 编　[宋] 叶采 集解
何益鑫　郎嘉晨 导读、整理

上海古籍出版社出版发行
(上海市闵行区号景路 159 弄 1-5 号 A 座 5F　邮政编码 201101)
(1) 网址: www.guji.com.cn
(2) E-mail: guji1@guji.com.cn
(3) 易文网址: www.ewen.co

印刷　苏州市越洋印刷有限公司
开本　890×1240　1/32
印张　17.5　插页 10　字数 258,000
印数　2,101—2,900
版次　2023 年 1 月第 1 版
　　　2024 年 11 月第 2 次印刷
ISBN 978-7-5732-0547-6/B・1293
定价: 89.00 元

目 录

丛书序：以工夫的眼光重看经典　刘海滨

·· 1

导读：《近思录》的理学工夫要义　何益鑫

·· 1

卷一　道体 ·············· 1

卷二　论学 ·············· 42

卷三　致知 ·············· 115

卷四　存养 ·············· 159

卷五　克治 ·············· 192

卷六　家道 ·············· 215

卷七　出处 ·············· 228

卷八　治体 ·················· 250
卷九　治法 ·················· 271
卷十　政事 ·················· 294
卷十一　教学 ················ 325
卷十二　警戒 ················ 338
卷十三　辨异端 ·············· 351
卷十四　观圣贤 ·············· 364

附录 ························ 385

丛书序：以工夫的眼光重看经典

时至今日，伴随外部环境的大动荡，时代精神正发生转折；风气的变化随处可见，比如电影和文学，从现实主义占主流到科幻、奇幻、仙幻之类持续风行。"由实转虚"所表征的其实是由外转内，不满足于物质的平面的生活，转而寻求立体的生命体验，寻求超越的精神之路。"举头望明月，低头思故乡"，我们周围弥漫的复古风，来自对古人生活的好奇和向往，更根本的原因则是对于曾经的立体丰富的生命生活的追怀。它在每个人内心涌动，起初并不自觉，更进一步，就有了追究生命精神来源的需求，这是我们今天重读经典的根本动力。

一、经典的本义

文化的核心是经典,因为经典蕴含着文化的根本精神和核心内容。此当无疑义。但什么是根本,什么是核心,每个人的认识可能不同,因此,各个时代对经典的认识(也就是那个时代的主流认知)也可能不同,有时候还会差异很大。在此意义上说,学问确有古今之别。换言之,古今学问变异的原因不在于学科的分类或使用工具的变化,而来自对经典的认识不同。

具体说来,不同时代对于经典的认知不同,有两种情况:一是对哪些书属于经典的认定有差别;比如儒家经典从"五经"到"四书五经"再到"十三经",是经典范围的扩大。二是对经典的解释的差异,比如对于权威注疏的认定发生改变;举一个典型的例子,朱熹《四书章句集注》在成书的年代连同作者一起被排挤打击,后来地位逐步上升,到了明代则被定为官方意识形态的标准解释。

从古今之别的视野来看,首先是第一种情况,经典的范围明显扩大了,主要是将自然科学和社会

丛书序：以工夫的眼光重看经典

科学的重要著作划入经典，同时人文经典的数量也有所扩充。而传统意义上的经典，虽然受重视的程度有所下降或起伏摇摆，但依然不可替代。这里透露出的信息是人类生活空间的扩张，以及重心的转移，其与第二种情况的古今变化紧密相连，而不若后者之深切著明，此不赘论。

就第二种情况的古今之别而言，二十世纪以来对经典的解释发生了巨大的变化。近人程树德曾说："今人以求知识为学，古人则以修身为学。"这句话见于程先生撰于1940年代的《论语集释》，概括了古今对经典的不同理解，推扩一层，实则是古今之学的本质性差异。

以下就以《论语》为例，来看看经典解释的古今变异。朱熹的《论语集注》的权威地位，伴随着科举考试教科书的身份一直延续到清末；1905年废除科举之后，随同读经在教育系统中的弱化乃至取消，该书地位则持续走低乃至被彻底抛弃。及至今日，朱注重新被学界重视，但是以它为代表的经典解释并未回到原先的主流地位。当今在读书界影响最大的《论语》解读，以杨伯峻《论语译注》和李零《丧家狗》为代表；前者以其浅显易懂，译文流畅，在普通爱好者中流行数十年，且被作为文科学生的入门书，后者主要受到相对高阶的知识阶层的青睐。两本书写作形式和读者群体不同，对经典的认识理路却如出一辙。

就如这个书名，《丧家狗》说得直白，就是要去神圣化，还孔子"知识分子"的本来面目。杨著《论语译注》比较温和，因形式所限也没有直接阐发自己的见解，但是通过其译注，描画出的孔子也是一个具有人文主义精神的"知识人"形象。不消说，杨李心目中的孔子都是以他们这一两代知识分子的形象为蓝本的。不能说孔子身上没有这些因素，但以这个整体形象比附孔子，则不啻天壤。这背后的根源是现代性的问题，彻底追溯分析不是本文的任务，简言之，现代人是扁平化的生命，生命应有的丰富层次和可能达到的高度被"二维化"了，物质性生活和头脑性知识是此扁平化人生的表征；现代知识人超出普通人的主要是"量"的增加（知识、专业技能或逻辑思维能力的增加），而非"质"的变化（生命的净化提纯）或"性"的改变（生命层次的提升）。古代文化人（不论中西）以追求精神境界的提升为人生目的，其间或许有层次的差别，比如立足人间的君子贤圣，立足出世的得道证果，其共同点是生命的净化和高度层级的提升，而此质和性的跃升需要付出持续的努力乃至毕生的精力。

或许有人会说："所谓精神追求我们不是一直都在提倡吗？现代人并未抛弃精神、道德呀。"是的，这些词我们还在用，但是已经偷换了概念。精神、道德的提高，本义是向上的质的提升，而现代人却是在平面上使用这些词，说一个人道德高尚，只不过是说他遵守伦理规范，做事有原则，有正义感等；说一个人有精神追求，不过是说他文化生活丰富，艺术品位较高等。不错，古人的精神、道德也离不开这些内容，但这些内容最多只是提升自我的起点或方式。究其根源，之所以有这种偷换且不自知，是因为截断了这些词背后的天人连接。在人类各民族的上古神话里，都有天人往来交通的描述，后来"绝地天通"，天人之间断绝了直观形象意义上直接往来，但是精神的连通始终保持，作为人类文化的共同根基，并且成为文化基因灌注在每个词语之中。而现代化以来，这种精神的连接逐渐中断了，词语也成了无根漂浮之物。且以"道德"一词为例，略作讨论。

现代语境下的"道德"与古典的道德,并非一回事。就本义而言,"道"是宇宙万物的本体,"德"是道在具体事物中的呈现。道下落到每个事物中,事物各自以其特有的方式呈现道,称为德。因此德一方面与道连通,一方面又是某一事物之为此事物的根据。如果没有德,某一事物就不成为它自己了,因此一个人如果没有德,就不成其为一个人。德对于人来说,是保证他是一个人的根本,并且是由此上通于道的依据(所以孔子说"志于道,据于德";由德上通于道则需要"修",称为修身或修道,所以接着说"依于仁,游于艺",就是修身的方法),因此是人的第一需要。后来把这两个字组成一个词,表达的正是道的根源性和彼此的关联性,所谓天人之际,所谓万物一体,俱在其中。因此,"道德"在传统话语中是最高序列的词,代表人类精神领域的源头,具有神圣性。

现代语境中"道德"的含义,大致对应古代汉语的"德"字的层面,但道的意义已经被弱化甚至切断了,因此"德"也就不是原来意义的德。现代语境中的道德,一般是指为了使人与人和谐相处,或者维系社会秩序而对个人的伦理要求,进而固化为社会行为规范。这里的德不再与道相连，因此也失去了其为人之根本和第一需要的意义，成为一个附加在自然人身上的，因应社会需要而后起的东西；因此，通过个人的道德修养而上通天道、与道合一的途径也湮灭不彰，此之谓"天地闭，贤人隐"。由此可见，现代一般所谓的道德，是实用主义的产物，与古典的道德相比，成了无源之水。

如是，"道德""精神""性命""心灵""修身"这些词的本义都连通着天道，是故孔子说"下学而上达"，抽离了"天"之维度，亦不成"人文"；如此"天人合一"的人文，才可以"化成天下"（见《易经·贲》彖辞），此之谓"文化"。现代性的弊病在于将立体的上出的精神维度拉低到平面的"量化"的物质和知识层面，从而取消了人通过自我修炼成为"超人"以自我实现这一向度。因此，古今人的特质不妨分别用"知识人"和"文化人"[1] 来指称。

---

[1] 美籍罗马尼亚裔学者伊利亚德（1907—1986）曾创设"宗教人"概念，用以与知识化的现代人相区别，宗教人所指的内涵略同于本文说的"文化人"，都指向精神的丰富和提升；中国传统"文化"观念所涵甚深广，可以包含一般理解的宗教。伊利亚德有很多宗教文化学、神话学的著作，对此问题多有精辟的分析和洞见，可以参阅。

站在古人的立场上，如果历史定格于此，那就不仅是"三千年未有之大变局"，而是"人将不人"。幸好，对于现代性弊端的认识伴随着现代化进程而逐渐深入，由知识人再到文化人的转折已经悄然来临，而且携着科学这件利器的回归，某种意义上可能是更高层面的回归。就如历史上常见的情况，根本性的变化往往先从边缘地带发生，逐渐渗透到主流文化形成风气，再带动底层民众的转变。当今之际，边缘向主流渗透之势已成，但主流仍旧唱着老调，因此这些话虽然也已不新鲜，还是得一说再说①。

传统的经典，不论中外，都是以精神提升为核心的。经典的类型不同，情况亦有所差别。宗教类经典以出世为目标，当然是以精神提升为主的。世间经典，比如儒家类，则精神提升与世俗生活兼

---

① 笔者深知，这样的论述很难使自居现代知识人者信服，所谓"只缘身在此山中"，道理不难懂也不难验证，问题是障蔽已深，自以为是，正坐孟子"自暴"之病，所谓"自以为是，而不可与入尧舜之道"。本丛书的目标读者是对于传统修身之学心向往之，至少是保持开放的心态，愿意倾听内心的声音的人，固步自封者不足与论。

丛书序：以工夫的眼光重看经典

顾，即"内圣外王之道"，但仍然是以自我的精神提升为主导，以精神生活贯通物质、社会生活，此之谓"吾道一以贯之"，"一是皆以修身为本"。具体说来，就是需要按照一定的修养方法，经过积累淬炼而发生质变，达至某种超越凡俗的精神境界。推己及人，又可以分为自我提升、帮助他人两个方面，即学习与教化，自觉和觉他。

仍旧以《论语》为例。《论语》有两个核心关键词，一个是"学"，就是自我精神提升的过程，用宋儒的话说：学是为了"变化气质"，"读《论语》，未读时是此等人，读了后又只是此等人，便是不曾读"（朱熹《论语集注》引程颐语）。另一个词是"君子"，即学的目标：达到一定的精神高度，成为一个真正的人。君子只是一系列境界坐标中的一个，往上还有贤、圣等。"学不可以已"，学习是无止境的，人生就是不断攀升的过程，孔子现身说法，用自己的一生诠释这个过程："吾十有五而有志于学，三十而立，四十而不惑，五十而知天命，六十而耳顺，七十而从心所欲不逾矩。"孔子孜孜以学，精进不已，以差不多十年一个台阶的速度将生命提升至极高的地位，生动而明确地示现了学习是精神的提升，是质的飞跃，乃至性的改造。但是如果换成现代的知识化的眼光，则会作出另一种解读。

就如《论语》开篇第一章：

> 子曰："学而时习之，不亦说乎？有朋自远方来，不亦乐乎？人不知而不愠，不亦君子乎？"

字面意思很简单，但是如何理解其真实含义，对于现代人却是一个考验。比如第一句，"学而时习之"，很容易想当然地把这里的"学"等同于现代教育的"学习知识"，那么"习"就成了"复习功课"的意思，全句就理解为学习了新知识、新课程，要经常复习它——直到现在，通行的《论语》译注包括中学课本，基本还是这么解释的。但是，我们每天复习功课，真的会快乐吗？

其实这里发生了根本性的理解偏差。古人学习的目的跟现代教育不一样，其根本目的是培养一个人的德行，成就一个人格完满、生命充盈的人，所以《论语》通篇都在讲"学"，却主要不是传授知识,而是在讲做人的道理、成就君子的方法。学习了这些道理和方法,不是为了记忆和考试,而是为了在生活实践中去运用、在运用时去体验,体验到了、内化为生命的一部分才是真正的获得,真正的"得"即生命的充盈,这样才能开显出智慧,才能在生活中运用无穷(所以孟子说:学贵"自得",自得才能"居之安""资之深",才能"取之左右逢其源")。如此这般的"学习",即是走出一条提升道德和生命境界的道路,达到一定生命境界的人就称之为君子、圣贤。养成这样的生命境界,是一切学问和事业的根本(因此《大学》说"自天子以至于庶人,壹是皆以修身为本"),这样的修身之学也就是中国文化的根本。

所以,"学而时习之"的"习",是实践、实习的意思,这句话是说,通过跟从老师或读经典,懂得了做人的道理、成为君子的方法,就要在生活实践中不断(时时)运用和体会,这样不断地实践就会使生命逐渐充实,由于生命的充实,自然会由内心生发喜悦,这种喜悦是生命本身产生的,不是外部给予的,因此说"不亦说(悦)乎"。

接下来,"有朋自远方来,不亦乐乎",是指志同道合的朋友在一起共学,互相交流切磋,生命的喜悦会因生命间的互动和感应,得到加强并洋溢于外,称之为"乐"。

如果明白了学习是为了完满生命、自我成长,那么自然就明白了为什么会"人不知而不愠"。因为学习并不是为了获得好成绩、找到好工作,或者得到别人的夸奖;由生命本身生发的快乐既然不是外部给予的,当然也是别人夺不走的,那么别人不理解你、不知道你,不会影响到你的快乐,自然也就不会感到郁闷了。

以上的说法并非新创,从南朝皇侃的《论语义疏》到朱熹的《论语集注》,这种解释一直是主流。今天之所以很多人会误解这三句话,是由于对传统文化修身为本的宗旨不了解,先入为主,自觉或不自觉地用了现代观念去"曲解"古人。

二、工夫路径

经典的本义既是如此,那么其内容组成,除了社会层面的推扩应用之外,重点自然是精神提升的路径、方法，实践过程中的经验总结，以及效果境界、勘验的标准等，所有这些，传统上称为"工夫"（或"功夫"）。

能够写成文字的只是工夫的总结和讨论，可称为"工夫论"，对于工夫本身来说，已落入"第二义"。由此可知，工夫论应该以实际的工夫为准的，实际工夫来自个人的亲身体验。经典中的工夫，既然是用来指导后来者的实操指南，那么此工夫就应来自公认的成就者，即被大家和后人认同的具有极高精神境界的人，中国文化称为圣贤。所以对工夫可靠性的认定，来自对成就者境界的认定，而境界的认定又来自于其人展现出的"效验"和"气象"。

或许有人会问，既然精神境界无形无相，古时候那些圣贤是凭什么认定的？对于普通人而言，对于圣贤的认定需要通过间接、逐次的方法和长期的过程。按照精神高度的差别，人可以分成不同的层级，圣人好比在九层楼，贤人在七层，君子在五层，我们普通人在一层。如果在一层的人想要知道某人是否在九层，一个可行的办法是先认定一些在二三层的人，再通过二三层间接认定更高层的人。

二三层人看到的景观虽然与一层有所不同，但是比较接近和类似，比如不远处一所房子还是一所房子，只是小一点；二三层还可以看到更远处一些景物，一层人虽然看不清但也能看到大致的轮廓；因此可以依据一层的经验判断这些人所描述的景象是否真实可信，以此来认定他们是否真的在二三层。待到多认定一些二三层的人，会发现这些二三层的人会共同认定某些五层的人，在一层的人就可以基本相信那些人是君子；君子虽然高出一层人很多，所描述的在五层楼上看到的景观，有些一层人根本不曾见过，但是既然我们认定的二三层人都说那是真的，那么我们也就愿意相信是那样的。同样道理，我们可以逐级向上，通过君子来认定贤人，通过贤人来认定圣人。如此，被很多同代人认定的圣贤，记录了他们的实践经验的著作会流传下去，后面一代代人则主要通过这些著作再来认定（其实认定的途径不限于此，超时空的感应乃至神通在精神实践层面也是重要的方式，此暂不论），这样经历代反复确认过的人就被公认为此文化传统中的圣贤，他们的著作则被确认为经典。地位确立之后，后来的人们也就会以经典，也就是圣贤的言说当作行为和自我提升的指南，佛教中称为"圣言量"。但是从根本上说，圣言量也只是间接经验，对于我们的本心本性而言，还是外在的参考标准，只是我们目前无法获得直接经验，所以需要先"相信"经典。

如果我们只是作为一个凡人生活一生，并不作自我"升级"之想，那么这些经典确实可以在宽泛的意义上指导我们，使我们维持住现有的水平，不至于堕坑落堑，想要达到这个最低目标，需要对经典和往圣先贤有敬畏之心；如果希望自我提升，走君子圣贤的超越之路，那么这些经典记载的圣贤经验更可以给我们指明方向，引领扶持，这同样需要对经典和圣贤有恭敬心和信心。但是，对于后者，对经典和圣贤的"信"就不是一个固定值，而是一个过程，需要在实修过程中逐步验证落实"信"。回到那个比喻，普通人从一层起步攀登之初，就需要树立顶层的目标，同时对于二层乃至顶层的风景有一种想象和向往——此为起初的"信"，来自圣言量，可称为"虚信"——这非常重要，不仅是确立前进的方向，还是攀登的动力。当来到二三层时，一方面原先对二三层的揣测就落实为亲证，一方面对于四五层的风景也有了更进一步的认识，同时信心也就更落实。等我们到达第五层，就实证了君子境界，并且对贤圣境界有了更亲切的体会、更明确的认识；或许终于有一天，登上了第九层，会完全确证经典上的话。——就是这样，一步一步，以自己的体验逐步印证圣贤的经验，将圣贤的经验化为自己的体验；与此同时，也由最初的"虚信"逐步落实到亲证的"实信"，此为"证量"（与"圣言量"相对）。假如不是这样走亲证的道路，只是站在原地凭借头脑意识或想象、或推断，则始终不脱空想窠臼，现代学者多坐此病，佛家谓之"戏论"。当年大程子批评王荆公只如对塔说相轮，不免捕风捉影，而自己则"直入塔中，上寻相轮，辛勤登攀，逦迤而上"，终有亲见相轮之时（《河南程氏遗书》卷一），可谓切肤入髓，惜乎今人多不察也。

圣贤留下不同的经典，路径和方法有别，体现了各人特性、处境的差异，传统称为"根器""机缘"。修证的第一阶段，需要确定适合自己的路径和导师，过此方可称"入门"。就儒门而言，孔子身后，儒分为八，表征了学问路径的分化；论其大端，向有"传经之儒"和"传心之儒"之分。所谓传心之儒，并非不传经，而是以修身为本，这样在解经传经之时，以工夫体验作为理解和诠释经典依据，如果修证有方，则虽不中亦不远矣。所谓传经之儒，乃以传经为务，其释经亦以理论推导、文字互释为主，传经者如果缺少实证经验（没有自觉用工夫或工夫境界太低），很可能转说转远。如汉儒说经动辄万言，政府立"五经博士"，解经传经成为学官专业；"传心"式微，转为边缘暗流，可以想见。与此同时，经学乃至儒家本身的衰落也就蕴含其中了。如前所述，文化和经典的根本在于个人身心的实践，亦即须有可操作的修持方法，还要有一代代的成就者保证这些方法的效果和传承。因此传经之儒保证不了经典的鲜活性，当传心一脉中断，工夫路径湮没，经典变异成历史资料集之时（喊出"六经皆史"的，必然是儒学衰微的时代——清代主流自称"汉学"自有其学术依据，亦与汉儒同坐其罪），作为学派的儒家即失去了其根基，很容易沦为统治工具。时代精英亦自然汇聚到佛、道门中，所以有"儒门淡泊，收拾不住"的感慨。

这正是宋儒所要解决的问题。汉宋之变，其实质就是回到"传心"的路径上。曾子、子思、孟子一脉，被宋儒拈出，特为表彰，与《大学》《中庸》《孟子》经典地位的确立一道，成为孔门正宗。其背后的原因，前人多有考论，如果从工夫的角度来看则昭然若揭。支撑宋儒的，并非当今哲学史家看重的一套"性命理气"的理论系统的建立，而是找出清晰的工夫路径和可操作的修身方法，其心、性、理、道等名词概念主要是为了说明工夫原理和实践经验①，这里当然有佛、道二教的刺激，但宗教间的竞争根本上不是理论的争辩，为了生存，必须找到自己的修行成圣的路径和方法，如果要竞争，也只能从这里竞争，看谁的方法有实效有保证。并且对抗往往先从内部开始，所以有"道

---

① 这里当然也涉及现代所谓"宇宙生成论"问题，但并非来自理论的兴趣。"天""道"既是生命的来处，也是工夫的源头，《中庸》首章说得明白："天命之谓性，率性之谓道，修道之谓教。""率""修"已进入工夫领域，下面紧接着就是工夫的具体展开："道也者，不可须臾离也，可离非道也。是故君子戒慎乎其所不睹，恐惧乎其所不闻。……"此外，"天""道"还是修行的目标或人之归宿。儒道二家于此大体一致，只是着眼点不同：儒家重起点和此生，故以人道合天道；道教重目标和去处，故多天界神仙之谈。

统"论的建立。韩愈发其先声，谓"轲之死，不得其传焉"，宋儒接着说，其后千有余年，乃有周、程诸子出，直接孔孟之传，其表征的正是"传心"对于"传经"之儒的拨乱反正。

类似情形在佛教内部亦有发生，不妨参照。唐朝初年玄奘法师载誉归来，翻译大量经典，并开创了中国唯识宗，国主僧俗崇信，一时无两。然而二三传之后，唯识宗即迅速衰落，取而代之的，则是密宗（这里指的是从"开元三大士"入唐开始，从玄宗到德宗皇帝尊崇的唐密）和禅宗。唯识宗不论在印度还是中国，其特长在于理论系统的完备深密，与之相应，其修持方法也以深入细密辨析心相为主，高度依赖于学识和思辨力，难于落实到一般人的修持操作上，因而一个直观的结果就是，如玄奘大师这样的成就者太少，后继乏人。修行路上，普通人要付出艰苦长期的努力；其间的动力，除了获得可以感知的"法效"之外，还需要榜样的力量支撑。相较而言，之后的唐密则不仅有完整的修持仪轨可以凭依，几代祖师所显示的功效和神通令皇室心折，数朝奉为国师；禅宗的修证虽以不落文字著称，但其修持路径和方法是清晰的，对于相应的根器而言，依然有章可循便于操作，且其代代相传，皆有明心见性的宗师作为保证。后来密禅二宗亦相继衰落，其根本原因也是在修证方面的后继乏人，传承中断，① 可见宗教（此取其传统和宽泛意义）的根本在修持，修持须有可行的方法和切实的效果。

三、从浑融到精微

宋儒的使命，是从秦汉以来榛芜已久的荒野之中辟出一条路，由凡至圣之路。

说开辟，毋宁说是恢复。因为由凡至圣的途径，至迟在孔子那里，已然清晰呈现了。如前所述，"学"，就是孔子开辟的这条路的宣言——孔子自己示现了从凡夫（"吾少也贱"）自励修学（"吾十有五而有志于学"，"十室之邑，必有忠信

---

① 唐密衰败之由，主要是外部环境压迫造成的传承中断，其经唐武宗毁佛教、朱元璋禁习密，遂于汉地中绝，所幸唐德宗时传于日本，兴盛千年，民国年间乃得反哺中国，流传至今。禅宗的逐渐衰落，则主要因为随着时代更替学人根器跟不上了，这也是宋明之后禅净合流，乃至净土独盛的内在原因。

如丘者焉，不如丘之好学也"），逐步提升直至贤圣（三十、四十、五十、六十、七十，十年一个台阶，一个新的生命境界）的全过程。孔子自居于"学者"，即终生学习的人，且只问耕耘不问收获："若圣与仁，则吾岂敢？抑为之不厌，诲人不倦，则可谓云尔已矣。""为之不厌"，学也，即自觉；"诲人不倦"，教也，即觉他；更深入一层，所谓教学相长，学也是教，教也是学：均是过程中事，不自居于已成。这里既是表示自我态度，也是为后儒立法，效法天道，永远在"学"的过程中，"天行健，君子以自强不息"，是以《易》终于"未济"。

当然这并不妨碍，或许更使得学生及后人推崇孔子为圣。到了汉代，更是由圣而神（倒也并非无据，孟子说"大而化之之谓圣，圣而不可知之之谓神"），被赋予了很多神通异能；更重大的变化是，孔子被认为是天降圣人，不学而能，其使命乃是为后世立法。因此汉儒说经，重经世而轻心性；演绎神异，乃有谶纬。如此一来，孔子示现的成圣之路既不得信重，《论》《孟》、五经里的工夫路径亦湮没不彰。

究实而论，汉儒那里未始没有工夫。高推圣境，敬天祭神，背后是一种虔敬之情，这是从神话时代延续下来的宝贵资源，其本身也可以成为工夫，但是汉儒对此缺乏自觉的意识，则其自我提升的效用亦微矣（类似于宗教中的善信之众与"修士"之别）。与此对照，相信凡人可以成圣，自觉运用工夫以提升自我，这是孔子提炼出来的中国文化中至为宝贵者，这种自信自觉在汉儒那里重归晦昧，是非常可惜的。在此意义上，儒学在汉代是一个曲折。

接下来的魏晋南北朝至唐、五代，对于儒学而言确乎漫长而晦暗，与之对照的是佛、道二教的蓬勃发展。其间正是二教工夫体系的成熟期，唐代佛教各宗相继而兴，大德高僧灿若群星；道教丹道修炼也逐渐系统化，形成自己的特色。宋儒的异军突起，正是在这样的环境里产生的；所谓"礼失求诸野"，一面是自身传统的失落千年引其奋发，一面是二教工夫修炼的丰沃土壤足资滋养。回看宋儒的道统说，以周程直接孟子，体现的既是传心之儒的认祖归宗，更是身心修养工夫的回归以及贤圣可期的自信自强。"问渠哪得清如许，为有源头活水来"，只有在此意义上，儒学才是真正的活的学问。

宋儒重建的工夫系统，立足于对孔颜曾思孟工夫的回溯和整理，同时融入了时代特色。概括言之，先秦道术皆脱胎于上古之巫①，巫术可谓一切工夫的源头。经过孔子提炼的工夫，乃以人的活动为基，在生活中自觉地以人合天；巫的本质是"降神"，即神灵来合人（当然有高级的"神显"和低级的"附体"之分，此不深论），工夫则是人通过自觉的精神修炼以上合天道。但是孔门工夫中，天人、人神的联系仍然紧密，礼、乐、《诗》、《易》中在在可见。礼乐来源于祭祀，而祭祀则是巫的重要领域。作为孔门工夫的"礼"，保留和强调了其

---

① 此"巫"请勿误解，巫字从字形上看其义显豁，乃是沟通天地人的媒介。远古时代，天人往来畅通，后来"绝地天通"（首见于《尚书·吕刑》），天人的沟通就成为一种专职，由具有灵性能力和专门技术的少数人掌握，这个特殊群体称为"巫"，大巫不仅掌握通灵之能和术，也是文化的传承者和氏族王朝的首领。这种情况，在伏羲女娲等远古传说，《山海经》的各种神异记载，乃至《史记》开篇的《五帝本纪》中，仍然可以窥其大略。

中的虔敬之情，比如"祭如在，祭神如神在"①。《乐经》虽不传，乐的精神在《诗经》里尚可想见；乐，就是情感的和乐状态，需要在人之"常情"中体验，比如经孔子删述的《诗》三百，以《关雎》的男女之情开始，以"颂"的敬天娱神结束，合乎《中庸》所言"君子之道，造端乎夫妇，及其至也，察乎天地"之序，亦为"情"之工夫次

---

① 这句话现代人往往简单当做比喻而轻忽，孔子的"如"，只是区别于生人肉体的存在，不妨其为具体生动的鬼神之"在"。《中庸》引孔子的话说"鬼神之为德，其盛矣乎；视之而弗见，听之而弗闻，体物而不可遗"，是说鬼神确乎存在，但不能用肉眼见，不能以耳朵听。如何感知呢？"使天下之人，齐明盛服，以承祭祀；洋洋乎，如在其上，如在其左右。"人以诚敬感格鬼（这里是指祖先）神，切实感受其降临身边，此为精神的感通，其工夫的关键是用心用情。下面的一段描写更具体形象：

齐（斋）之日：思其居处，思其笑语，思其志意，思其所乐，思其所嗜。齐（斋）三日，乃见其所为齐（斋）者。祭之日：入室，僾然必有见乎其位；周还出户，肃然必有闻乎其容声；出户而听，忾然必有闻乎其叹息之声。（《礼记·祭义》）

"思其居处，思其笑语，思其志意，思其所乐，思其所嗜"，此为工夫。这里的"思"是思念，不是思考，思考用脑，排除情感；思念用心，有情，用回忆不断加强情感的浓度。"见乎其位""闻乎其容声""闻乎其叹息之声"，此为效验。此处的见闻，也不是肉眼、耳朵所得，而是心的感通。

丛书序：以工夫的眼光重看经典

第。① 孔子韦编三绝，作《十翼》，《易》在孔门工夫中之地位可知，而《易》道幽微，处处皆寓天人感应，为下学上达的高阶教程。一言以蔽之，孔门工夫是天人连通、情理交融的，其形态特征是浑融的。

宋儒的工夫特色，也要从其历史环境变化，及其所处的实际生活状态中理解。相较于先秦，中古时期天人关系进一步疏远，日常生活中具体可感的乃是世间鬼神（民间所说的"三界"中，天界高高在上，与人关系紧密的是人间和冥界的鬼神仙灵）。在宋儒那里，一方面对于祖先以外的世间鬼神持一种疏离或排斥的态度，另一方面"天"高悬

---

① 《史记·孔子世家》中生动记载了孔子学琴的经过：

孔子学鼓琴师襄子，十日不进。师襄子曰："可以益矣。"孔子曰："丘已习其曲矣，未得其数也。"有间，曰："已习其数，可以益矣。"孔子曰："丘未得其志也。"有间，曰："已习其志，可以益矣。"孔子曰："丘未得其为人也。"有间，有所穆然深思焉，有所怡然高望而远志焉。曰："丘得其为人，黯然而黑，几然而长，眼如望羊，如王四国，非文王其谁能为此也！"师襄子辟席再拜，曰："师盖云《文王操》也。"

以工夫的眼光看，此是通过操琴，逐步澄明自心的过程，"志于道，据于德，依于仁，游于艺"乃孔门工夫论之总纲，此则生动展示了"游于艺"，即由技入道的工夫路径。同时艺乐不离神人之交感，最后文王之相赫然呈现，亦即"以乐通神"的境界。

为遥望的近乎抽象的存在，这既是时代原因造成的天人远离，也体现了宋儒阐发的"理"的特征。这一转化可称为"以理代天"。

上古时代天人的紧密关系，可以从遗典中窥见，经过孔子删述的五经，依然保留了这样的底色。彼时天人之间通过巫而上达下传，通过祭祀卜筮等建立联系，经孔子转化为礼、乐、《诗》、《书》、《易》的工夫，增加了自觉的修身意识，但其工夫注重感应和情，与上古的巫文化仍是血脉相连。感应的基础是"情"，情既是人的自然需求，又可以作为工夫和教化的重要方式，因此有学者依此精神将诗教礼教称为"情教"。宋儒继承了诗、礼的教化传统，但是其中情感的作用明显减弱了，比如朱子解《诗经》，始终有意识地将人情导归于中正平和之理，可说是"以理化情"。

例如，朱子解释《关雎》，延续汉儒之说，认为此诗主旨乃表"后妃之德"。《关雎》所表达的浓郁的男女情爱，因而转变为以德相配的"理性"态度。"求之不得，寤寐思服，悠哉悠哉，辗转反侧"，其心念相继、情思绵绵之态，朱子解释为："盖此人此德，世不常有，求之不得，则无以配君

丛书序：以工夫的眼光重看经典

子而成其内治之美，故其忧思之深，不能自已，至于如此也。"把春草般自然之情思，加了一个曲折，变成了因寻思其德之稀有难得而求配的"忧思"，此"忧思"无疑含有理性成分（甚至有功利的衡量："配君子而成其内治之美"），与直接发自身心的"情思"已非同一层次（用佛家言，情思属"现量"，忧思则属"比量"）。从朱子的角度来看，《关雎》表达的世俗之情、男女之爱，须拉到后妃之德上去才能符合"经"的地位。然而，《关雎》乃《诗经》开篇第一首，对照于《论语》首章的开宗明义，地位不可不为隆重，以汉儒、朱子的解释，显然不能相应（"后妃之德"乃《毛诗序》之言，郑玄则走得更远，乃至于有后妃另求淑女为妾以配君子之说）。这里表征了不同时代儒家工夫中，情的地位和作用的差异。在孔子那里，作为天人相应的基础的"情"，并非无源之水，其发端恰在于男女之爱情，就如孝亲之"孝"本是"私情"，却为"仁之本"（《论语·学而》："有子曰：孝弟也者，其为仁之本与！"）。再如《易经》上经讲天道，下经论人道，并有对应关系；上经以乾坤二卦、下经以咸恒二卦开始，即以男女之情对应乾坤之合。抛开男女之情，不惟不近人情，难于实行，恰恰失去了体会天人相应的良机；真切体会男女相爱慕的自然直接，彼此情思的绵绵不绝，将之延伸到慕天爱神，思念相继，这就成为工夫，而且是根本的直接的工夫。就如印度瑜伽修炼的分类，按照《薄伽梵歌》所示，"敬爱瑜伽"直接与神连接，乃是最简易直截的工夫，礼乐《诗》《易》的工夫庶几类之；宋明理学则类似于"智识瑜伽"，其修持工夫是依据"自力"、偏重"理性"（此处借用理性一词，包含了心性和后天意识）的，其形态特征是精微的。

回顾工夫的发展历程，上古巫术的阶段，巫的身份基本是"天选"的，其天生具有通灵的特质，在某个特殊机缘或经过一定的训练，获得"降神"和"出神"的技能[1]，起到沟通天人、人神的作

---

[1] 此类工夫和技能并未消失，而是不同程度和不同形态地保存在三教和民间宗教中，前者除了与感应、加持有内在联系之外，主要体现在民间扶乩等方术以及巫女神汉的那里，演变成仙灵附体，与上古沟通天人的巫已不可同日而语；后者则成为重要的宗教修炼术，比如道教内丹、佛教密宗等都不乏这样的记载，甚至儒家例如王阳明的传记里也有类似的传说。究实而言，出神或神游乃是修炼到某种境界时的自然效用，不是某家某派专有的，区别只在于是否将此作为自觉的工夫或追求的境界。

用。孔门工夫的意义，则是将少数特别人掌握的特殊技能转化为具有普遍意义的，普通人可以学习的，用于提升精神高度的方法。其与巫术的连接在于，一面保留和提炼礼乐仪式及其内涵的情感作为重要工夫手段，一面不刻意追求但也不排斥天、神（灵）在中间的强化作用——与此类超时空存在保持不即不离的态度——不追求，是因为没有特殊机缘的普通人难以获得，反而容易产生副作用；不排斥，是因为此类作用真实存在，且往往会产生奇妙的效果。汉儒则在此意义上有所倒退，即回到了以天和神为中心的，将孔子视为天选和沟通天地的大巫，从而弱化了儒学的工夫内涵，使得孔子开出的"下学而上达"工夫路径晦昧不明。宋儒重新清理出这条以人为本的工夫路径，且在孔子的基础上进一步强调了人人可以学而至圣；因为强化以普通人为基础的路径，则弱化了天和神在工夫意义上的"加持"之力；工夫转移到对心性的高度自觉的精细磨炼（黄宗羲《明儒学案发凡》所谓"牛毛茧丝，无不辨晰"），同时削弱了作为工夫的"情"的地位和作用，以及与天连通的"礼乐"之本义，使得礼成为心性磨炼的辅助手段——所谓"内外加持"工夫之"外"的一面——或者作为社会规范和"戒律"意义上的外在约束。

宋明儒学内部又有理学、心学的分化。相对而言，从大程子到陆象山到王阳明这一路，更注重"心"的感应、灵明作用，因此被称为"心学"。相对于小程子、朱子一路的更理性化、更重礼的外在规范作用，心学则对于诗的情感特性更有感觉，比如大程说《诗》注重"吟咏情性"，"浑不曾章解句释，但优游玩味，吟哦上下，便使人有得处"（《近思录》3.43，3.44），因此其个人气象更接近孔孟浑融和乐，令学人"如沐春风"，与小程之"程门立雪"恰成对照。这里不当只看作个人气质之别，亦体现出工夫路径的差异。

陆王一路可以看成是在宋明范围之内的"传心之儒"，相对而言，程朱一路则更偏于"传经之儒"。如果借用佛家自称"内学"的含义，用内、外来标识学问与心性工夫的紧密程度，"传心之儒"为内，"传经之儒"为外，同时两派之内又可再分内外，图示如下：

心学在一定程度上对理学起到了平衡中和的作用，使其不至于产生大的流弊。但是理学的工夫路

丛书序：以工夫的眼光重看经典

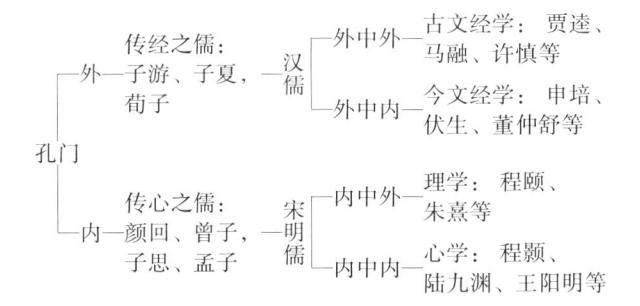

```
         ┌─ 传经之儒：     ┌─ 外中外 ─ 古文经学：贾逵、
         │  外—子游、子夏，  │          马融、许慎等
         │  荀子        汉儒┤
         │              └─ 外中内 ─ 今文经学：申培、
   孔门 ─┤                         伏生、董仲舒等
         │
         │  传心之儒：     ┌─ 内中外 ─ 理学：程颐、
         │  内—颜回、曾子，│          朱熹等
         └─ 子思、孟子  宋明儒┤
                          │
                          └─ 内中内 ─ 心学：程颢、
                                     陆九渊、王阳明等
```

数也是时代背景下大多数人"心理状况"的反映，随着天人远离，心灵能力普遍退化，或者说灵性充足的人变得稀少，人们越来越习惯于运用脑力（理智）。因此心学兴起的内在动因，即是不满于理学之偏于理性和知识（理学可说是心脑参半，在心学看来则是主次不分），将工夫全部收归当下之"心"，虽则其简易直截大受欢迎，但是当心学普及推广时，其困难也就显现了——普通人难以直接切入灵性层面，容易流于意识的模拟想象，其流弊至于认欲为理，猖狂恣肆。这也是阳明后学分歧的根本原因。理学、心学的差异当然与个人气质特点相关，每个人需要找到适合自己的路径，也就决定了会有偏于理或偏于心的选择；同时，在心上用功也需要找到适合自己的抓手，或当下直入，或迂回而进，或寻求辅助，这又在心学内部造成差异和分化。

到了明末清初，心学困境、流弊加上时代风气的外力影响，使得儒学主流逐渐向理学复归，及至清中后期又进一步成为"礼学"；此时的礼教已经基本丧失了孔门工夫中的情和感通的一面，也就失去了"礼意"，而专成为外在约束的、僵化的教条，从而堕落为统治工具，所以才有"五四"时期"吃人的礼教"这样的控诉。这是礼乐精神一步步失落和变异的过程。与此同时，则有清代"汉学"的兴起，认祖归宗于汉代传经之儒（主要是古文经学），此为儒学的知识化。遭此内外夹击的儒家又一次进入低谷。谁曾想，清末以来又遭遇全球现代化的大潮，以内圣工夫为性命的儒学，连同同气连枝的佛道二教一起，被卷入了前所未有的深渊。此为"三千年未有之大变局"之本质①。

---

① 清代儒学虽肌体逐渐衰弱，其能维持生命保持一口真气，仍是靠的宋明儒学的延续，不绝如缕。所谓同治中兴，其根骨乃是曾国藩师友团体以讲学修身相砥砺，带动振刷朝野风气的结果。无奈时代大环境，就心性实践之学而言，已然踏入一个循环中的"坏、空"之相。作为曾门弟子的李鸿章，无疑是对于儒家运命、现代风潮有双重刻骨感受的人，能说出这句直透骨髓的话实在情理之中。这一时段的相关论述，可以参阅拙文《常道与常识：重估梁启超之路》（载《原学》第一辑，复旦大学出版社，2021年）。

丛书序：以工夫的眼光重看经典

以熊十力、马一浮、梁漱溟为代表的现代新儒家，以及佛教复兴运动，均属文化"返本开新"思潮的一部分，都应看作对此"大变局"的自觉反应。而现代新儒学需要面对的，表面的一层是中国文化怎样应对现代化的冲击，这是容易看到的层面，而且儒家作为传统文化的代表冲在前面。更深一层的问题，则如同上一次新儒学（海外学者习称宋明儒学为"新儒学"）创立之时所面对的，是工夫路径的湮没和人才的旁落，这一层则容易被忽略。现代新儒家因此产生分化，而大部分人包括后来成为主流的熊牟师弟将主要精力放在了儒学哲学化的理论建设，即应对第一层冲击，对自身加以转化，此固有其时代意义，但如果脱离了工夫（修身）之根本，难免陷入当年唯识宗的困境。①

---

① 现实情况也是如此，熊、牟（宗三）一系新儒家辗转港台之际，声名远播，然而两三传之后，完全学院化，与一般儒学研究者无异。当年余英时与新儒家意见不合，曾有"游魂说"，认为儒家学说是建立在宗族和政治制度之上的，制度不存，魂无所寄；依本文观点，则儒家精神在修身，工夫不存，其病在"失魂"也。关于现代新儒家的分歧和演变，请参阅拙文《熊十力与马一浮——试论现代儒家的两种取向》（载《马一浮研究》，上海古籍出版社，2008年）。

四、我们今天怎样用工夫

回到自身，处于这样一个天翻地覆的大环境，怎样学习经典的工夫，改造自我的生命，这是我们的时代命运，必须自己解决。就工夫路径而言，所谓"法无高下，对机则宜"，法门无量，而每个"机"都具有特殊性，需要找出适合自己的那一条路。"机"有两个层面，一是个人的根机（根器），二是外在的机缘；"对机"，意谓修行方法既要适合修行者本人的特点，还要适应当下的时空环境，便于实行。基于此，又可将问题分为两步：第一，弄清楚经典提供的不同路径各自的"对机"；第二，认识今天我们自己的"机"，选择相应的道路，并在修行过程中根据具体情况加以调适。

经典和古人所提供的路径是一些个案，我们读书时需要时刻有这个意识，在还原"当机"（所对之"机"）的前提下理解这些工夫路径，也就是孟子说的"知人论世"：知人，即认识此人的根机；论世，即了解他所处的环境。在此前提下，才能充分把握其路径的本质，才能明白此个案对于自己的参考作用；如其不然，就像拿着别人的药方生搬硬套用到自己身上，不得其利反受其害。

于此有一典型事例且对于我们今天用工夫影响甚大者，不能不有所论列，即如何理解宋明儒之"辟佛老"。

此问题的由来，主要关乎在特殊时代环境中建宗立派。如前所述，宋儒怀抱复兴儒学的强烈愿望，又需要在继承中走出一条新路。彼时儒学虽然表面上还占据国家意识形态的地位，内在已然空虚，面对释道两家精神充足、人才辈出的局面，宋儒的心态是峻急的。因为自身发展停滞了，而别家正在鼎盛期，汲取资源，有所借鉴，所谓"礼失求诸野"，是再自然不过的。此为文化发展和交流的常态，本不必讳言，宋儒采取的严分彼我，乃至非难排斥的态度，实际是体现了在夹缝中求生存，须撑开双脚、扩大领地的宗派意识，对此不妨予以同情之理解。立派之初，或自感危亡之时往往而然；历史上佛教内部各宗之论争，例如印度本土的小乘、大乘之争，空、有二宗之争，唐代的天台、华严之争，后来的禅、净之争，性质与此相同。但究实而论，这种情况类似于当今习见的立场先行，其出发点和论辩内容不是、至少不全是来自学理。

如果不涉及宗派势力的考虑，即使辨明两家学问的立足点和目标有别，工夫和境界层面仍然可以互相借鉴资取，最自然的态度是大方承认，公开交流，或者各行其是也未尝不可，本不必大加攻讦。正是有了压制对方、张大己势的需求，特别是宋儒有拿回失去的地盘的心态，才会有峻急乃至极端的言论，比如援引孔子诛少正卯、孟子辟杨墨，极言佛老之危害有如洪水猛兽。孔子曰"听其言观其行"，从最早严厉辟佛的韩愈到朱子，其私下仍多与释子道士相往还，试想如果佛老真的是邪道，韩朱何可如此言行不一；若说拒斥的只是佛老末流，等于说佛老之流弊是人弊而非法弊，且只要是在世间实行，法法皆有流弊，宋明儒自身的流弊，明末清初之士至于痛心疾首。（至于宋儒所非议佛老的种种观点，有的切中时弊，足可为借镜，有的则实属有意无意的曲解，具体分析留待各书"导读"，读者自行判断可矣。）

这种历史境遇造成的立场先行的情况，亦可由宋明儒态度的变化大略考察。如单就工夫路径而论，理学、心学与佛老的远近关系是有差异的（可参考上面的"内外关系图",心学既然是"内中内",自然与佛老"内学"关系更近),大体而言,心学的工夫较为浑沦虚灵,包容性较强,对于佛道也有更多的吸取借鉴,理学的工夫形态距离佛禅较远(有一种说法,理学近道,心学近禅;从工夫的角度看,心学确实与禅宗颇多相通和借鉴之处,而理学对于道教的兴趣多见于理论层面,比如朱子注《参同契》《阴符经》而隐讳本名),实际上程朱一系也多持更为严厉的"辟佛"态度。但在两宋期间,心学一系的从大程到象山,即使在工夫上颇多借用,在立场上仍然与理学保持一致,对于佛老"不假辞色"。这种在立场上的一致,恰恰说明了宋儒的"辟佛老"更多是出于开宗立派的需要。

到了明代中期,三教的地位发生了重大变化。儒学一方面经过近五百年的努力重新从工夫层面立定根基,另一方面随着理学成为科举考试的规定内容,确立了作为官方意识形态的地位,佛道二教转而向儒教靠拢,寻求自身的"合法"地位。举一个象征性的例子,万历年间意大利传教士利玛窦来华,先是穿僧服传教,但是很快发现在中国儒教地位远比二教尊贵,就改易儒服,并确立了"补儒易

（取代）佛"的传教策略。随着势力的彼消此长，明儒在此问题上的态度也发生了很大的变化。王阳明虽然仍表达过区分儒佛乃至贬低二氏的说法，但与宋儒相比，已经缓和多了，更像是不便于公开违反此前数百年的习惯，象征性表示一下。① 阳明有一个著名的"三间屋子"的比喻，最能表明他的真实态度。有学生问，世间、出世间学问，儒释道是否各占一块。阳明先生说非也，儒学本是贯通世出世间的，只是后儒不肖，把自己限定在世间法，把儒学弄得狭窄和浅薄了，就好比主动割让了左边一间、右边一间给佛道二氏，其实三间屋子都是圣学

---

① 比如他说佛氏逃了君臣、父子、夫妇的人伦关系，是"着相"，儒者不逃避，反而是不着相，这不但是引用了佛家的观念——着相——而且此说法指向的只是佛教徒出家的形式，仅是延续二程的一个观点："敢道此（指禅宗《传灯录》）千七百人无一人达者。果有一人见得圣人'朝闻道夕死可矣'与曾子易箦之理，临死须寻一尺布帛裹头而死，必不肯削发胡服而终。"（《二程遗书》卷一）此仅为二程辟佛言论之皮相者，不难反驳。因为对于佛教修行，出家并非必须的，唐宋以来很多有成就的大居士，且不乏身居高位颇有政绩者，并且，若出家是为了获得相对清静的修行环境，作为一种方便手段虽有其合理性（类似于宋明儒提倡静坐），但并非出家的本义，照大乘的说法，出家乃表明"荷担如来家业"的志愿，以及为了弘法的需要而取得一个"专业"的身份。

本有的。这里是个包容性的说法，只是说你们有的我也有，我可以包含你们的优势，与当初宋儒的口径不可同日而语。并且说："圣人与天地民物同体，儒、佛、老、庄皆吾之用，是之谓大道。"（见钱德洪编《王阳明年谱·嘉靖二年十一月》）此以儒佛老庄并列，同为大道之用，直与《庄子·天下篇》同调矣①。不妨将此视作三教关系转折的一个标志，此后尽管严守三教门户的声音仍时有发生，三教合流作为明清以来中国文化的主要趋势是没有疑义的。

　　实则这也是中国文化精神的体现，冯友兰用儒家的语言将之概括为"极高明而道中庸"（参见冯氏《中国哲学简史》），用佛教的话说，"畅佛本怀"之究竟指归，其特质是"即世间而出世间"，世俗生活和超世精神圆融为一，称为"一乘"，为佛教究竟圆融的意旨，佛教的发展可以看作是此宗

---

　　① 《庄子·天下篇》："是故内圣外王之道，暗而不明，郁而不发，天下之人各为其所欲焉以自为方。悲夫！百家往而不反，必不合矣。后世之学者，不幸不见天地之纯，古人之大体，道术将为天下裂。"——道本是整全合一的，因后世学者不见全体，而各执一方自以为是，才造成了现在的分裂。

旨不断开显的过程（此即《法华经》所开演的"会三归一"之旨）。就儒释道各自的发展而言，三教通过互相激发借鉴，在各自内部不断趋近之或完善表现之；就文化整体而言，至少从唐宋以来，三教融合成为中国文化发展的大趋势（不管是否承认，这样的融合是实际发生的），其内在理路即是不断趋近此真精神。王阳明的"致良知"教法，从儒家内部发展来说相当于儒家的一乘教，就中国文化而言，则可看作三教融合的成果。阳明诗云"不离日用常行外，直造先天未画前"，其特点是每个人就各自职业和身份的方便，在日常生活中随时随地用工夫修炼；佛、道两家的近现代趋势也是在家居士逐渐成为主流乃至起到中流砥柱的作用，都是这种文化精神的体现。

但是融合并不必然取消各自的独立性，三教可以在保持自己宗旨的前提下吸收融合他教因素，同时承认别家的价值和存在意义。这就涉及到"判教"。这个词起源于佛教，随着历史发展，佛教内部宗派林立，互争短长，乃至存在分裂的危险，此时就有人出来，将各宗各派放在同一个系统之中，分别判定其所处位置，理顺彼此的关系，衡量各派

丛书序：以工夫的眼光重看经典

的特点及优劣。判教者往往是一派之宗师，以本派为立足点，对本派和他派分别给予定位和评价，而其他派别的宗师也会站在各自的基点上作出不同的判教。诸如历史上发生的天台与华严的判教，彼此争竞，但是站在第三者的立场上看，他们虽然判教不同，在各自的立足点上可以分别成立，不相妨碍，就像密宗之曼荼罗（意译为坛场，表示在功境中观见的诸佛菩萨金刚的空间排列，可铸成立体的土坛，亦可画成圆或方形的图画，以助修行），每一尊都可作为一个中心（本尊），其余诸尊层层围绕，成立一个曼荼罗；无数的曼荼罗各自成立，不相妨碍。

判教的前提是承认其他宗派也有其价值和意义，大家在大方向上是一致的；通过确立彼此的位置关系，可以更好地认识各自的特点，从而扬长避短，利于发展完善。在佛教历史上，判教也正是发挥了这样的正面作用，虽然从表面上看，各派的判教争论激烈，但这是体系内部的竞争，而非你死我活的正邪之争，并且促进了各自的发展和相互的融合。上述阳明"三间屋子"的说法，其实是基于儒的三教之间的"判教"，这样的态度与宋儒特别是理学一系比较，性质已经改变了——由正邪之争变成了高低、偏圆的中国文化内部之争。现代以来，立足于世界文化作出更大范围的新的"判教"尝试的不乏其人，比如太虚、牟宗三就分别以佛、儒立场判教，皆有较大影响。这是因应时代需要，在政教分离、信仰自由、文化交流密切的大环境下——这是现代化带来的便利——求生存意义上的对立争斗已经不是宗教间的主要问题，相反，各宗教、各文化传统在超拔人的精神、丰富人类精神生活这个大方向上是一致的，需要联合起来共同面对时代的困境——现代性的弊病带来的精神的扁平化、环境的恶化等。因此，世界文化范围内的判教是必要的和有效的方法，需要后来者继续拓展和深化。

修行者有各自的选择，可以融合多家，也可以持守单一的法门，但不妨多了解一下别家别派，才能了解自家所处的位置，掌握其特点，扬长避短；如果不顾现实环境，重弹排斥异端的老调，则难免胶柱鼓瑟，误人害己。当今常见的现象，自认为佛教徒的，往往以儒、道为不究竟而轻慢之，佛门修持之精微对治工夫既未学到手（这也与时代有关，

丛书序：以工夫的眼光重看经典

精细分析起观的唯识等法门衰落不行，净、禅之门又容易产生粗略简慢之流弊），如能借鉴宋明儒学之反身体察工夫本可大有补益，却因门户之见，不仅不得其益，反助长自身傲慢。以"醇儒"自命者，拾人牙慧以为"吾道自足"，甚者重启理学、心学之衅，狭小其心胸，自绝"上达"之路，终身落于阳明所贬斥的"世儒""俗儒"（实即孔子所斥之"小人儒"）而不觉。

今天所面对的问题，与宋儒当时相似，需要将失落的修身"旧路径"找出来，在新环境下接着走。这就要求，首先知人论世地了解宋儒的工夫路径，在此基础之上，继承其精神，借鉴其经验，走出适应时代、符合自身特性的新路。与古时相比，今天外部环境的变化可谓天翻地覆，人类文化的融合、科学的发达和思想资源之丰富，是前所未有的，同时人类文明危机、自然环境恶化之深重，也是空前的。与前贤相较，我们须具备更广阔的视野，置身于更完备的坐标系中，找到属于自己的那一条路。换言之，只有胸怀全局，参照他者，才能找准自己的位置；只有准确定位，了解自己，才能广泛借鉴，发生新的融合。

意犹未尽,再多说一句。上古以来,人类的历史似乎是天人逐代远离的过程,与此相应,精神修炼的工夫的也由重他力转向重自力,从浑沦到精微,从天人相应到内观心性。所谓物极必反,当科技走上顶峰,环境急剧恶化,内心危机感极度飙升之际,天人关系或许会再度拉近,此时或有某种消息来临——倾听内心的声音,参照远古的神话,注重情意的浑沦工夫,乃至借助科技的幻化功能,或许可以熔为一炉,迎来千年未有的机缘……

五、丛书缘起

十几年前我入职出版社不久,注意到马一浮先生于1940年代主持复性书院期间刊印的"儒林典要"丛书,心有戚戚焉。

其时笔者正经历读书求学的转折期。负笈上海读博,专业从文学转到历史,还旁听了些哲学系的课,脑袋里塞了不少知识概念观点,但是对于中国文化总觉不得其门而入,另外内心深处一直藏着的那个动力——寻求一条精神超越之路——始终在鼓荡。因作博士论文的需要,一边细读阳明和门弟子

丛书序：以工夫的眼光重看经典

相关语录，同时读到牟宗三《从陆象山到刘蕺山》，恍然有悟，认识到《传习录》等书本来就是修行工夫手册，正是士君子的上出之路，里面的师徒问答，无非是讨论走在这条路上的经验、疑难和风光。我的困惑迎刃而解，也找到了自己苦苦寻觅的人生方向。按此思路，将四书到宋明儒诸典寻绎一过，无不若合符节，种种疑难涣然冰释。同时从牟宗三上溯熊十力、梁漱溟、马一浮诸家，无不亲切有味。回顾现代新儒家四先生于我之帮助，牟、熊引领我切入儒佛义理系统；梁、马义理阐发各有精到之外，注重工夫实践，更能引发我的共鸣。

有此前缘，当看到马先生"儒林典要"诸书时，萌发一念：与我有类似困惑者当不在少数，推己及人，何不将这套书完整出版，一则为有缘人趋入传统学问提供便利，二则亦可实现马先生未完成的计划。

甫一着手，便发现两个障碍。首先需要确定书目。马先生 1939 年主持复性书院之初即有刻印群籍的计划，"儒林典要"为其中之一，当时正值战乱，典籍不备，计划也不断有所变化，需要在理解马先生思路的基础上根据当今现实需要加以调整。再者，需要为每本书寻找合适的导读者。这套书除了系统地推出宋明儒学著作之外，更重要的是帮助读者回到原典本义，读懂理出工夫理路、方法，并能在生活中实地运用验证，为此需要在书前各增加一个详细的导读，这是本丛书区别于其他整理本的主要特征。然而，以我当时的阅历范围，举目四顾，能当此任者实难其人。只好暂时搁置，自己求师访友之余，此念未尝或离。所谓念念不忘必有回响，多年以后，同道师友圈子却也逐步扩大，亦渐渐颇有愿意襄助此举者。现在终于可以逐步落实此事。

据马一浮先生《复性书院拟先刻诸书简目》（下称《拟目》），列入"儒林典要"初步计划的共有近40种（此外另有传记、年谱类六种列入"外编"），其中除少量文集外，大多是宋至清儒代表性的专书（包括语录）。此后马先生还约请与宋明儒学渊源甚深的钟泰先生（钟先生乃号称最后的儒家学派"太谷学派"之重要传人）整理了一份《儒林典要拟收明代诸儒书目》（下称《续拟目》；据钟先生《日录》"1945年10月7日"条，言将此"交湛翁酌定"，应为未定稿），共60余种，大多为文集。经查考，复性书院当年陆续刻印了"儒林典要"13种，均为宋明儒自著或经后儒辑注

丛书序：以工夫的眼光重看经典

的专书，如周敦颐撰、明儒曹端编注的《太极图说述解》，罗近溪《盱坛直诠》等。寻绎马先生的辑编思路，当以能够代表著者的学问、体现其工夫的专书为主，文集之列入拟目者，盖因缺少该著者现成的专著，或文集本身篇幅不大，取其辑刻方便耳。① 钟泰《续拟目》中，亦言明"文集虽存，而既有专著，求其学不必定于其文者"，则收专著不收文集（钟泰《续拟目》及《目录》见于上海古籍出版社2021年版《钟泰著作集》第5，第2册）。

加之诸儒文集、全集如今多已有整理本出版，现在重新出版这套书，当淡化保存典籍资料之意，更为突出"工夫"之旨，故而本丛书仅取专书，并在确定书目上颇费斟酌：首先在复性书院已刻和拟刻书目中选取专书，又从正、续《拟目》所列文集中抽出重要的语录或专著，并参考马一浮《复性书院讲录》中所列必读书目，综合去取整

---

① 其中宗师大家则另出全集，而不列入"儒林典要"。马先生在《拟目》中说：周、二程、张、朱诸家全集"拟合为宋五子书别出，象山、阳明全集亦拟别出，以此七家并为巨子。其中以朱子书卷帙尤多，俱应用铅字摆板印行，不列入'典要'目中"。钟先生《续拟目》中多收明儒文集，或另有保存典籍的意思。

理而成，名之为"新编儒林典要"，以示继承先贤遗志之意。

如前所说，丛书"导读"的首要任务是引导读者回到工夫本身，兼以自身实践经验加以解说以供参考。为此，与每一位参加导读工作的师友"约法三章"：

一、除了作者经历、学问渊源和成书背景等内容之外，适当介绍圣贤气象，使读者兴起向往之心和亲切之感。

二、紧紧围绕实践工夫，从实地用功的角度提示具体的路径、方法。必要的话阐释基本义理，但也是为了说明工夫的原理，不能脱离工夫谈义理。

三、语言上须"去学术化"，不要写成"论文体"，尽量用日常语言，辅以通俗易懂的传统话语，不用或尽可能少用现代学术术语。

导读是重中之重，人选亦难乎其难，每书尽量做到导读与原典对应，在大旨无违的前提下尊重导读者各自的立场和风格。"君子和而不同"，导读者既为各自独立的修学者，经历、师承不同，其志趣、路径亦有差别；"弱水三千，各取一瓢饮"，导读者以自家眼光读解，读者各取所需可也。因笔者眼界所限，导读者队伍仍显单薄，随着丛书陆续出版，期待有缘者不断加入。因各书情况多有差异，丛书体例虽大致统一，亦不强求一律，总以符合读者需求、整理方便为量。

以上记其本末，不觉缕缕。世间事物的成立，不出感应之理，不外乎因缘二字；有一内在的起因，亦须有众缘和合。众缘的具备固自有其时节，不可勉强；所谓发心，本身亦有其感应因缘在，其理无穷。忽忽十数载，书终于面世，感喟何如！此后其与读者之因缘感应，亦无穷也，留待诸君各自品味。

刘海滨

2022 年 11 月 21 日，于海上毋画斋

导读：《近思录》的理学工夫要义

何益鑫

1. 引 言

《近思录》是理学的代表性著作，钱穆先生将它列为国学方面七本必读书之一，可见其地位之崇高。

南宋淳熙二年（1175），朱熹、吕祖谦二人共同采编周敦颐、张载、程颢、程颐四子之书而成《近思录》。朱子《前引》记载了辑编此书的始末和初心。

是年，吕祖谦从浙江东阳到福建武夷山造访朱熹，停留四十余日，后一起去鹅湖与陆九渊兄弟论道。其间，在朱熹的"寒泉精舍"待了十几天。朱、吕二人共读周张二程之书，叹其学宏大，希望可以开示初学者入道之途，于是一起采编四子之说，作成《近思录》。由于二人对四子之书长期沉潜，编订《近思录》可以说是水到渠成之事。编成之后，又多有删改、补录。

据朱子所说，《近思录》摘录四子书中"关于大体而切于日用者"，目的是使晚进学者得一个入手处，以进求四子书的全貌。可见，《近思录》的定位，原是一部"初学入门之书"。但这不代表它不重要或不根本，而应当理解为：它为初学者了解理学的根本义理和工夫要义，指示了一个正大而又切近的门径。至于深造自得，当然还要求诸四子原书及其他的经典。在此意义上，《近思录》实为理学之要领。故成书之后，被誉为"我宋之一经，将与《四子》并列，诏后学而垂无穷者"（叶采），"直亚于《论》《孟》《学》《庸》"（江永），成为后世学者研习理学的首选经典。

《近思录》的结构安排包含深意。此书原无卷名，但朱子曾列出一个纲目。

> 《近思录》逐篇纲目：（一）道体；（二）为学大要；（三）格物穷理；（四）存养；（五）改

过迁善，克己复礼；（六）齐家之道；（七）出处、进退、辞受之义；（八）治国、平天下之道；（九）制度；（十）君子处事之方；（十一）教学之道；（十二）改过及人心疵病；（十三）异端之学；（十四）圣贤气象。（《朱子语类》卷一〇七）

后世所立篇目，多据此修改而成。虽然朱子自己曾说，各卷分法只是大概而言，不十分严格。但事实上，它背后的逻辑还是很明显的。

大致来说，卷二"为学大要"、卷三"格物穷理"、卷四"存养"、卷五"改过迁善、克己复礼"，是个体层面的修身实践；卷六"齐家之道"、卷七"出处、进退、辞受之义"、卷八"治国、平天下之道"、卷九"制度"、卷十"君子处事之方"、卷十一"教学之道"，是家庭、社会、政治层面的实践。从修身实践到社会政治实践，以修身工夫统摄一切具体实践，这是孔子"修己以安人"的格局，更是曾子《大学》的次第。不仅如此，卷三对应于"格物、致知"，卷四对应于"诚意、正心"，卷五对应于"修身"，卷六对应于"齐家"，卷七、卷八、卷九对应于"治国、平天下",与《大学》八条目的结构和顺序一致。至于卷十二对人心疵病的警戒,卷十三辨异端佛老,卷十四观圣人气象,则可以作为八条目的补充。

此间,"道体卷一"比较特殊。朱子本不愿设此一卷。吕祖谦《后引》说:

> 《近思录》既成,或疑首卷阴阳变化性命之说,大抵非始学者之事。祖谦窃尝与闻次缉之意:后出晚进于义理之本原,虽未容骤语,苟茫然不识其梗概,则亦何所底止?列之篇端,特使之知其名义,有所向望而已。至于余卷所载讲学之方、日用躬行之实,具有科级。循是而进,自卑升高,自近及远,庶几不失纂集之指。若乃厌卑近而骛高远,躐等陵节,流于空虚,迄无所依据,则岂所谓"近思"者耶?览者宜详之。

"或疑",便是朱子的意思。吕祖谦之意,以"道体"为首卷,是为了让学者知道理学义理的梗概,使学者有个向望和旨归。这个考虑当然是合理的。

因为工夫径路与思想结构本有一种对应关系。若对理学的义理梗概缺乏必要的了解，则当下的工夫实践也不可能自觉。

朱子则有两方面的质疑。一来，《近思录》的初衷，是为了让晚进学者知"所以求端用力、处己治人之要，与所以夫辨异端、观圣贤之大略"（《近思录前引》）。就此目的而言，似不必设此一卷。二来，道体之论虽然重要，却非始学之事。学者在没有工夫的情况下，不但难以理解高深的理论，还可能生躐等之病。故朱子说"首卷难看"，"若只读此，则道理孤单，如顿兵坚城之下"（《朱子语类》卷一〇七）。要之，道体不是纯粹的理性思考的对象，唯在躬行实践中，才会获得真切的体证和恰当的理解。

后来，朱子接受了吕祖谦的提议，但又指出："看《近思录》，若于第一卷未晓得，且从第二、第三卷看起。久久后看第一卷，则渐晓得。"（《朱子语类》卷一〇七）这意味着，理论上，卷一是其后为学工夫的基础；而实践中，卷二之后的为学工夫反而是理解卷一的途径。两者在逻辑与实践中互为条件的关系，正是朱子安排上的犹疑所在。这也是我们阅读《近思录》要注意的地方。

理学是实践成德之学，目标指向圣人。在此意义上，理学是一场学做圣人的运动。这一宗旨，反映在《近思录》的结构上。卷二首条载：

> 濂溪先生曰：圣希天，贤希圣，士希贤。伊尹、颜渊，大贤也。伊尹耻其君不为尧舜，一夫不得其所，"若挞于市"。颜渊"不迁怒，不贰过"，"三月不违仁"。志伊尹之所志，学颜子之所学，过则圣，及则贤，不及则亦不失于令名。

周敦颐说，圣人希求天道，贤人希求圣人，士人又以贤人为榜样。伊尹、颜渊是大贤。学者志伊尹之所志，学颜子之所学。若能超过他们，则圣人境界可期；若能达到他们，则贤人境界可及；若达不到，也不失美名。此条言"希圣求贤"，可视为理学家的实践宣言。继此，第二条濂溪论"圣人之道"兼"德行"与"事业"；第三条伊川论"颜子所好何学"；第四条明道论"圣人之常"、"君子之学"，都在反复阐明圣人之所以为圣，及如何学以为圣。可见，"为学大要"，以学为圣贤为宗旨。

与之相应，最后一卷谈"圣贤气象"。此卷论圣贤相传之统，目的不是为了客观罗列历代圣贤的传承谱系，而是为了通过展示历史上圣贤，兴发学者的求道之志。尤其最后一条："二程从十四五时，便脱（一作锐）然欲学圣人。"（14.26）全书以此为终，颇值回味。二程兄弟乃是理学的实际奠基人，是当世圣贤。明道先生回忆："自再见周茂叔后，吟风弄月以归，有吾与点也之意。"又说："昔受学于周茂叔，每令寻颜子、仲尼乐处，所乐何事。"（《遗书》卷二上）伊川也说："先生为学，自十五六时，闻汝南周茂叔论道，遂厌科举之业，慨然有求道之志。"（《明道先生行状》）可见，二程最初是受了周敦颐的感召而从事于道学。而濂溪点化二程的方式，即以"孔颜乐处"兴发其求道之志。

卷二"为学大要"代表了始学的要领，卷十四"圣贤气象"代表了为学的归宿，从卷二到卷十四正好构成了儒者为学的始终过程。且卷二第一条濂溪之说，与卷十四最后一条二程兄弟受濂溪感召而脱然欲学圣人，更有直接的呼应。此番安排，使

《近思录》自始至终贯穿着一条学做圣人的主线。

基于这一宗旨,学者的第一要务是立志。立志,便要立圣人之志。伊川云:"有求为圣人之志,然后可以共学。"(2.65)又云:

> 莫说道将第一等让与别人,且做第二等。才如此说,便是自弃。虽与"不能居仁由义"者差等不同,其自小一也。言学便以道为志,言人便以圣为志。(2.59)

"第一等人",即圣人。学者不要小瞧了自己,务必期于第一等的圣人。若是认为自己天资不够,不足以学圣人,只去做个大概好的人,在伊川看来,便是没有志气,是"自弃"。唯有立志求道、成圣人,才算尽了自己的本分。这个志,何等气魄!

大体而言,理学是心性之学的一种形态。理学了解圣人,学做圣人,立足于心性之学的基本立场。它的工夫要旨,也以心性为枢轴。心性之学不仅仅提供了一套理解儒家圣人的话语,也是一种地地道道的实践之学。《近思录》的主旨,便是通过

导读:《近思录》的理学工夫要义

切近的心性工夫,指示学为圣人的途径。

理学心性思想,来源于对《孟子》《中庸》及《易传》思想的重构。理学的性善论,源于《孟子》思想的诠释,又不同于孟子。孟子的性善论,立足于生存论的视角,发现和肯认人心活动中普遍活跃的善心,作为德行扩充的基础。而理学的性善论,则站在本体论的视域,肯定人人拥有纯粹至善的本性,作为形而上的禀赋。前者是"即心善言性善",后者是"即心善见性善",这是先秦儒学与宋明儒学的重要差异。

理学把人拥有的纯粹至善的本性称为"天命之性"。

> 天命之谓性,率性之谓道,修道之谓教。(《中庸》)

在先秦语脉中,"天命之谓性"只是肯定了人性是被绝对者所给与之物,并不预设它是本体层面的至善之性。但在理学脉络中,"天命之谓性"是天所赋予人的纯粹至善的本性,本质上就是理。此性,乃是后续一切工夫的根据,一切工夫都是为了开显

9

或返回这一本性。在此意义上，理学的工夫要义又可概括为"复性"。

故从本然的意义上讲，从天命到人性，从人性到人道，是天命之性的自然呈现的过程。但人除了理的禀赋外，还有气质的禀赋。严格来讲，理不是人的现实，理与气合才是人的现实。故现实的人，需要克服气质对性理的遮蔽，以便让性理成为主导，就要有复性的工夫。

在心性工夫方面，孟子曾有一个经典论述，可以视为总纲。

> 孟子曰："尽其心者，知其性也。知其性，则知天矣。存其心，养其性，所以事天也。夭寿不贰，修身以俟之，所以立命也。"（《孟子·尽心上》）

在此，"尽心、知性、知天"与"存心、养性、事天"，都是一个由心而性而天的过程。这是心性之学的基本进路。本质上，心、性、天三者是同一的（理），但不妨可以有各自的特征及相应的工夫。我们理解心性工夫，也可以从这三个方面着手。

导读：《近思录》的理学工夫要义

这段话的理解有很多歧义。如朱子说："尽心知性而知天，所以造其理也；存心养性以事天，所以履其事也。"（《孟子集注·尽心章句上》）把两者视为知与行的关系。王阳明则认为，本段三层语义分别对应《中庸》"生知安行"、"学知力行"、"困之勉行"，或者说圣人、贤人、初学立心之人三个层次。这两种说法明显不同，但可能都不是孟子的原意（此处不作具体展开）。

抛开孟子的语境，若直接看心、性、天三个要素，我们大体可以说，心是关乎人的能动性的，性是关乎人的可能性的，天是关乎超越性的（理）。心是需要调治的，性是需要体认的，天是需要认取的。三者之中，心的调治和性的体认，与人最基本的存在经验有切近的关联，而较少思想建构的成分，故可以超越不同时代或不同精神传统的距离，达到东海西海、千载上下的相契。古人讲的话，今天看来仍然很切近，用得上。至于天、天理或道体，在体认之外还包含了"识别"和"认取"诸环节，它是在工夫实践之上的"向上一击"，深入到理学的形而上的思想世界中去。道体层面的论述具有更强的思想建构性。这种建构性，使一种思想获得形而上的根基的同时，也可能会制造理解上的障碍，以至于后人必须深入到此种思想形态的语境之中，才能了解相关概念与表述背后的真实所指。要言之，对于今人的为学工夫而言，前两种更为切近，可以直接对照当下的生存经验。故在此处，我们主要围绕心的调治与性的体认两个方面，阐述理学的工夫要义，这也是为了契合本书的"近思"之旨。

心性工夫，是理学工夫的枢轴，学做圣人的根本。心性虽在方寸之间，但人的起心动念、举手投足皆不离于心性。而心性的工夫，又不在日常生活之外。生活实践，乃是心性工夫得以实现的真实场所。故理学工夫，尤须在具体事为上入手。《近思录》的编排，前四卷专论心性工夫的要领，后十卷论心性工夫在各个实践领域的展开。前者重要，后者也不可轻忽。要之，心性之学的要义是以心性统摄事为，从心性出发去做事上的工夫，也是从事上的工夫回归心性，心性事为一以贯之。

2. 心

心为主宰。任何思虑、行为，莫不出于心的作

用。任何工夫，也必落在心上。朱子曰："心是做工夫处。"(《朱子语类》卷五)

要在心上下工夫，先需了解心的活动方式。关于人心，先秦有两个经典论述。

> 孔子曰："操则存，舍则亡；出入无时，莫知其乡。"惟心之谓与？(《告子上》)

操持了，便在；舍却了，便不在。出入没有一定的时间，也没有一定的居所。是故，操存善的心，可以长善；操持恶的心，便会长恶。这是心上工夫最朴素也是最要约的论说。

> 人心惟危，道心惟微；惟精惟一，允执厥中。(《尚书·大禹谟》)

这一句是著名的"十六字心传"。所谓"人心"、"道心"，最终只是一个心。朝着人欲去，即是"人心"；朝着道义去，即是"道心"。故学者为学，其要只在"精一"与"执中"。《大禹谟》虽是后世学者拼凑假托之篇，但十六字心传，实足以代表儒家对心上工夫的基本理解，对宋明理学工夫论影响深远。

2.1 心的体用

理学对心的作用的了解，继承了先秦的基本要义，但也有它自身的特色。在心的理想状态的理解中，理学引入了"体用"的结构。体用的对举不是先秦的思想，而是汉以后的事情。不过，在孔门七十子时代，有与之相近的组概念，如内-外、德-行等。子思《中庸》云：

> 喜怒哀乐之未发，谓之中；发而皆中节，谓之和。中也者，天下之大本也；和也者，天下之达道也。

心的理想状态，未发时是"中"，已发时是"和"。前者是大本，后者是达道。在这里，未发之中显然不是指普通人的状态，而是有德者心德潜存的状态。由内在心德之存发为外在行为之用，即子思《五行篇》所谓"五行皆形于内而时行之"（意思是说，仁、义、礼、智、圣五种德形成于内心，而切中时境地表达出来）的意思。此处，中-和的区分，本质上即德-行的区分，带有后世所说的体-用的味道。当然，这里的体用不是在心性关系上说的，而是指心的作用。

体用关系的明确引入，有助于更清晰地了解人心的活动机制，以及成德工夫的实质。周子《通书》云：

> 或问："圣可学乎？"濂溪先生曰："可。""有要乎？"曰："有。"请问焉，曰："一为要。一者，无欲也。无欲则静虚动直。静虚则明，明则通。动直则公，公则溥。明通公溥庶几乎！"

先秦儒家也在修为的语境中强调"一"。如《五行》云："能为一，然后能为君子。"这是以德行之一致，解君子之为君子。此处，周敦颐则以"无欲"解"一"。他认为，圣人之为圣人，在无欲。无欲，则此心达到"静虚-动直"的理想状态，进一步有明澈、通达、大公、广普的境界。"静虚"与"动直"之间，便有一种体用的关系。

明道二十二三岁，应横渠"定性未能不动，尤累于外物"之问，作《定性书》。此间关节，乃心物关系的安顿。明道首先点明"定"的真义："所谓定者，动亦定，静亦定，无将迎，无内外。"打破了动与静的区分、内（心）与外（物）的隔阂。接着说：

> 夫天地之常，以其心普万物而无心；圣人之常，以其情顺万事而无情。故君子之学，莫若廓然而大公，物来而顺应。（2.4）

天地的常道，在于生物不息而没有私心；圣人的常道，在于顺应万物而没有私情。君子之学，要使自己的内心保持廓然大公的状态；遇到事情，则顺着事物应然之道而处，没有纤毫的私系和负累，所谓"物来而顺应"，亦即"物各付物"（4.27，4.53）。在这里，"廓然而大公"与"物来而顺应"，也有体用的关系。

内在持存状态与外在的发用的区分，或自持状态与应物状态的区分，本质上就是心之体用的区分。

导读：《近思录》的理学工夫要义

儒家区分体用的根本目的，是以内在德行之体涵摄外在行为之用，或者说将外在行为之用理解为内在德行之体的本质环节，由体的稳定性给出用的确定性。这可以说是"摄用归体"或"以体发用"的思路。在这一思路中，一切工夫，无论其初是用在心上，还是用在事为上，都是为了回归内心的成德；以内在心德之成，统摄或保证此后一切行为的道德性。故郭店竹简《性自命出》云："教，所以生德于中者也。"教化与工夫，最终都落脚在心德之上。又《大学》云："自天子以至于庶人，壹是皆以修身为本。"内在的德行，乃是一切具体实践的根据。

从心的体用看，工夫可以在两方面下。一是达到或维持理想的存心状态；二是在发用中保证行为的规范性，且能切中具体事物之宜。用《中庸》的话说，前者是"未发之中"，后者是"已发之和"。这两方面体现在《易传》中，即：

> 君子敬以直内，义以方外。（《坤卦·文言》）

君子持敬，以使内心正直；行义，以使处事端方。这一句兼内与外、心与物而言，常为理学家所称引。如明道说："'敬以直内，义以方外'，仁也。"（4.39）又说："敬义夹持，直上达天德自此。"（2.34）"夹持"二字，下得传神。敬主乎中，义行乎外，夹持着学者，欲脱而不得。

从心的角度说，"敬以直内"是存心，"义以方外"是对外在事物的理解、判断与处置。两方面的工夫，经伊川一转手，又表达为涵养与进学。

> 涵养须用敬，进学则在致知。（2.58）

伊川说，涵养的要诀是持敬，进学的要诀是致知。这句话代表了伊川知行工夫的基本主张，奠定了程朱一脉的为学方式。

此说与《易传》之间有内在的连续性。但需指出的是，"义以方外"的重点在"守义"，而"致知"的重点在"知义"。前者重在道德意志的操守，后者重在道德认知和判断。现实的道德实践，既包含道德认知与判断，也要有道德意志的操持。伊川的转手，强调了"知义"的独立意义，而将

"守义"的方面更多地寄托在了"敬"上。也因为这一点,理学的"敬",不仅体现在"直内"的过程中,也渗透在"方外"的过程中,体现出"贯动静"、"无间断"的品格。

下面我们就从这两个方面来分说心上的工夫。

2.2 涵养须用敬

敬,可以说是理学工夫的核心。伊川曰:"入道莫如敬。"(4.25)朱子曰:"'敬'字工夫,乃圣门第一义。彻头彻尾,不可顷刻间断。"(《朱子语类》卷十二)对敬的推崇无以复加。

在先秦,敬是一种不言自明的工夫。故只消说"修己以敬"(《论语·宪问》),"居处恭,执事敬"(《子路》),"毋不敬"(《礼记·曲礼上》),而不必作更多的解释。古人对敬的熟识,归功于礼的传统。敬是行礼的内在要求。在礼仪的操习中,最能体会敬的状态。由此,把这种存心进一步推展到日常生活中,便是持敬的工夫。

> 仲弓问仁。子曰:"出门如见大宾,使民如承大祭。"(《论语·颜渊》)

孔子所说，实际上就是敬。但孔子没有直接说"敬"，而是说"如见大宾"、"如承大祭"。见大宾，指接待重要的宾客；承大祭，指承事盛大的祭祀。两种场合，都要内心极尽诚、敬。孔子指点仲弓，是让他以演习大宾礼、大祭礼时所怀的诚敬之心待人接物，把此刻的心境推行到日常实践之中。

古人沉浸在礼乐传统之中，敬字工夫实已贯穿于日常生活之内。故明道感慨："古之人，耳之于乐，目之于礼，左右起居，盘盂几杖，有铭有戒，动息皆有所养。今皆废此，独有理义之养心耳。"（4.9）古人耳目所及、动息所触，在在皆有法度，随处可以居敬。今人礼乐荒废，没了凭借，全靠义理的认知去做，对敬的体认也就没有那么自然亲切了。这是今人为学的难处。

于是，何为敬、如何敬，在后世成了一个有待解释的问题。为此，伊川给出了一个清晰的界说：

> 所谓敬者，主一之谓敬。所谓一者，无适之谓一。且欲涵泳主一之义，不一则二三矣。（4.48）

> 敬只是主一也，主一则既不之东，又不之西，如是则只是中。既不之此，又不之彼，如是则只是内。(4.44)

伊川指出，敬的要义在于"主一"，而"主一"又在"无适"。适，是往的意思。无适，即此心"既不之东，又不之西"，"既不之此，又不之彼"，只是在内、在中。但仅仅这样说，还是过于笼统。下面我们分三个要点（主、一、无适）来了解这一思想。

(1) 人心作主

"主"的要义，是人心作主。这里的"作主"，不是从身心关系上说的，而是从心的工夫上说。心为身之主，是一个事实。但从工夫看，心未必真是己身的主宰。明道说："人有四百四病（引者注，佛学以地、水、火、风四大和合为身，各有一百零一病痛，合四百四病），皆不由自家。则是心须教由自家。"（4.62）人实际上能做主的只是这个心，这个心须得由自己作主。

在现实中，学者的一大病痛，是"心主不定"。

学者患心虑纷乱，不能宁静，此则天下公病。(4.43)

　　人心作主不定，正如一个翻车，流转动摇，无须臾停。所感万端，若不做一个主，怎生奈何！(4.21)

　　人多思虑，不能自宁，只是做他心主不定。(4.27)

心虑纷乱是天下人的通病，勤于学思的人更是如此。此间根源，在人心作不了主。人心的活动，"出入无时，莫知其乡"。若作不得主、任其所之，则私心杂念纷至沓来，有事时不能制事，无事时不得安宁。犹如一个龙骨水车，在水流的冲击下，流转动摇，不得停歇。

　　为此，很多人会以思虑为敌，寻求克制之方。然而，无论是迎合思虑，还是反抗思虑，结果多是被思虑牵引了去，它本身反而不断得到强化。有的人则主张把心寄寓在某个确定的形象上，以一个大的念头抑制其他散乱的念头。然而，此心本来活用无穷，并无固定形象可以把捉。所以这种方式也不究竟。

程子认为，面对"心虑纷乱，不能自宁"的状态，关键是让人心作主，"立个心"（4.43）。立个心，不是在此心的活动之外另找一个心来立，而是"以心使心"（4.55），让心的作用操持在自己手里，听自己的话。人心若作了自己的主人，杂虑自然停歇。故程子曰："心要在腔子里。只外面有些隙罅，便走了。"（4.34）此心要在内、在中，而为一身之主，不能逐物于外。

(2) 主一之谓敬

人心作主，须主于"一"。主一的要义，在主于敬，"若主于敬，则自然不纷扰"（《二程遗书》卷十八，以下该书简称《遗书》）。但主于敬，不是捉一个敬字的念头在心里存着，而是让此心居敬，保持在敬的状态。

在解释主敬的时候，伊川提出了两个看似矛盾的说法，一是"有主则实"，一是"有主则虚"。

> 吕与叔尝言患思虑多，不能驱除。曰："此正如破屋中御寇，东面一人来未逐得，西面又一人至矣，左右前后，驱逐不暇。盖其四

面空疏，盗固易入，无缘作得主定。又如虚器入水，水自然入。若以一器实之以水，置之水中，水何能入来？盖中有主则实，实则外患不能入，自然无事。"(4.10)

伊川打了两个比方，"破屋御寇"和"虚器入水"。在他看来，要驱除思虑，本身已经采取了被动防御的态势。就像守着一间四面空疏的破屋，想要防御盗寇，是根本防不住的。其实，人心就像一个中空的容器，当它空的时候，水自然可以灌进来。若装满了水，即便把它放到江河之中，水也进不来了。言下之意，若心主于敬，外患也就进不来了。此谓"有主则实，实则外患不能入"。但伊川又说：

……有欲屏去思虑，患其纷乱，则须坐禅入定。如明鉴在此，万物毕照，是鉴之常，难为使之不照。人心不能不交感万物，难为使之不思虑。若欲免此，惟是心有主。如何为主？敬而已矣。有主则虚，虚谓邪不能入。无主则实，实谓物来夺之。大凡人心不可二用，用于一事，则他事更不能入者，事为之主也。事为

之主，尚无思虑纷扰之患。若主于敬，又焉有此患乎！……（4.48）

伊川说，物来而能照，是明镜的常态；物至而能感，是人心的作用。明镜不能不照物，人心不得不接物。故我们无法绝弃外物，而只能顺应心的原理，确立自身的主宰，以使心的作用得到更好的发挥。若心主于敬，人心便能处于明镜一般的虚明状态；应物无穷之际，也不会为外物所夺。此谓"有主则虚，虚谓邪不能入"。否则，人心无主，各种私心杂念纷至沓来，反客为主，使虚灵不昧之心充塞滞碍，失去其本来的妙用。此谓"无主则实，实谓物来夺之"。

儒家认为，人心不应被闻见所充塞，保持"空空如也"（《论语·子罕》）、"虚壹而静"（《荀子·解蔽》）的存心，才能发挥自身的妙用。濂溪所谓"静虚"，朱子所谓"虚灵不昧"，都是把人心视为自身虚灵而妙用无方的活物。伊川以镜为喻，也正是这一大传统的表现。

其实，无论"有主则实"，还是"有主则虚"，都是在讲"主于敬"的功用。"有主"是就"主于敬"而言的。心主于敬，便是有主；不能主敬，便是无主。"实"与"虚"，则是以不同的喻体，表现"主于敬"的效果。敬是一种虚明的状态。主于敬，则内心保持在这一状态之中，被这种状态所充满，外在忧患自然无法侵入，此即"有主则实"。但它又不是滞于一物，它本身是虚明的，应感万物，却不滞于万物，所谓"物来而应，物过而化"，始终保持虚灵不昧的活动特征，此即"有主则虚"。

要言之，人心作主，不是依靠强力意志的扭转，而是时时持敬、居敬，使内心维持在敬的状态。如此，既不会为外物所夺，又能时时保有心的活用。

（3）无适之谓一

所谓"无适"，是"既不之东，又不之西"，"既不之此，又不之彼"，此心常在内、在中。对于伊川来说，"无适"是对"主一"的解释，它本身也是一种工夫路数。

伍庸伯先生说："心在当下，不走作。"（《礼记大学篇伍严两家解说》）这一说法可以与伊川互参，"主一"即常在当下，"无适"即"不走作"。

主一则自然无适，无适则可以主一。从前者说，无适是主一的效验；从后者说，无适又是主一的工夫。故伊川提倡《易·文言传》"闲邪存其诚"的工夫。

> 闲邪更着甚工夫？但惟是动容貌，整思虑，则自然生敬。（4.44）
> 一者无他，只是整齐严肃，则心便一。一则自是无非僻之干。（4.45）

闲邪的工夫，一方是外在仪容、举止的约束，一方是内心思虑的整饬。伊川很重视仪容的整饬："'严威俨恪'，非敬之道。但致敬须自此入。"（4.49）可以说，"严威俨恪"不是根本，但在为学过程中也很重要。这方面的强调与伊川的气象人格是一致的。

伊川对闲邪工夫推崇备至。颜渊问仁，子曰"克己复礼"，并进一步指示要目说，"非礼勿视，非礼勿听，非礼勿言，非礼勿动"（《论语·颜渊》）。伊川对"四勿"极为推重，专门作了《四箴》以发明其义，贯穿的是"制外养中"的工夫意旨（5.3）。它的背后，正是由"闲邪"而"存敬"，由"无适"而"主一"的工夫思路。此外，他解《艮卦》"艮其背，不获其身，行其庭，不见其人"云：

> 人之所以不能安其止者，动于欲也。欲牵于前而求其止，不可得也。故艮之道，当"艮其背"。所见者在前，而背乃背之，是所不见也。止于所不见，则无欲以乱其心，而止乃安。"不获其身"，不见其身也，谓忘我也。无我则止矣，不能无我，无可止之道。"行其庭，不见其人"，庭除之间至近也，在背则虽至近不见，谓不交于物也。外物不接，内欲不萌，如是而止，乃得止之道，于止为"无咎"也。(4.6)

从易学史的角度看，伊川用"以背背之"解"艮其背"，用"不交于物"解"不见其人"，是对传统解法的承袭；但从伊川自身的思想脉络看，他的解法乃是为了展现"外物不接，内欲不萌，如是而止，乃得止之道"的工夫。这正是他所极力提倡的

"闲邪"。

若据此认为，伊川敬字工夫只在"无适"上，却又失了伊川的本意。"无适"，说到底还是为了辅成"主一"。

（4）敬字无间断

敬，无分于动静，时时可以着力，乃是一种无间断的工夫。境界的高下，也在这里。

有静中的敬。濂溪以"静虚"为本，但伊川"不用静字，只用敬字"（《遗书》卷十八）。不过，伊川不是反对心要保持虚静的状态。他以明镜喻心，就是在强调人心虚明的状态。只是若以虚静为工夫，为虚静而虚静，则会落入全无内容的死寂或槁木死灰中去，不会有具体的活用。儒家的虚静，是要在敬的工夫中实现的。故伊川说："敬则自虚静，不可把虚静唤做敬。"（4.47）在他看来，虚静乃是敬字工夫在静中的内心表现（效验）。

静中持敬，是"未感"、"未接"、"未出门使民"时的工夫。《系辞》云"寂然不动"，《中庸》云"未发之中"，都须在静中涵养。所谓"敬以直内"，也是静中的敬。无事时，整齐严肃、收敛内心，也是静中持敬之道。当然，还有静坐。

> 谢显道从明道先生于扶沟，明道一日谓之曰："尔辈在此相从，只是学颢言语，故其学心口不相应，盍若行之？"请问焉。曰："且静坐。"伊川每见人静坐，便叹其善学。(4.63)

明道提倡，"无可行时，且去静坐"（《朱子语类》卷96）。伊川见人静坐，知此人有静中涵养工夫，便叹其善学。实际上，静坐可使人澄心静虑，所谓"寂然不动"的心体，"未发之中"的状态，皆可由此体认和追寻。不过，对于儒家来说，静坐只是静中持敬的一种方式。其要义不在静，而在敬。

又有动中的敬。子曰"执事敬"（《论语·子路》）、"敬事而信"（《学而》），"出门如见大宾，使民如承大祭"（《颜渊》），都是动中的敬。伊川认为，只一个"敬"字，有事无事一齐都说了，故曰"敬贯动静"。动中的敬，要止于事。在做事的时候，此心收敛在事上。

> 人多思虑，不能自宁，只是做他心主不

> 定。要作得心主定，惟是止于事，"为人君，止于仁"之类。如舜之诛四凶，四凶已作恶，舜从而诛之，舜何与焉？人不止于事，只是揽他事，不能使物各付物。物各付物，则是役物。为物所役，则是役于物。"有物必有则"，须是止于事。(4.27)

无论做事，还是思考，都应专注于当下，而不是越出当前的处境，攀缘其他不相干的东西。当然，这样说还显得形式化。《大雅·烝民》说"有物有则"，每件事情都有其应然之理。真正的止于事，是要止于当前事物的应然之理，使事物都能按它自身的条理得到相应的处置，所谓"物各付物"。逻辑上，此间包含两个要点，一是专注当下；二是止于其理。若不能专注于当下，就更不用提止于当下之理了。但若仅仅专注于当下，而不能止于当下之理，也不能正确地做事。两相结合，才是止于事，才是事上的敬、动中的敬。

止于事的前提，是专注当下，一心一用。有人问，事务繁杂之时，一心多用尚且处置不了，一心若只一用，如何能够应付层出不穷的具体事务？其实，这个问题可以从两个方面看。其一，一心专注于当下，各项事务安排妥当，自然可以得轻重缓急之度，条理先后之序。如此一来，这许多的事，对学者来说也只是一事。其二，心在当下，才能妥帖地了当各种事务。当下要做的事情，来了就去做，做完了就不牵挂。在这个过程中，尚未完成的不会给人徒增压力，既已做好的不会给人平添负累。如此，则能释放心的活力，全心全意把各项事务逐一做好。但是，现实情形往往是，正在做一件事，却去操心后一件事；去做后一件事了，又无故系念着前一件事。在妄想和牵绊中，徒然耗费了心神和精力。到头来，什么事情都做不好。故程子曰："人心常要活，则周流无穷而不滞于一隅。"（4.35）人心的活，在于它能周流于万事万物之间，而又不会被任何具体的事物所拘碍。直在当下，物来而应，物过而化。当然，专注于当下，本身是一种能力，需要着意培养。故伊川曰："须是习，习能专一时便好。不拘思虑与应事，皆要求一。"（4.53）学者应训练自己，养成专注当下的习惯和能力。这是主于事的前提，也是事上用敬的要领。

导读：《近思录》的理学工夫要义

无论是静中的敬，还是动中的敬，只是一个敬。一个敬字，贯于动静之间，有事、无事之际。到得敬的工夫无间断，则与天地之道相通。

> 明道先生曰："'天地设位，而易行乎其中'，只是敬也。敬则无间断。"（4.36）

易道行乎天地之间，不曾暂歇。能持敬，自然也无间断。无事时，静中持敬；有事时，动中持敬。乃至梦寐之间，亦可卜测工夫浅深（4.54）。

> 圣人之心，"纯亦不已"也。纯亦不已，天德也。有天德便可语王道，其要只在慎独。（4.41）

《周颂·维天之命》："维天之命，於穆不已。"圣人之心，也在"纯亦不已"。敬字工夫若无间断，便是"纯亦不已"，便是天德。此心是否间断，不看别处，看慎独之时。朱子曰："若不慎独，便去隐微处间断了。能慎独，然后无间断。"（《朱子语类》卷36）在此意义上，慎独乃是敬的要诀，"惟

33

慎独便是守之之法"(4.30)。

明道有一则公案。他说："某写字时甚敬,非是要字好,只此是学。"(4.22)写字时持敬,若不是为了把字写好,又是为了什么呢?为了敬。持敬不已,贯到写字之时,此是无间断。

(5) 工夫错用

敬字工夫是理学的根本工夫,彻头彻尾、成始成终。但这个工夫不好下,若是错用,反成心疾。

其一,敬不可视为外在之物(或手段)。敬本为内心自然的状态,持敬也是为了达到这一状态。若学者达不到这一状态,却又强行以它来应事,则敬反而成了一种外在于学者的东西,成了一个妄念。故程子说:

> "敬以直内,义以方外",仁也。若以敬直内,则便不直矣。(4.39)

"敬以直内",心敬即直内,两者是一致的;"以敬直内",却是把敬当做了手段,两者已然二分。差之毫厘,谬以千里。程子曰:"道在己,不是与己各为一物，可跳身而入者也。"(《遗书》卷一）同样的，敬也不是在我之外，可以利用的东西。它是学者当下的身心状态。

其二，持敬不能离开"自然底道理"。若持之太甚，则使人促迫不安。

> 今学者敬而不自得，又不安者，只是心生，亦是太以敬来做事得重。此"恭而无礼则劳"也。恭者，私为恭之恭也。礼者，非体之礼，是自然底道理也。只恭而不为自然底道理，故不自在也。须是"恭而安"。今容貌必端，言语必正者，非是道独善其身，要人道如何，只是天理合如此。本无私意，只是个循理而已。（4.16）

明道指出，用了持敬的工夫，却不能自得、自安，原因是这个"敬"只是学者心中强行提起的私念，不是真的敬。敬是收敛于事物当然之理，持敬只是循天理。若此，自然"恭而安"（《论语·述而》）。"恭"便有个和、乐的意思在。若私意为恭，却不知自然的度数，便落入了孔子所说的"恭而无礼则劳"(《泰伯》)、或孟子所说的"揠苗助长"(《公孙丑上》)的陷阱之中。

> 今志于义理而心不安乐者,何也?此则正是剩一个助之长。虽则心"操之则存,舍之则亡",然而持之太甚,便是"必有事焉"而正之也。(4.17)

孟子说,"必有事焉而勿正,心勿忘、勿助长"(《公孙丑上》)。"必有事焉",指心的操存,要领在于勿忘、勿助。若不能持敬,或持敬有间断,便是"忘";若操持太甚,过分紧张,急于求成,则又成了"助之长"。有的人会担心自己不曾着工夫,不断催迫自己去防检、去穷索;殊不知,若"矜持太过",执意太深,适得其反。不但内心促迫,甚至出现种种身体上的病症。故明道说:"既得后,便须放开,不然却只是守。"(《遗书》卷三)持敬,正要在"忘""助"之间,得一个恰当的分处。

其三,敬是"主一",却不是把心寄寓在某个具体形象上。

导读：《近思录》的理学工夫要义

人心作主不定，正如一个翻车，流转动摇，无须臾停。所感万端，（又如悬镜空中，无物不入其中，有甚定形？不学则却都不察，及有所学，便觉察得是为害。着一个意思，则与人成就得个甚好见识？心）若不做一个主，怎生奈何！张天祺昔尝言：自约数年，自上着床，便不得思量事。不思量事后，须强把他这心来制缚，亦须寄寓在一个形象，皆非自然。君实自谓：吾得术矣，只管念个"中"字。此又为"中"所系缚，且"中"亦何形象？有人胸中常若有两人焉，欲为善，如有恶以为之间；欲为不善，又若有羞恶之心者。本无二人，此正交战之验也。持其志使气不能乱，此大可验。要之，圣贤必不害心疾。（4.21，括号内据《遗书》补）

张天祺是张载的弟弟。为了克制思虑，他与自己约定，一旦上床睡觉，便不再想任何事情。为此，他必须要把心寄寓在一个具体形象上。伊川认为，这不自然。司马光自认为找到了方法，他一心念"中"字，以一个大念头驱除其他的小念头。念

"中"当然不是真"中",也与"中"本身无关。它不过是一个寄寓的对象,换成其他的字本质上是一样的。只是"中"字深奥,儒者念"中"或易起诚敬之心。伊川认为,此法也被"中"字束缚(伊川对司马光"念中"的批评,又见《遗书》卷二)。此外,有的人心中念头丛生、善恶参互,好像自己一分为二,相互对抗。

无论是张天祺、司马光,还是"有人",都是着意想象,把心寄寓在特定的形象,拴住心的活用,以此对治其他层出不穷的念虑。这种方法,本质上是用一个大的妄念,来堵塞其他的妄念,所用的是堵的策略。实则,人心应感无穷,本无定形,"如悬镜空中,无物不入"。硬要把它寄寓在某些固定的形象上,且不说效果如何,这本身就不是人心的自然状态,不是真正意义上的"定心"、"主心"。

2.3 进学在致知

敬是一种收敛的工夫。从心体上说,人禀受天命之性,只要收敛于内,便可以有"寂然不动、感而遂通"的妙用。从事为上说,只要应接事物"专主一个天理"(《传习录上》),便能收到"物各付物"的效果。当然,后者要以对事物及事物之理的认知为前提。如此,就有了格物致知的工夫。

伊川曰:"在物为理,处物为义。"事物有当然之理,依据此理而处置得当,即是义。故理与义是相通的。学者要先知义,而后才能守义。如前所说,心的工夫,须是敬与义的结合。若没有敬,则义不能守;若没有义,则敬无所守。"敬义夹持",方能深造于道德。

> 问:"'必有事焉',当用敬否?"曰:"敬是涵养一事。'必有事焉',须用集义。只知用敬,不知集义,却是都无事也。"……(2.60)
> 问:"敬、义何别?"曰:"敬只是持己之道,义便知有是有非。顺理而行,是为义也。若只守一个敬,不知集义,却是都无事也。且如欲为孝,不成只守着一个孝字?须是知所以为孝之道,所以侍奉当如何,温凊当如何,然后能尽孝道也。"(2.61)

"必有事焉"和"集义"都出于《孟子·公孙丑

上》"知言养气章"。前者是说工夫要在事上做，后者是说要使事事合义，积累义行义举。伊川指出，敬只是照看自己的持己之道，是一种收敛整肃的工夫。但仅仅如此，而对具体事物缺乏认知，不知理之所在，也是做不成事情的。就像守着一个孝字，却不追究行孝的方法和途径，当然不会有真正的孝行。故实践中，须用"集义"工夫。

集义，是贯通知行的工夫，包含知义和守义两个方面。守义的意思，在敬中多有体现。此处，伊川将"集义"与"敬"对举，突出的是知义的一面。理学认为，人禀天命之性而生，人心本具众理。但现实中，人心所具之理，未必为人人当下之知。故"知义"的要求，又落在了"致知"的工夫上。

（1）致义理之知

"格物致知"，是程朱理学的又一基本工夫。在《大学》中，格物、致知相承，关系密切。要了解致知，先要了解格物。

郑玄注："格，来也。物，犹事也。"（《礼记正义》）意思是说，善恶的事物皆因各人所好而来。伊川解"格"为"至":"格,至也,如祖考来格之格。"(《遗书》卷十八)又将"至"理解为"穷至"、"推至",他说:"格,犹穷也。物,犹理也。犹曰穷其理而已也。"(《遗书》卷二十五)故在伊川这里,"格物"一转手,成了"穷理"(按,此解在训诂上很难找到支持,朱子继承此说,益之曰"即物而穷其理",试图在两者之间作出衔接)。

> 凡一物上有一理,须是穷致其理。穷理亦多端,或读书讲明义理,或论古今人物别其是非,或应接事物而处其当,皆穷理也。或问:"格物须物物格之,还只格一物而万理皆知?"曰:"怎得便会贯通?若只格一物便通众理,虽颜子亦不敢如此道。须是今日格一件,明日又格一件。积习既多,然后脱然自有贯通处。"(3.9)

每件事情都有天然一定的道理,穷理便是要穷致事物的道理。事事皆须穷理,读书讲义、品鉴人物、应接处事,更是学者格物致知的重要方面。

伊川认为,吾心之知即事物之理,两者是一码事。"物我一理,才明彼,即晓此,此合内外之道也。"(3.12)如是,致内心之知的工夫,也即穷事物之理的过程。道理虽通,但因事物不同而有不同表现。故格物须是一件一件慢慢格,积累多了,终将达到"脱然贯通"的境界。此时,事物之理当下洞明,吾心之知全体朗现。不过,贯通的境界只是随事格物的自然结果,学者工夫还是"今日格一件,明日格一件"。

理,本义是玉石的纹理,引申指事物内在的条理和章法。它既指涉事物的客观知识,也包含人伦道德的认知。

> 问:"格物是外物,是性分中物?"曰:"不拘。凡眼前无非是物,物物皆有理,如火之所以热,水之所以寒,至于君臣父子间皆是理。"(《遗书》卷十九)

"凡眼前无非是物",皆有理,都要格。"火之所以热,水之所以寒",在今人看来是关于客观事物的知识;"君臣父子",在今人看来则是关于伦理道德的知识。"穷理"要求两方面都格。不过,古人理解事物有很强的实践指向。所谓穷水火之所以寒热之理，也不是为知识而知识，而是为了辅助人伦道德的实践。如伊川云："须是知所以为孝之道，所以侍奉当如何，温清当如何，然后能尽孝道也。"（2.61）这是把关于节目时变的具体知识（包括医学常识），统摄到孝道之中去了。于是，这些貌似中立的客观知识，在人伦实践的主脑下获得了安顿。

横渠区分了"闻见之知"与"德性之知"。"闻见之知"，指见闻所得的外在知识；"德性之知"，指人心本具的性理之知。横渠认为，人心本具天理，天理之知只是人心自知，不由外在习得，故曰"德性所知，不萌于见闻"（《正蒙·大心篇》）。不过，"不萌于见闻"，只是说它的来源和根据不在见闻。现实中，也须借助某种方式的唤醒或推明，方能为人所知。就此而言，无论是客观知识，还是伦理知识；无论是德性之知，还是闻见之知，都离不开格物致知的工夫。

理学工夫归根于人伦道德的实践，故格物致知自然偏向人事义理之知。在实践中，义理之知不能仅仅落在理智思维上，也必须诉诸个人的实体亲证。对同一个道理，所知的深浅也有很大不同。

> 知有多少般数，煞有深浅。学者须是真知，才知得是，便泰然行将去也。某年二十时，解释经义与今无异，然思今日，觉得意味与少时自别。(3.8)

伊川说，他二十岁时对经义的了解，已经与晚年没有多大差别。但年轻时，靠的是思力。到了晚年，随着工夫涵养的积淀、内证境界的提升，对义理的"意味"有了完全不同的体会。这种差别很难具体描述，却是一个人真实所得的体现。故伊川强调"真知"、"实见"。

> 人不能若此者，只为不见实理。实理者，实见得是，实见得非。凡实理得之于心自别。若耳闻口道者，心实不见。若见得，必不肯安于所不安。……及其蹈水火，则人皆避之，是实见得。须是有"见不善如探汤"之心，则自然别。昔曾经伤于虎者，他人语虎，则虽三尺童子，皆知虎之可畏，终不似曾经伤者，神色

> 慑惧，至诚畏之，是实见得也。得之于心，是谓有德，不待勉强。（7.25）

所谓"真知"，即"见实理"。见实理，即"见理实"或"实见理"。这种实见，有别于道听途说，也不同于思维所得，它是基于真实、深切的体会。

伊川常用"谈虎色变"的故事来说明这个道理。一般人都知道老虎可怕，但这种感觉是脑子里模拟出来的。真正被虎伤过的人，一听到老虎，脸色惨白、肌肉发抖、毛孔耸立，全身上下有一种不能自抑的恐惧。这是真知虎之可畏。伊川认为，对道理的认知，也只有到了如此地步，见得它不得不如此，方是"真知"。如此，真知之后必是力行，定不会有知而不行的情况。故伊川说："若知识明，则力量自进。"（3.11）这种知本身就包含了实践的力量。横渠说"不以苟知为'得'，必以了悟为'闻'"（3.17），诫勉之意深矣。

这种意义上的真知，乃是所知与身心（意欲-行为）的一致，须借助于涵养来达到。故曰"致知在所养"（4.60），"未有能致知而不在敬者"（4.25）。在此意义上，居敬涵养可以说是格物致知的归宿。

（2）思与疑

致义理之知，要有"思"的工夫。程子曰："学原于思。"（3.6）惟有善思，才能言学。儒家向来重视思。子曰："学而不思则罔，思而不学则殆。"（《论语·为政》）学思结合，乃是为学的根本要义。理学的格物致知，不是一个接收信息的过程，而是一个贯通义理的工夫。其中，思尤为关键。

"思"要沉潜涵玩，不能以轻心而得（3.18）；要与他人共讲，增进自己的思考（3.21）；在想不通、遇困难的时候，要勇于思，"习坎"才能"心亨"（3.20）。同时，思要讲求自然而然，不能急迫。"若于一事上思未得，且别换一事思之，不可专守着这一事。盖人之知识，于这里蔽着，虽强思亦不通也。"（3.10）

"思曰睿"，思虑久后，睿自然生。（3.10）

"思曰睿，睿作圣。"致思如掘井，初有浑

水，久后稍引动得清者出来。人思虑始皆溷浊，久自明快。(3.13)

"思曰睿，睿作圣"出自《尚书·洪范》。思考多了，心思清通，自有睿智。这跟打井相似，刚打的井，取出来的必是浑水；久而久之，便有清水出来。人的思考也是一样的，持续性的思考会有自然而然的所得。

所谓"自然"，不仅是一个时间的问题（思考持续久），还涉及用功方法的问题。有一次，伊川在回信中，对横渠的致思方式提出了批评。

> 所论大概，有苦心极力之象，而无宽裕温厚之气。非明睿所照，而考索至此，故意屡偏，而言多窒，小出入时有之。更愿完养思虑，涵泳义理，他日自当条畅。(3.3)

伊川认为，达到义理有两种方式：一是明睿所照，一是考索而至。前者由"涵泳义理"、"完养思虑"而来。若能涵养得心体洞然、思虑明畅，自然照见义理。后者由勉力思考而来。他觉得，横渠是后者，故有苦心极力之象，说的话也往往偏滞。

> 欲知得与不得，于心气上验之。思虑有得，中心悦豫，沛然有裕者，实得也。思虑有得，心气劳耗者，实未得也，强揣度耳。（3.4）

思虑是否真的有得，必表现在个人心气上。一个人在思虑上有收获，心气却劳损虚耗，这说明他是强行揣度出来的，不是真的有得。可见，思不仅是一种思考活动，也是一种涵养工夫。

与"思"相关，要有"疑"。疑是因为想不通，本身不是什么好事。但没有疑，则连问题也意识不到。有疑才会有进一步的思，故曰："学者先要会疑。"（3.15）横渠说："不知疑者，只是不便实作。既实作则须有疑。必有不行处，是疑也。"（2.102）没有疑惑，只是因为没有真的去下工夫。若真去做了，遇到行不得、想不通的地方，自然有疑。看书亦是如此，寻行数墨，平平看过，似懂非懂，没有疑问，说明不曾真正用过功。横渠又说："（观书）于不疑处有疑，方是进矣。"（3.75）若能在以往不曾有疑的地方生出疑问,说明是真下了工夫的。在此意义上,发现问题本身就是学问进步的表现。

当然,疑是为了最终的无疑,以便"立吾心于不疑之地"(2.92)。故朱子曰:"读书无疑者,须教有疑;有疑者,却要无疑。"(《朱子语类》卷11)疑与无疑的辩证,是为了通过批判性的考察,获得真正的理解,以便在义理上更加贞定。当然,也有不好的疑。消极的犹疑,徒耗学者的精力,对学思生命没有什么好处。

(3)读书之法

理学的格物致知,既要面向具体的生活实践,也要求诸经典的学习。《近思录》卷三"格物穷理",主要就是在讲如何通过读书以明理,依次涉及《大学》《论语》《孟子》《诗经》《尚书》《中庸》《周易》《周礼》及史书。约而言之,是"四书五经"及史书,大体可以理解为理学的经典体系。

在理学家看来,读书是一个切身向圣人学习,在经典中实现自我教化的过程。伊川说:"如读

《论语》，旧时未读，是这个人，及读了，后来又只是这个人，便是不曾读也。"（3.30）读书若不能改变自己，算是白读了。明道说："学者不可以不看《诗》，看《诗》便使人长一格价。"（3.45）长一格价，是说人格上有长进。

作为工夫的一环，读书有自身的要领。不是越多越好，须知要约处，深入玩味圣人的经典。

> 焞初到，问为学之方。先生曰："公要知为学，须是读书。书不必多看，要知其约。多看而不知其约，书肆耳。颐缘少时读书贪多，如今多忘了。须是将圣人言语玩味，入心记着，然后力去行之，自有所得。"（3.33）

经典的书，要深入地看。若一味贪多求快，充其量只是一个"书摊"、一个"两脚书橱"，不是真学问。伊川以自己的切身经历告诉我们，真学问在于自得。将圣人的言语反复玩味、记在心里，体认于具体行动之中，久而久之，就会自得。

读书的目的，不是一般意义上的增长知识，而是为了寻求圣人之道。伊川说："心通乎道，然后能辨是非,如持权衡以较轻重。"(3.1)伊川认为,道是一切是非善恶的准则。若不知"道",只依据有限的经验判断事物,在不测的事变面前必然黔驴技穷。故读书必须求道,求道则必自经典。

> 圣人之道,坦如大路,学者病不得其门耳。得其门,无远之不可到也。求入其门,不由于经乎?今之治经者亦众矣,然而买椟还珠之蔽,人人皆是。经所以载道也,诵其言辞,解其训诂,而不及道,乃无用之糟粕耳。(2.15)

伊川认为,经是载道之书,也是学者入圣人之道的门径。若不能在经中求道、见道,便是买椟还珠。剩下的,皆无用之糟粕。"看《书》须要见二帝三王之道。"(3.47)"读《论语》《孟子》而不知道,所谓'虽多,亦奚以为?'"(3.40)求圣人之道,也可以说是求圣人之意。

> 读书者,当观圣人所以作经之意,与圣人所以用心,与圣人所以至圣人,而吾之所以未

> 至者,所以未得者。句句而求之,昼诵而味之,中夜而思之,平其心,易其气,阙其疑,则圣人之意见矣。(3.39)

此说极为亲切明白。读书,重要的是体贴圣人作经之意,圣人所以用心之法,圣人之所以为圣人的道理,反思自己为何不如圣人的原因。平心静气地思味涵泳,则圣人之意可见。

为了达到这一目的,读书要注意以下几点。其一,要把自己放进去,切身地思考。

> 读《论语》者,但将诸弟子问处,便作己问;将圣人答处,便作今日耳闻,自然有得。(3.36)
>
> 凡看《语》《孟》,且须熟玩味,将圣人之言语切己,不可只作一场话说。人只看得此二书切己,终身尽多也。(3.37)

读《论语》的时候,把自己放进去,直接参与到孔子与弟子的问答。把弟子的问视为自己的问,把孔子的答视为对自己的答。如此,逐步体会圣人之

导读：《近思录》的理学工夫要义

意，终身受益无穷。其他经典，同样需要切己地去领会，参到圣人作经之意里面去。

其二，看文字要平心静气，从容体贴，不能私智穿凿。所谓"私智穿凿"，或是不解文义，或是泥于文义，或是故意拔高。不解文义者，不理解经文的词句（3.23）；泥于文义者，以文害辞，以辞害意（3.26，3.27，3.32）；故意拔高者，"节节推上去"，不明白道理各有"地头"（3.28，3.29），需要体贴玩味。这些都不是读书的正确方式。"圣人之道，坦如大路"（2.15），"圣人之言，其远如天，其近如地"（3.25）。儒家的经典，最高明的见解蕴含在最平常的道理之中，尤其需要虚心下意，玩味求索。

> 《论语》《孟子》只剩读着，便自意足。学者须是玩味。若以语言解着，意便不足。（3.41）

圣人之书，只要多读、玩味，自然有得。若是作意强解，便会失去本来的意味。所谓"以言语解着"，如以理论的态度支离经典，硬是形成一套说法。这种读书方式，对自己的修养没有帮助，未能契合圣人立言的本意。

何以"只剩读着"？真正的读书过程，应是：熟读、玩味、等候。朱子曰："'以意逆志'，此句最好。逆是前去追迎之之意，谓如等人来相似。今日等不来，明日又等，须是等得来，方自然相合。不似而今人，便将意去捉志也。"（《朱子语类》卷58）读书求道，是一个耐心等候的过程。

此前我们说"思"，这里又说"只剩读着"，看上去有些矛盾。其实，"只剩读着"是针对私智穿凿而言的。思与穿凿不同。思是一种平实切己的工夫，是为了打通自己在义理上的关隘，是从切己处出发。穿凿则往往出于欲速之心，一开始的态度便不诚了，表现为好高遗卑，见道理粗疏。

其三，读书有先后之序。次序的厘定，关乎学问的旨归及工夫的先后，所系甚大。读书是一个涵养的过程。在不同的书上立根，便有不同的格局。故伊川说，读经典，须见得路径、立个门庭（3.24）。

《经》只是载道之具，目的在道，不在具体文本。五经为载道之书，内蕴圣人之道；四书为圣贤之书，是道在四子身上的具体表现。从道的角度看，四书与五经是一致的。但从切己工夫看，四书更为切要，更易着力。朱子所谓"《论》《孟》工夫少，得效多；六经工夫多，得效少"（《朱子语类》卷19）是也。伊川说："《论语》《孟子》既治，则六经可不治而明矣。"（3.39）这句话，既说明了四书与五经的内在相通，又指示了在具体读书过程中的先后之序。可以说，先四书后五经，通过四书契入五经的顺序，与理学学做圣人的精神是内在一致的。在四书中，伊川又以《大学》为"初学入德之门"（3.34）；《论》《孟》次之，为"要约处"，为"丈尺权衡"（3.35）。后来，朱子把四书的顺序，确定为《大学》《论语》《孟子》《中庸》。

3. 性

儒家传统有一种深切的法天意识。子曰："唯天为大，唯尧则之！"（《论语·泰伯》）惟有上天之德，至为广大；惟有尧的德行与功业，取则上天。《中庸》云："《诗》云：'维天之命，於穆不已!'盖曰天之所以为天也。'於乎不显!文王之德之纯!'盖曰文王之所以为文也,纯亦不已。"文王纯亦不已,也是契合于天道精神。

3.1 天道二义

宋儒对天道的理解,约有两方面的要义:一是生生不已,一是万物一体,两者是内在关联的。天道是一个生生不已的过程。它囊括万物、成就万物。万物由之成形、各正性命,乃有个体之生成。天道生生是一个整体、一个全体。人与万物,莫不源于、蕴于此大化流行之中,故又有万物一体之义。"生生不已"与"万物一体",都是天道的基本特征。前者指示了其历时变化的一面,后者指示了其空间关联的一面。两者相较,生生不已是天道的根本。若是没有生生,便没有了万物一体的根据。万物一体则是天道的一个重要的价值面向。若是没有点出万物一体,生生的道德意义或许是不明确的。

(1) 生生之德

天道的基本特征是"生"。《系辞》云:"天地之大德曰生。"又云："生生之谓易。"天地最大的德，是生生不已或生物不息。《中庸》云："天地之道，可一言而尽也。其为物不贰，则其生物不测。"天地之道无不概遍，但根本原则只是生物不测。

理学从宇宙论、形上学的角度对"生"作了阐释。《近思录》首章即引周敦颐的《太极图说》。

> 无极而太极。太极动而生阳，动极而静；静而生阴，阴极复动。一动一静，互为其根；分阴分阳，两仪立焉。阳变阴合，而生水、火、木、金、土。五气顺布，四时行焉。五行，一阴阳也；阴阳，一太极也；太极，本无极也。五行之生也，各一其性。无极之真，二五之精，妙合而凝。"乾道成男，坤道成女"，二气交感，化生万物。万物生生，而变化无穷焉。（1.1）

根据朱子的说法，"无极而太极"即"无形而有理"，不是在"太极"之上更有"无极"。有太极，乃有动静；有动静，乃有阴阳；有阴阳，乃有五行；二气五行变化，乃有男女，而能化生万物。这是一种宇宙生成论的经典建构。在其中，动静、阴阳（或气）是核心概念。宋儒说天地之生，也主要依托这两组概念。

以动静言，天地生生是一个运化过程。

> 一阳复于下，乃天地生物之心也。先儒皆以静为见天地之心，盖不知动之端乃天地之心也。非知道者，孰能识之？（1.10）
>
> 生生之理，自然不息。如《复卦》言"七日来复"，其间元不断续，阳已复生。物极必返，其理须如此。有生便有死，有始便有终。（1.33）

《复卦》一阳在下，五阴在上。其卦辞曰："七日来复。"《彖》又曰："复其见天地之心乎！"此前，王弼、孔颖达认为，这是静中见天地之心。但伊川认为，天地之心说到底是生生不息，故天地之心于"动之端"中乃见。"七日来复"，即生生不已之意。

以阴阳言，二气变化，化生万物，成鬼成神。

导读:《近思录》的理学工夫要义

这方面,横渠尤有许多阐发。

> 气块然太虚,升降飞扬,未尝止息。此虚实、动静之机,阴阳、刚柔之始。(1.43)
> 游气纷扰,合而成质者,生人物之万殊。其阴阳两端,循环不已者,立天地之大义。(1.44)
> 物之初生,气日至而滋息;物生既盈,气日反而游散。至之谓神,以其伸也;反之谓鬼,以其归也。(1.47)
> 鬼神者,二气之良能也。(1.46)

"太虚即气",此气升降、飞扬,乃有种种变化;凝结成质,乃成品类万物。横渠认为,天地化生的前提,是阴阳二气的相互作用与变化。二气循环往复不已,是天地的大义,故曰:"一故神,两故化。"所谓"鬼""神",也只是二气之功用或良能罢了。

此外,明道说:"《易》中只是言反复、往来、上下。"(3.56) 说的是阴阳消长。不仅气如此,理也是因对待而存在的:"天地万物之理,无独必有对，皆自然而然，非有安排也。每中夜以思，不知手之舞之，足之蹈之也。"（1.25）有阴必有阳，有善必有恶。天地万物之理，只是在相互对待、相互依赖、相互运转中得以存在，这是对万物之一体相关性的一种揭示。

（2）万物一体

天道的另一个基本特征，是"万物一体"。这个世界本来就是内在深刻关联的。

> 明道先生说："天地之间，只有一个感与应而已，更有甚事？"（1.34）
>
> （伊川先生曰：）有感必有应。凡有动皆为感，感则必有应。所应复为感，所感复有应，所以不已也。感通之理，知道者默而观之可也。（1.12）

二程认为，天地之间，说到底只是一个感通之理。有感必应，循环不已。

从理论角度发明"万物一体"之义的，首推横渠《西铭》。

导读:《近思录》的理学工夫要义

乾称父,坤称母。予兹藐焉,乃混然中处。故天地之塞,吾其体;天地之帅,吾其性。民,吾同胞;物,吾与也。大君者,吾父母宗子;其大臣,宗子之家相也。尊高年,所以长其长;慈孤弱,所以幼其幼。圣,其合德;贤,其秀也。凡天下疲癃残疾、惸独鳏寡,皆吾兄弟之颠连而无告者也。于时保之,子之翼也;乐且不忧,纯乎孝者也。违曰悖德,害仁曰贼,济恶者不才,其践形惟肖者也。知化则善述其事,穷神则善继其志。不愧屋漏为无忝,存心养性为匪懈。恶旨酒,崇伯子之顾养;育英才,颖封人之赐类。不弛劳而底豫,舜其功也;无所逃而待烹,申生其恭也。体其受而归全者,参乎!勇于从而顺令者,伯奇也。富贵福泽,将厚吾之生也;贫贱忧戚,庸玉汝于成也。存,吾顺事;没,吾宁也。(2.89)

天地是万物的父母。由天地之气,而有万物的形体;由天地之志,而有万物的本性。同出乎天地之气,同得乎天地之志,故天下生民皆是我的同胞,天下万物皆是我的侪辈。既"以天下为一家",则大君、大臣,便是家中的宗子、家相;高年、孤弱,便是家中的长兄、幼弟;而疲癃、残疾、惸独、鳏寡,便是兄弟之中的落魄者,对他们的关爱,就是对天地父母的孝,是"事天"的内在要求。"于时保之"以下,是具体着工夫的地方。最后,活着就顺理事天,死了也无愧于天。这是儒者身在天地之间的自处之道。

《西铭》的宗旨是万物一体。根据在于,万物同得天地之气以成形,同得天地之志以成性。或者说,万物之形与理的同源性,决定了万物之一体。两者相较,后者尤为关键。故横渠说:"性者,万物之一源,非有我之得私也。"(1.48)程子也说:

> 所以谓万物一体者,皆有此理,只为从那里来。"生生之谓易",生则一时生,皆完此理。人则能推;物则气昏,推不得,不可道他物不与有也。人只为自私,将自家躯壳上头起意,故看得道理小了他底。放这身来,都在万物中一例看。大小大快活。(13.6)

导读：《近思录》的理学工夫要义

之所以说万物一体，只是因为人、物都从天地化生而来，都禀赋了天地之理。只是一个理，不是人禀得多一些，物禀得少一些。人物之别，不在所禀之理有差异，而在遮蔽的程度有不同（1.51），或者说，在能不能"推"。

万物同源，其理则一；分位不同，故有人物之殊。人之中，又有远近亲疏之别。如此便有了著名的"理一分殊"之说。儒家主张差等，墨子主张兼爱。杨龟山怀疑横渠《西铭》似墨子的兼爱。伊川解释说：

> 横渠立言诚有过者，乃在《正蒙》。《西铭》之为书，推理以存义，扩前圣所未发，与孟子性善、养气之论同功，二者亦前圣所未发，岂墨氏之比哉！《西铭》明理一而分殊，墨氏则二本而无分。（老幼及人，理一也；爱无等差，本二也。）（2.89）

伊川指出，《西铭》不同于墨子的兼爱，其要旨乃在"理一分殊"。"理一分殊"是理学中一个非常重要的概念。它的第一次提出就是这里。伊川对

《西铭》大加肯定，认为它发前圣所未发，功劳可比于孟子的"性善说"和"养气说"。

3.2 体性的工夫

理学主张"天道性命相贯通"（牟宗三语）。天道义理，同时也会在人性中体现。"生生不已"与"万物一体"，既是天道的本然状态，也自然是人的本然状态。为了实现它，则有相应的性上工夫。对于理学来说，性的工夫也约有二义。

（1）观万物生意

五常之性以仁为本，仁可包囊五常。在理学看来，仁的本质即生生之德。伊川说："心，生道也。有是心，斯具是形以生。恻隐之心，人之生道也。"（1.42）生生是天地之心，人禀天地之心为心，即是仁。孟子的"恻隐之心"，是生道的表现。

仁既以生为本，便有了通过观万物生意以观仁的工夫。

> 万物之生意最可观，此"元者善之长也"，斯所谓仁也。（1.23）

明道说，万物生生之意，是天地生生之德的体现，最值得看。万物的生意，是"元亨利贞"（《文言》）的"元"，是众善之长。在人身上体现，即是仁。于是，"观天地生物气象"（1.22），也即体验内在的仁心。

当然，"观天地生物气象"，不是悬空的想象，要在日常生活中随处体认。这个方面，周张二程留下了许多经典的案例。

> 周茂叔窗前草不除去，问之，云："与自家意思一般。"（子厚观驴鸣，亦谓如此。）（14.18）
>
> 明道书窗前有茂草覆砌，或劝之芟，曰："不可。欲常见造物生意。"又置盆池畜小鱼数尾，时时观之，或问其故，曰："欲观万物自得意。"（《宋元学案·明道学案下》）
>
> 观鸡雏，可以观仁。（《遗书》卷三）
>
> 切脉最可体仁。（《遗书》卷三）

周濂溪窗前草不除，是见得草上有生生之意。"自家意思"就是自家生意。自家内在的仁心与天地生生之意相通，故见草上生意与自家意思一般。明道窗前草不除，是因为从草上可见造物的生意；养小鱼而时时观之，是因为从中可见万物自得之意。"万物自得之意"，是从容而生的意思。明道又说，看小鸡活动，可以"观仁"；把脉，最可"体仁"。这些都是从万物"生机"与"生意"上，体认天道与人心的生生之仁。横渠观驴鸣，也是同样的道理。

当然，生生之理贯穿于天地万物之中，不惟体现在这几件事上。只是事物萌发之初，尤为便于体认而已。故万物之生意，有时又说是"春意"，因为春季万物萌生之始，最易体认天地的生机。直至贤者的成德气象，也会以"春"来形容（如云"颜子，春生也"，明道之接物"如阳春之温"）。但要注意的是，留草、观鱼、切脉、观鸡雏、观驴鸣，这些都只是体认万物生意的机缘而已。若以此要求人人都不能除草，人人去养鱼、养鸡、学医，却又失了先儒本意。殊不知，光是留草待芜也不济事，关键要看存心如何。

（2）识一体之仁

万物同得天地之气以成形，同得天地之理以成性。只是人躯壳起念，割裂我与人、我与万物的一体性，认为我自我、人自人、万物自是万物，始有物我之分、内外之别，不能与天地万物相感通。在明道看来，此即"不仁"。

> 医书言手足痿痹为不仁，此言最善名状。仁者以天地万物为一体，莫非己也。认得为己，何所不至？若不有诸己，自不与己相干。如手足不仁，气已不贯，皆不属己。故博施济众，乃圣之功用。仁至难言，故止曰"己欲立而立人，己欲达而达人。能近取譬，可谓仁之方已。"欲令如是观仁，可以得仁之体。（1.20）

仁者能以天地万物为一体，天地万物只是自己的四肢百体。若能如此体认，则天底下的人或事，无不是自己分内的人与事。若不能如此体认，天底下的人与事，终究是身外之物，与自己没有切身的关系。心自己局限了自己，小看了自己。身体不能贯通，乃至有什么疾痛也不能觉知，中医称这种痿痹之症为不仁。明道说，中医的说法，得了仁的真义。

明道认为，体认得万物一体，便是仁人；圣之所以为圣，也只是体认此心而已。故明道以体认万物一体为识仁之方。

> 学者须先识仁。仁者，浑然与物同体，义、礼、智、信皆仁也。识得此理，以诚敬存之而已，不须防检，不须穷索。若心懈，则有防；心苟不懈，何防之有！理有未得，故须穷索；存久自明，安待穷索！此道与物无对，"大"不足以明之。天地之用，皆我之用。孟子言"万物皆备于我"，须"反身而诚"，乃为大乐。若反身未诚，则犹是二物有对，以己合彼，终未有之，又安得乐！《订顽》意思，乃备言此体，以此意存之，更有何事。"必有事焉而勿正，心勿忘，勿助长"，未尝致纤毫之力，此其存之之道。若存得，便合有得。盖良知良能，元不丧失。以昔日习心未除，却须存习此心，久则可夺旧习。此理至约，惟患不能守。既能体之而乐，亦不患不能守也。（《遗书》卷二）

导读：《近思录》的理学工夫要义

此章又名《识仁篇》，朱子以为说的太高，"乃地位高者之事"，非初学所宜，故《近思录》未采。实则，此章表达了明道识仁工夫的要义。

明道指出，学者要务在识仁。仁的要义，是与物同体，义、礼、智、信皆为此中之蕴。所谓"识得"，是说真实体认。若能真实体认到与物同体的境界，剩下的便只是以诚敬之心存之了。敬，即主一，一于天理。诚，即真实无妄。心性本体得以自然呈现，谓之诚。故"以诚敬存之"，一方面是向内收敛，收敛到万物一体的内心状态；一方面是向外生发，生发出具体的道理和德行。如此，吾人之心自不容懈，吾心之理自然能明，不待防检与穷索。

能体认与物同体之意，便没有了物与我的对待、内与外的分隔。天地间的物，都是我身内之物；天地间的事，都是我自家的事。正如孟子所说"万物皆备于我"，要在"反身而诚"。诚则与物无对。"必有事焉而勿正，心勿忘，勿助长"，是孟子的存之之道。如此存习，自然能够去除习染之蔽，恢复自己的良知良能。

与物同体，则无内外之分，皆为此心之用，是为真正的"合内外之道"。故明道《定性书》云：

> 所谓定者，动亦定，静亦定，无将迎，无内外。苟以外物为外，牵己而从之，是以己性为有内外也。且以性为随物于外，则当其在外时，何者为在内？是有意于绝外诱而不知性之无内外也。既以内外为二本，则又乌可遽语定哉？
>
> 夫天地之常，以其心普万物而无心。圣人之常，以其情顺万事而无情。故君子之学，莫若廓然而大公，物来而顺应。《易》曰："贞吉，悔亡，憧憧往来，朋从尔思。"苟规规于外诱之除，将见灭于东而生于西也，非惟日之不足，顾其端无穷，不可得而除也。人之情各有所蔽，故不能适道，大率患在于自私而用智。自私则不能以有为为应迹，用智则不能以明觉为自然。今以恶外物之心，而求照无物之地，是反鉴而索照也。《易》曰："艮其背，不获其身。行其庭，不见其人。"孟氏亦曰："所恶于智者，为其凿也。"与其非外而是内，不若内外之两忘也，两忘则澄然无事矣。无事

则定，定则明，明则尚何应物之为累哉？

圣人之喜，以物之当喜。圣人之怒，以物之当怒。是圣人之喜怒，不系于心，而系于物也。是则圣人岂不应于物哉？乌得以从外者为非，而更求在内者为是也。今以自私用智之喜怒，而视圣人喜怒之正为如何哉？夫人之情易发而难制者，惟怒为甚。第能于怒时遽忘其怒，而观理之是非，亦可见外诱之不足恶，而于道亦思过半矣。（2.4）

横渠希望在日用之间，通过杜绝外诱，以定己之性。明道指出，这一想法已分内外为二本、物我为对待，不是真的定性。所谓定性，动中也定在这里，静中也定在这里，不去随它、迎它，也没有内与外的隔阂。天地的常道，能周普万物、发育万物，而没有私心；圣人的常道，能恒顺万物的实情，而没有私情。真正的君子之学，乃是廓然而以万物为一体，大公而无私吝之心。事物之来，随其分位而应之，万物各得其所。以廓然之大公，顺应万物之自得，是真正的定性。反之，若视内外为敌对，致力于消除外诱，但外诱头绪纷杂、层出不穷，这种努力终无尽头。人的问题往往在于"自私"与"用智"。自私之人，己物悬隔；用智之人，落于穿凿。对治的方法，是据大公之心，忘内外之分。最后，明道以喜怒之情为例，说明了如何是合内外之道。要之，人累于外物，"不是事累心，乃是心累事"（4.25）。以万物一体之公心，行合内外之大道，这才是仁道之自然。"性"自然如此，只要以诚敬存之，故明道不言"定心"，而言"定性"。

万物一体，蕴含一个公字。仁者以万物为一体，自然是天下之公。故在伊川看来，公是理解仁的关钥。

> 仁之道，要之只消道一"公"字。公只是仁之理，不可将公便唤做仁。公而以人体之，故为仁。只为公则物我兼照，故仁所以能恕，所以能爱。恕则仁之施，爱则仁之用也。（2.52）

仁之道只要说一个公，但也不能以公来代替仁。之所以如此，仁是质，公是仁的特征。公而物我兼照即是仁,仁自然公。

无论是"生生不已"的契悟,还是"万物一体"的体认,都是学者真实下工夫处,而不是给仁下了一个定义。所谓"观仁"、"识仁",便是实践的体认。仁的理解,必须借助于仁的体认,不是思维计度可得的。

> 问仁。伊川先生曰:"此在诸公自思之。将圣贤所言仁处类聚观之,体认出来。"(1.35)

要注意的是,所谓"将圣贤所言仁处类聚观之","合孔孟言仁处大概研究之",不是排比分析,它们实际上也都是优游涵泳、沉潜体认的工夫。非得如此,学者才能真正理解仁的意涵,才能细密分殊仁与其他概念的异同。

(3) 率性之道

《中庸》云:"率性之谓道。""生生"与"一体",皆人性之本然。学者的要务,便是以诚敬之心,让本然之性在现实中无遮蔽地呈现出来。顺之、循之，便是修为之道。修为的目的，也只是率性而已。故明道说：

> 生之谓性。性即气，气即性，生之谓也。人生气禀，理有善恶。然不是性中元有此两物相对而生也。有自幼而善，有自幼而恶，是气禀有然也。善固性也，然恶亦不可不谓之性也。盖生之谓性，"人生而静"以上不容说。才说性时，便已不是性也。凡人说性，只是说"继之者善也"，孟子言性善是也。夫所谓"继之者善也"者，犹水流而就下也。皆水也，有流而至海，终无所污，此何烦人力之为也？有流而未远，固已渐浊；有出而甚远，方有所浊。有浊之多者，有浊之少者。清浊虽不同，然不可以浊者不为水也。如此，则人不可以不加澄治之功。故用力敏勇则疾清，用力缓怠则迟清。及其清也，则却只是元初水也。不是将清来换却浊，亦不是取出浊来置在一隅也。水之清，则性善之谓也。故不是善与恶在性中为两物相对，各自出来。此理，天命也。顺而循之，则道也。循此而修之，各得其分则教也。

自天命以至于教，我无加损焉。此"舜有天下而不与焉"者也。（1.21）

这段话很重要，但理解起来颇有难度。"生之谓性"，其实是先秦时代关于"性"的基本规定。但传统上，学者多以为它是告子的观点，孟子持否定的意见。然而，明道却以之为前提性的命题，加以肯认："'生之谓性'，告子此言是。"（《遗书》卷十一）

明道与告子都说"生之谓性"，意味却有很大不同。告子说"生之谓性"，是就人的经验现实或自然属性而言的，如"食、色"之类是也。明道说"生之谓性"，则是从性概念之得以成立来说的。明道认为，既生之后方可言人物之性，在"人生而静"（此处指个体生成）之前，谈不上有人物之性。所谓"乾道变化，各正性命"（《乾·彖传》），"一阴一阳之谓道，继之者善也，成之者性也"（《系辞上》），即是此意。而个体一旦生成，则理与气滚在一起，不可分离，所谓"性即气，气即性"是也（此句有不同的理解。牟宗三先生《心体与性体（中）》认为，"性即气，气即性"是"不即不离"的意思,指的是"性气滚在一起"、"性气混杂、夹杂在一起"。郭晓东先生《识仁与定性》认为,牟的解释预设了性与气的二分。他认为,"性即气,气即性"即"性是气,气是性","代表了一种性气未曾分离的更为原初的关系"。按,明道应是主张理气未曾分离的原初关系,但此处"性即气,气即性"或是借用他人概念来说。此义详后)。我们不能说,理是性,气不是性。也不能说善是性,恶不是性。人性善恶只是一体之性的两种状态或表现,"不是性中元有此两物相对而生也"。

明道滚滚地说出来,不像伊川那样段数分明。此处的性字,实有两种意义:一指纯粹至善的天理,即"性即气,气即性"中的性;一指已生之后的人物之性,即"生之谓性"的性。笔者推测,此番论述可能是针对横渠"天地之性"、"气质之性"的区分,有意而发的。"性即气,气即性"中的"性"是顺着"天地之性"说的,而作为"性即气,气即性"之结果的"生之谓性",才是明道自己的主张。在明道看来,抽象地讲纯粹至善之性,只是一种权宜之说,实不能叫做真正的性。唯有个体生成之后,理与气滚在一起不可分离的性,乃是真正意义上的性。故曰:"盖生之谓性,'人生而静'以上不容说。"不容说,即不好用性字来说。"才说性时便已不是性也",人们一旦说到"性",便指人物既生、理气不离之性,而不是所谓纯粹至善之性了。故曰:"凡人说性,只是说'继之者善也',孟子言性善是也。"继即是人物之生,孟子也是在此意义上说的。

接下来,明道接着孟子的水喻,作了引申发挥。朱子说此段"引譬丛杂"(《朱子语类》卷95),即指此下的水喻而言。朱子认为,两个比喻互相穿插,造成了混乱:一是就"水流而就下"言性善,一是就水之清浊言性善。但看本段的逻辑语脉,明道实没有以"水流而就下"比喻人性向善之意(孟子用此意)。水流而就下,在明道的语境中,是为了比喻人既生之后的表现。在继道成性的视域之中,水流之开端对应于"生之谓性"的"生",也对应于"继之者善也"的"继",指人的个体生成。人物之生,禀性不同(明道意);既生之后,习染又不同。就好比,流水出来不久,已有清浊的差异;流出一段之后,清浊更加分化。虽有清浊之别，却不可说浊水不是水。对应过来，虽有善恶之不同，却不可说恶者不是（出于）性。

对于浊水，可以加以澄治之功，使之清。但澄清之后，获得的还是元初之水，不是用另外的清水换掉了浊水，也不是把浊的部分剔掉以获得纯的清水。对应过来，心性的修治不是彻底换掉原有的人性根底，也不是完全剔除气禀不好的部分，保留纯粹至善的部分。替换自己的性，或者保留一部分性、去除另一部分性，都是不可行的。理想的状态，是在人性整体的前提下达到一种好的实现。在这里，明道说"水之清，则性善之谓也"，又把"水之清"比作"元初水"。值得分析的是，清是水的一种状态，则性善也可以理解为性的一种表达状态。与之相对，"元初水"是水本身，它可以有清的状态、浊的状态，但无论哪种状态，本质上都是水。正如性有好的表达状态，有不好的表达状态，但它的质是不变的。举个例子，食色是性，食色得当便是善，食色不得当便是恶。有的人天生有节制，有的人天生没有节制，其差别是在食色的实现方式，而不在有没有食色。通过修学，我们固可以由恶的表现回到善的表现，但它本质上还是

导读：《近思录》的理学工夫要义

食色。

对于明道而言，这个"元初水"或"性善"，不是排除了气禀之后的纯粹的理之性，而是现实人性的整体表现。回到元初水，也不是回到抽象的理，而是回到现实人性的理想的表达状态。善与恶不是两物相对，截然分明，各自出来，它们只是完整人性的不同实现状态而已。在肯定现实人性的前提下，致力于达到一种善的现实，此即回到"元初水"。

明道论生之谓性，可谓一气贯通。他的要义，是就人性之全体谈人之性，而不是将人性划分为理与气、善与恶，抛开气质之性来谈天命之性。明道主张一本思想，理与气滚在一起不可分离，这是对人的存在的现实性的一种肯定。完全的人性，才是真实的人性。这真实的人性，是天所赋予人的存在的先在条件。顺着这个人性而表现，便是道。顺着它的表现并且加以修治，使之达到恰如其分的表达，谓之教。在此过程之中，既不是用一个东西替换掉本有的人性，也不是把本有人性中的一部分剔除出去，而是顺着人性之所固有而达到一种善的实现，故曰"我无加损焉"。

当然，明道这一思想在理学中也是比较特殊的。更常见的理解是，"天命之谓性"是天赋予人纯善之性（理），"率性之谓道"是循此纯善之性表现为道。四子之间乃至四子与理学成熟形态之间的思想差异，也是我们阅读《近思录》需要注意的。

（4）体验未发之中

此外，见性的工夫，还体现在理学对"大本"之"中"的重视上。

"中"有二义，一是"时中"。所谓"不偏不倚、无过不及"，所谓"中的"（focus on）、"中理"，是切中时宜、事理之中。伊川说：

> "中"字最难识，须是默识心通。且试言一厅，则中央为中；一家，则厅中非中而堂为中；言一国，则堂非中，而国之中为中。推此类可见矣。如"三过其门不入"，在禹稷之世为中，若"居陋巷"，则非中也；"居陋巷"在颜子之时为中，若"三过其门不入"，则非也。（1.30）

由空间的中推到时中，突出了处事过程中恰到好处的意思。

二是"天下之大本"。在人身上，指德行未发之时的状态。《中庸》云："喜怒哀乐之未发谓之中，发而皆中节谓之和。中也者，天下之大本也；和也者，天下之达道也。"《易·系辞》云"寂然不动，感而遂通"，未发之中是寂然不动，已发之和是感而遂通。从寂然不动到感而遂通，即由未发之中达已发之和。前者是一本，后者是万殊，内外本末一以贯之。此大本，又可以从天理上说。明道曰："中者，天下之大本，天地之间亭亭当当、直上直下之正理。"（1.26）中即正理，故为天下之大本。

在理学中，"未发"一般指心性本体。故又有"体验未发"的工夫。此一工夫，从明道到杨时，到罗从彦，到李延平，代代相传，深刻影响了朱子。朱子说："李先生教人，大抵令于静中体认大本未发时气象分明，即处事应物自然中节，此乃龟山门下相传指诀。"（《答何叔京》二）按《中庸》的本义，生德于中乃有未发之中，而后能发而中节。道南（杨时）一脉，则以大本未发之体认，实现应接事物之中节。这一工夫进路，历史上被称为"道南指诀"。

4. 对 治

修为有两个面向，一是正向的成就，一是反向的克制。子曰："克己复礼为仁。"（《论语·颜渊》）实际上就是由反向的工夫以实现正向的修为。

修为以切己为要。在切近处下切己的工夫，方有真实效果。《近思录》以"近思"为名，就是这个意思。现实的人，包含种种性情上的毛病。直面自己的病痛，通过针对性的工夫实现正向的转化，这也是修行要紧之处。

4.1 改过迁善

（1）学问之道无他

理学表彰性善、提倡性即理，似乎是一种道德上的乐观主义。实则，理学家对心性的肯定，仅仅是在本体层面的，并不是说人直接就是善的、完满的。现实之人受气质遮蔽，难免有种种的疵病与过恶，需要用力克除。

子曰："德之不修，学之不讲，闻义不能徙，不善不能改，是吾忧也。"（《论语·述而》）夫子以不能改过迁善为忧。孟子曰："子路，人告之以有过则喜。禹，闻善言则拜。大舜有大焉，善与人同。舍己从人，乐取于人以为善。"（《孟子·公孙丑上》）这三人都是改过迁善的榜样。《近思录》卷五"改过迁善克己复礼"，即是这一精神的延续。又卷十二"改过及人心疵病"，与卷五不无重叠。看上去不太合理的安排，更加体现了编者对这个方面的重视。

孟子曰："学问之道无他，求其放心而已矣。"（《告子上》）学问的目的，只是把放失掉的良心找回来。伊川套用这个格式说："学问之道无他也，唯其知不善，则速改以从善而已。"（5.4）学问工夫，说到底只是一个改过迁善而已。伊川对改过迁善的重视，已经到了无以复加的程度。

过，即过失，可在行为上讲，也可在人心上讲。"仲由喜闻过，令名无穷焉。"（12.1）子路的过，已表现在言行之中，为他人所见。子曰："颜氏之子，其殆庶几乎？有不善未尝不知，知之未尝复行也。"(《易·系辞下》)颜子一有不善即能察觉，一旦察觉即能改正，所谓"无形显之过"（5.4），这是从念虑上讲的。两者相较，后者自然更为深密。其实，卷五与卷十二的交叠，大体也可以从行与心两个层面去区分。

改正行为的过恶，要有刚勇的品格。改正念虑的过恶，除了刚勇之外，还要有内心的明察，故伊川说"明而刚"（5.4）。很多时候，学者用了工夫，言行上已经能够自我控制，病根却一直潜藏心中，遇到特定条件仍会萌发（如明道"游猎之心"）。人有自知之明，则能觉察内心潜藏的过恶，从根子上去除病根，达到身心内外的一贯。

（2）去"私"、"欲"

过因气质（或曰"客气"）而有，根源则在人心。故"改过"说到底是"格心"。心病很多，大端在"私"和"欲"。

"私"与"公"对。人与万物有共同的来源，本应"民胞物与"。如此居心，由此行事，便是大公。但现实中，人们往往躯壳起念、执着己身，以

至隔绝物我、顺从私心。伊川说："大抵人有身，便有自私之理。宜其与道难一。"（5.22）

人禀天命之性以生，本有包罗天地之量（10.47）。常人以身为限，把自己局限在躯壳之内，遮蔽了人心本来的宏量，故不能与天地之道为一。凡以私己为出发点，不能感通万物之情，则谓之不仁。故曰："有少私意，便是不仁。"（2.63）

"私"的根据，是对身或己的执着。人与物、人与人的隔膜，是私其身的结果；反过来，隔膜又会强化对己身的执着。对一般人来说，这个私己是我的一切，没有了它，便没有了存在的依托；没有了它，便没有了生存的目的。所以，拼了命也要维护它。故程子说："'舍己从人'最为难事。己者，我之所有，虽痛舍之，犹惧守己者固，而从人者轻也。"（5.18）"舍己从人"是改过迁善的要点。"从人"的基础是"舍己"。但可惜，这个己是最难的舍弃的。得要痛下决心，加之以持之以恒的打磨。

公、私不以事言，主要以心言。即便做的是天下大公之事，若以私心来做，也是私。"虽公天下事，若用私意为之，便是私。"（12.26）故所谓

"王道"，不能着一分私意，才着意去作，便落入义袭而取的霸道中去了。"有分毫私，便不是王者事。"（2.29）"王者如天地之无私心焉，行一不义而得天下不为。"（14.10）王者行事，不夹带任何的私欲，也不会为达到目的，做哪怕一件不合道义的事。这是他的纯粹性。

从工夫上说，私心、私意的体会很重要。有了私的体会，才能着手克去己私。但私的体认并没有看上去那么简单。存心稍有偏差，便是私。如，公只是徇理而已，"才着意，便是有个私心"（2.54）；敬要从容，"急迫求之，只是私心"（4.14）。情有私情（10.9），恩有私恩（10.11），如此诸般，都要学者悉心揣摩。

甚至避嫌之事，看似高风亮节，也可能是出于私意。"人才有意于为公，便是私心。昔有人典选，其子弟系磨勘，皆不为理。此乃是私心。"（10.48）一味推举自己的子弟，固是私心。但为了避嫌，子弟中有当用而不用，也是私心。正当的做法是举所当举，为所当为。当时有一个叫第五伦的人，为了避嫌，在亲生儿子与兄弟之子生病的时候，区别对待，这也是私意（6.12）。

又问:"孔子以公冶长不及南容,故以兄之子妻南容,以己之子妻公冶长,何也?"曰:"此亦以己之私心看圣人也。凡人避嫌者,皆内不足也。圣人自至公,何更避嫌?凡嫁女,各量其才而求配。或兄之子不甚美,必择其相称者为之配。己之子美,必择其才美者为之配。岂更避嫌耶?若孔子事,或是年不相若,或时有先后,皆不可知。以孔子为避嫌,则大不是。如避嫌事,贤者且不为,况圣人乎?"(6.12)

有人问程子,孔子把自己女儿嫁给公冶长,把长兄的女儿嫁给南容,公冶长不及南容,是否也有避嫌之意?程子指出,避嫌之心源于自信不足,不能以公理为主宰,故以旁人的意见为转移。孔子如此安排,应是考虑了才能、年龄等具体情况,不是为了避嫌。避嫌之事,圣贤不为。

关于"欲",首先要区分两种用法。一是"欲做圣人"、"欲为善"的欲,它是人的能动性的表现,是道德实践的基础;一是感性欲求的欲。理学工夫多针对后者而言。人有生理欲望并没有错,但欲望过度或有不正当的欲望就有问题。后者被称为"人欲",与"天理"相对。

> 《损》者,损过而就中,损浮末而就本实也。天下之害,无不由末之胜也。峻宇雕墙,本于宫室;酒池肉林,本于饮食;淫酷残忍,本于刑罚;穷兵黩武,本于征讨。凡人欲之过者,皆本于奉养。其流之远,则为害矣。先王制其本者,天理也;后人流于末者,人欲也。《损》之义,损人欲以复天理而已。(5.6)

宫室、饮食是人的生存的基本要求,刑罚、征讨也是维护正义的正当行为。这些都是所谓"奉养之本",所谓"天理"。但这些要求一旦过度,便会流为对峻宇雕墙、酒池肉林的追求,以至于淫酷残忍、穷兵黩武。

可见,天理与人欲,实是本末的关系。人欲的根据在天理,只是失其自然度数。人欲过盛,则"以小害大,以末丧本"。若能去除浮末而回归本实,便是回归了天理。故伊川指出,《损》的要义,是"损人欲以复天理"。后来,朱子又概括为"存天理、灭人欲"。这一说法在后世引起了不少的误解。

人欲一旦过度，不但伤生、伤气（13.7），最重要的是累心。故横渠曰："不以嗜欲累其心。"（5.33）人欲一盛，便会遮蔽天理。故程子曰："盖人心一有所欲，则离道矣。"（5.7）又曰："人于天理昏者，是只为嗜欲乱着他。庄子言'其嗜欲深者，其天机浅'，此言却最是。"（12.21）之所以在天理上昏昧无知，正因为嗜欲从中搅乱。受嗜欲主导的人，心机全耗在蝇营狗苟上，不能体会天机自然之妙。

天理与人欲虽然同源，但学者趋向由是分判。横渠曰："上达反天理，下达徇人欲者欤！"（2.85）上达是返归天理，下达是顺从人欲，两个方向不容混淆。又曰："'人之难成久矣，人人失其所好。'盖人人有利欲之心，与学正相背驰。故学者要寡欲。"（5.39）君子为学，为了损人欲以复天理。若是常怀利欲之心，便与为学目的相悖了。明道曰："所欲不必沉溺，只有所向便是欲。"（5.24）不但不能沉溺，甚至不能有一点点这方面的存心。故学者做工夫，非要向深密处讨究，不使任何私欲残存其中。

> 孟子曰："养心莫善于寡欲。"予谓养心不止于寡而存耳。盖寡焉以至于无，无则诚立明通。诚立，贤也；明通，圣也。(5.2)

《孟子》说"养心莫善于寡欲"。濂溪认为，不只是寡欲，更要无欲。无欲，才能诚立明通，成圣成贤。不过，也不是强行抑制。真正的寡欲和无欲，应是从义理出发的自然而欣然的选择。故横渠说："须是诚知义理之乐于利欲也，乃能。"(7.38)

有私，而后欲有了坚实的根据；有欲，又反过来确证了私的实存性。私与欲是一体之两面，相辅相成。故在理学中，私、欲往往合一起讲。

4.2 变化气质

"变化气质"，是理学又一耳熟能详的工夫。横渠说："为学大益，在自求变化气质。"（2.100）吕与叔《横渠先生行状》云："学者有问，多告以知礼成性，变化气质之道。"关学工夫的要义，即在"知礼成性，变化气质"八个字。当然，自横渠提出之后,"变化气质"已是理学通用的说法,二程也多有强调。

气质,对应于"气质之性"。横渠以"气质之性"与"天地之性"对举:"形而后有气质之性。善反之,则天地之性存焉。故气质之性,君子有弗性者焉。"(2.80)气质之性,是随个体之气化生成而有的。与之相对的,是纯然至善的天地之性,即后来所说的天命之性。理学认为,气质之性在某种意义上构成了对天命之性的束缚和遮蔽。要恢复本然的天命之性,须去除气质之蔽。

> 明道先生曰:义理与客气常相胜,只看消长分数多少,为君子小人之别。义理所得渐多,则自然知得客气消散得渐少。消尽者是大贤。(5.11)
> 德不胜气,性命于气;德胜其气,性命于德。穷理尽性,则性天德,命天理。(2.81)

天理与客气(气质习染)此消彼长,君子小人由以分。若德性比不过气性,则以气性为主;若德性胜过气性,则返回天地之性。于是,有了去除客气、变化气质的工夫要求。

(1) 气质分说

气质之性，具体指气禀美恶、厚薄、偏正不同，造成的性情、才干不同。

> 凡物莫不有是性。由通、蔽、开、塞，所以有人、物之别。由蔽有厚、薄，故有知、愚之别。(1.51)
>
> 人之刚柔缓急，有才与不才，气之偏也。(《正蒙·诚明》)

人生气禀，蔽有厚薄，故有智、愚之别。所谓"蔽"，指的就是气质之性。具体而言，就是人的刚柔、缓急、才不才之类。刚柔缓急是性情之偏正，才不才是天资与能力。所有这些造成人与人之间个体差异的东西，都属于气质的范围。此外，饮食男女之类，横渠所谓"攻取之性"，也属于气质之性。不过，才不才不是工夫的主题，变化气质的工夫，主要体现在性情的改变。

性情的气质，除了上面提到的刚柔、缓急，还有许多方面。仅《近思录》所见,就有怨怒、畏惧、猜疑、矜骄、吝啬、怠惰、耽乐等等,都要相应的工夫来修治。这些气质之病是一般人常见的问题,也是学者切己下工夫的地方。下面,我们稍作分说。

刚柔:

濂溪先生曰:刚,善为义、为直、为断、为严毅、为干固;恶为猛、为隘、为强梁。柔,善为慈、为顺、为巽;恶为懦弱、为无断、为邪佞。惟中也者,和也,中节也,天下之达道也,圣人之事也。故圣人立教,俾人自易其恶,自至其中而止矣。(11.1)

刚则守得定不回,进道勇敢。载则比他人自是勇处多。(4.65)

人有欲则无刚,刚则不屈于欲。(12.16)

人的天生气质,就有刚柔的区别。秉性刚柔,是善是恶,不能一概而论。最好是在该刚的时候刚,该柔的时候柔,涵养出刚柔相济的人格。弟子描绘孔子说,"子温而厉,威而不猛,恭而安"(《论语·

93

述而》)。看似冲突的性情特征，恰到好处地结合在一个人身上，才是儒家中道的理想人格。具体到刚柔，濂溪指出，刚有刚的用，柔有柔的用。刚得其用，便是勇义、刚贞、果断，道业上勇猛精进，不屈从于欲望，不因私爱抛弃道义。柔得其用，便是慈爱、温顺、柔巽，更好地与人相处，承担子弟几谏、巽导之责。儒家的人格，既要有刚的一面，又要有柔的一面。在道义上要刚，刚而能立，不为外物所夺；内心要柔，柔则宽让恭敬，温润如玉。相反，过刚而无节制，过柔而无所立，都不行。

缓急：

"人语言紧急，莫是气不定否？"曰："此亦当习，习到言语自然缓时，便是气质变也。学至气质变，方是有功。"（伊川，5.26）

先生见一学者忙迫，问其故，曰："欲了几处人事。"曰："某非不愿周旋人事者，曷尝似贤急迫？"（10.33）

志道恳切，固是诚意。若迫切不中理，则反为不诚。盖实理中自有缓急，不容如是之迫。观天地之化乃可知。（伊川，2.17）

导读:《近思录》的理学工夫要义

> 学者须敬守此心,不可急迫。当栽培深厚,涵泳于其间,然后可以自得。但急迫求之,只是私心,终不足以达道。(4.14,伊川)
>
> 虽仲尼之才之美,然且敏以求之。今持不逮之资,而欲徐徐以听其自适,非所闻也。(2.92)

有的人天生是急性子,说话也急,做事也急。即便知道要宽缓,一旦开始做事,又会显出暴厉之色。他还会说,事情多,不得不如此。其实,言行急迫不是外在事务所决定的,而是人的性情问题。话再多,也可以缓缓地讲;事再多,也可以从容去做。言行忙迫,只是性情不定的表现。在求道、为学的时候,也一样。有志求道自然是好事,但若不知涵泳、栽培,急迫求之,这都是欲速的私心,不但无益于学问修为(拘迫多不可久),反而会出现种种身心病症。故明道说:"性静者可以为学。"(2.68)性情不沉静的人,很难在学业(道业)上有持续性的进步。当然,事物总有两面,有急就有缓。特别是在求学上,若是没有紧迫感,也不会有进步。孔子"好古敏求""见善如不及",都是说求道须恳切。

怨怒：

责己者，当知无天下国家皆非之理。故学至于"不尤人"，学之至也。（横渠，5.36）

圣人之喜，以物之当喜；圣人之怒，以物之当怒。是圣人之喜怒，不系于心，而系于物也。……夫人之情，易发而难制者，惟怒为甚。第能于怒时遽忘其怒，而观理之是非，亦可见外诱之不足恶，而于道亦思过半矣。（明道，2.4）

（明道）教人而人易从，怒人而人不怨。（14.17）

人往往喜欢埋怨，习惯性地对他人甚至对整个世界充满怨气。虽然这个怨气，也可以找到某些客观的理由，但一来，这些理由未必不是片面的；二来，埋怨只是自我折磨，并不面向问题的真正解决。所以说，怨尤是不良情绪，不是君子之所当为。孔子说自己"不怨天，不尤人"（《论语·宪问》）。张载说，一个人为学到了"不尤人"的地步，便是为学的极致。这不是夸张，不尤人是儒家为己之学的要求，能不尤人，便是为己之学的落实。又，常人容易发怒，发起怒来，不能自胜，任何规矩准绳、理性反思都抛诸脑后。当然，自然的情感不是不能有，关键在于是否发之以时，即在恰当的时候，对恰当的对象发出来。怒也一样，不是不能怒，问题是如何怒。诸弟子中，孔子独称颜子"好学"，理由是"不迁怒，不贰过"（《论语·雍也》）。"不迁怒"，就是不会把对甲的怒气发到乙声上，不会因这件事情上发怒而影响到其他事情。要解决"怒"的问题，当然一方面要锻炼克己自制的能力（克己可以制怒），一方面是要明白义理之所当然（观理之是非）。最终还要落在心法上。明道指出，"圣人之喜，以物之当喜；圣人之怒，以物之当怒"。就是说，圣人当喜则喜，当怒则怒，喜怒不在于我，而是缘于物。伊川把圣人之心比作止水，能够照见事物的妍媸，自身却不会有任何滞碍。人心虚灵，怒究竟是怎么发出来的，他人是可以感觉到的。明道"怒人而人不怨"，也是一种境界。

畏惧：

目畏尖物，此事不得放过，便与克下。室

中率置尖物，须以理胜他。尖必不刺人也，何畏之有？（伊川，5.16）

天下事大患只是畏人非笑。不养车马，食粗衣恶，居贫贱，皆恐人非笑。不知当生则生，当死则死；今日万钟，明日弃之；今日富贵，明日饥饿。亦不恤，"惟义所在"。(7.39)

知命之当然也，则穷塞祸患不以动其心，行吾义而已。苟不知命，则恐惧于险难，陨获于穷厄，所守亡矣，安能遂其为善之志乎？(7.13)

有时，畏是需要的。子曰："君子有三畏：畏天命，畏大人，畏圣人之言。"（《论语·季氏》）怀有敬畏、戒惧之心，才能遵循天道而不是恣意妄为。这里的畏，主要是从敬慎的角度来说的。但不当畏而畏，不当惧而惧，会使人气质懦弱，道心不坚。比如，有的人有强迫症，看见有棱角的、带血色的，就会感到莫名的害怕，甚至草木皆兵。伊川认为，这是由于虚妄的幻想造成的，可以通过明理来对治。更不好的是"畏人非笑"。畏人非笑，本质上是以他人的是非为是非，以世俗的标准为标准。如此，气局狭小，行之不远，容易落入乡愿一路去。儒家君子，本该有自己的是非，有更高的追求。子曰："君子食无求饱，居无求安。"（《学而》）又曰："士志于道，而耻恶衣恶食者，未足与议也。"（《里仁》）有志之士，不应对衣食住所过度挂怀，也不应对荣辱得失过度执着，如此才能成为骨子里特立独行的君子。

猜疑：

《睽》之上九，有六三之正应，实不孤。而其才性如此，自"睽孤"也。如人虽有亲党，而多自猜疑，妄生乖离，虽处骨肉亲党之间，而常孤独也。（12.7）

疑病者，未有事至时，先有疑端在心。周罗事者，先有周事之端在心。皆病也。（12.23）

有患心疾，见物皆狮子。伊川教之以见即直前捕执之，无物也，久之疑疾遂愈。（《二程集·外书》）

疑心重也是一种病。人与人的相处，相互之间需要有基本的信任，亲人朋友之间更是如此。他人是否值得信任，关乎社会风气。但从个人来说，也不应该凡事先有一个疑心在那里，怀疑这个，怀疑那个。自己不安心，还造成人情的疏离。子曰："不逆诈，不亿不信。抑亦先觉者，是贤乎！"（《宪问》）既不会无端猜忌别人，若真有欺诈，也能预先知道，这是儒家意义上的贤人。

矜骄：

明道先生曰：富贵骄人，固不善；学问骄人，害亦不细。（12.18）

谢子与伊川别一年，往见之。伊川曰："相别一年，做得甚工夫？"谢曰："也只去个矜字。"曰："何故？"曰："子细检点得来，病痛尽在这里。若按伏得这个罪过，方有向进处。"伊川点头，因语在坐同志者曰："此人为学，切问近思者也。"（5.30）

邢恕云："一日三点检。"明道先生曰："可哀也哉！其余时理会甚事？盖仿'三省'之说错了，可见不曾用功。"又多逐人面上说一般话，明道责之，邢曰："无可说。"明道

曰："无可说，便不得不说?"（12.30）

这里的"矜"，是矜夸自大的意思，与骄相近。一般而言，财富与地位容易使人有骄傲自大的感觉。孔子肯定"富而无骄"（《学而》）是一种德行。但这一要求并不算高，故孔子又说"富而无骄易"（《宪问》）。其实，君子的自信，应当体现在内心的自足与自得，故"泰而不骄"；小人没有这一维度，才表现在人与人之间外在财富与地位的对比之上，故"骄而不泰"（《子路》）。明道指出，除了在富贵上骄人之外，儒者还有一种骄人更为致命，那就是在学问上骄人。的确，学者最容易有的毛病，就是自以为了不起。自以为看了许多书，明白了许多道理，便瞧不起一般的人；或者自以为天资聪慧，过目不忘，便瞧不起其他读书人。起初，谢良佐"以记问为学，自负该博"，却被明道斥为"玩物丧志"（2.27 本注）。就是真有学问，也没什么好自负的，更何况"记诵之学"尚不是真正的学问。后来，谢良佐说自己与伊川相别一年之内，所用工夫全在检点、按伏一个矜字，可谓直截了当。故伊川盛赞他"切问近思"。在去矜的过程中，不但要有刚勇之力，也少不了检点的工夫。因为矜骄之病潜伏内心，未必能够自觉。甚至有的时候，若不自觉，表面的功夫反而滋养了病根的生长。邢和叔自道"一日三检点"，却被明道批评不曾用功，就是因为工夫缺乏内心的明觉，只是依仿别人，或者做表面文章（又可参考王阳明对孟源"好名"的批评，见《传习录·卷上》）。可见，检点与按伏的工夫，必须双管齐下，才能去除此病。

吝啬：

不正之节，如啬节于用，懦节于行是也。(5.9)

人不能祛思虑，只是吝。吝故无浩然之气。(5.13)

骄是气盈，吝是气歉。人若吝时，于财上亦不足，于事上亦不足，凡百事皆不足，必有歉歉之色也。(12.28)

吝与私为一体，内心执着于私，外在表现为吝。吝啬，一般指财货上该用不用，舍不得。不过，吝不止是一种行为特征，更是一种精神气质。孟子讲

"浩然之气"(《公孙丑上》),盖指盛大充沛的正气、义气。伊川指出,若一个人私吝心重,定不会有浩然正气。无论在财用上,还是在事为上,总是觉得气不足,萎靡无精神。这方面也须着力对治。

怠惰:

问:"人之燕居,形体怠惰,心不慢,可否?"曰:"安有箕踞而心不慢者?……"(4.51)

郑卫之音悲哀,令人意思留连,又生怠惰之意,从而致骄淫之心。虽珍玩奇货,其始感人也,亦不如是切,从而生无限嗜好。(12.32)

人所以不能行己者,于其所难者则惰,其异俗者,虽易而羞缩。(10.62)

矫轻警惰。(5.38)

怠惰是偷懒、不作为的意思。一般人总是容易好逸恶劳。孔子批评宰我"朽木不可雕也,粪土之墙不可圬也"(《公冶长》),就是因为他在该学习的时候睡觉。尤其是,在受到外在诱惑,或为学遇到困难，或自认为了不起的时候，人更容易产生怠惰之心。而一旦怠惰下去，为学与成德必无指望。故张载说"矫轻警惰"。为人轻浮，则学问不能坚固；为人怠惰，人心不能振作。

嗜好：

臣以为傅德义者，在乎防见闻之非、节嗜好之过。(9.4)

"仁之难成久矣，人人失其所好。"盖人人有利欲之心，与学正相背驰。故学者要寡欲。(5.39)

忧子弟之轻俊者，只教以经学念书，不得令作文字。子弟凡百玩好皆夺志。至于书札，于儒者事最近，然一向好着，亦自丧志。(11.5)

伊川上书恢复三代师、傅、保之官。傅的责任，是规范君王的见闻，节制其嗜好。君王的嗜好，不是个人问题，关乎官场乃至整个社会的风气，不可不慎。孟子曰："上有好者，下必有甚焉者矣。"（《滕文公上》）当然，士君子的嗜好也须节制。

子曰:"仁之难成久矣,人人失其所好。"(《礼记·表记》)人人不好仁,而去追逐利欲,宜乎不能成仁。明道还认为,平日里那些在常人看来高雅的文学、艺术的嗜好,也会使人沉迷,丧失求道之志。当然,他不是反对作文章、写书法。但若一味沉溺其中,忘却了儒者本分之事,在他看来便是"玩物丧志"了。

耽乐:

> 人之于豫乐,心说之,故迟迟,遂至于耽恋不能已也。……处豫不可安而久也,久则溺矣。(12.3)

> 人君致危亡之道非一,而以豫为多。(12.4)

喜欢豫乐也是人之常情。但耽于其中、不能自拔,小则败坏个人德行,大则导致国家危亡。故伊川说"处豫不可安而久也"。

以上,我们选取了《近思录》中几个比较有代表性的气质问题,表明理学家如何下对治的工夫,从而塑造理想的气质类型。对治工夫各个不同,但都贯穿着心性的宗旨。无论是身心的省察、义理的涵养，还是习气的克胜，最终都落在性的依据与心的活动上。在此意义上，我们可以说，理学变化气质的工夫，也是以心性之学为内核的。

在变化气质的过程中，礼乐的作用也很重要。儒家向来以礼乐的研习，培养彬彬有礼、温文尔雅的君子。礼乐与性情的抒发和涵养，有着天然的关联。故明道曰："礼乐只在进反之间，便得性情之正。"（2.28）所谓"礼减而进，以进为文；乐盈而反，以反为文"（《礼记·乐记》），在一进一反之间，便可以使人的性情得到中和的表达。后世乐教荒废，而礼教得以沿袭。故横渠尤为重视礼。

> 载所以使学者先学礼者，只为学礼，则便除去了世俗一副当习熟缠绕。譬之延蔓之物，解缠绕即上去。苟能除去了一副当世习，便自然脱洒也。又学礼，则可以守得定。（2.96）
> 故知礼成性而道义出，如天地位而易行。（2.86）

横渠教人，使人先学礼，以便除去学者身上的世俗习气。除去了旧习，修为自然能上去。他认为，现实人性夹杂着气质，处于"性未成"的状态。通过学礼，去除了气质之病，反归天地之性，便可"成性"。换言之，学礼不但是变化气质的重要方法，更是成性的基本途径。故曰："知礼成性。"

（2）从气质到气象

"气质"一词，除了指性情的刚柔缓急之外，也可以指一个人的精神气象。如伊川曰："若能于《论》《孟》中深求玩味，将来涵养成甚生气质！"（3.36）这里的气质，指的就是精神气质。它看不见，摸不着，是德行修养在颜色、仪态、辞气等方面表现出来，给人以某种特殊的精神感受。

人格气象的意思，在先秦可以找到一些渊源。如孟子曰："可欲之谓善，有诸己之谓信，充实之谓美，充实而有光辉之谓大，大而化之之谓圣，圣而不可知之之谓神。"（《孟子·尽心下》）孟子用"善-信-美-大-圣-神"的递进，描绘了道德境界的层级。其中，如"美"与"光辉"，似乎就是彰显于外而可为人所感的东西。宋儒专门提出气象的概念，一方面用以品鉴历代圣贤的修为境界；一方面作为理想人格的直观表达，用以兴发学者的道德追求。实际上，两者是一致的。圣贤气象的品味，也是为了修学知所归向而已。故钱穆先生说："学圣贤，非可依其时依其位学其行事，如知学其气象，则庶可有入德之门，亦可期成德之方矣。"（《宋明理学三书随劄》）诚是也。

对历代圣贤的品鉴，最具代表性的是明道对孔子、颜子、孟子三者差异的发明。

> 仲尼，元气也；颜子，春生也；孟子，并秋杀尽见。仲尼无所不包；颜子视"不违如愚"之学于后世，有自然之和气，不言而化者也；孟子则露其材。盖亦时然而已。仲尼，天地也；颜子，和风庆云也；孟子，泰山岩岩之气象也。观其言皆可见之矣。仲尼无迹，颜子微有迹，孟子其迹著。孔子尽是明快人，颜子尽岂弟，孟子尽雄辩。（14.2）

明道用了五种方式，以时节比、以才量论、以物象喻、以形迹分、以性情言，反复比较孔、颜、孟三位圣贤的气象差异。每一种方式，都各臻其妙，令人回味无穷。叶采说："古今之言圣贤，未有若斯者也。"诚非虚誉。《近思录》卷十四对历代圣贤的评断，未必都紧扣"气象"而论，唯明道此论最为精彩，最能体现"气象"之意。

在北宋理学家中，气象最好的当属濂溪和明道。濂溪品性高洁，有山林之志；政事精绝，又为时人称道。黄庭坚说他："人品甚高，胸中洒落，如光风霁月。"（《濂溪词并序》）清明洒脱的心胸，不染世尘的心地，如雨后初晴的风月之天一般明净。这种气象着实令人神往。这个比喻，也成了一个经典的表述。比如，黄宗羲评价刘蕺山，"从严毅清苦之中，发为光风霁月"（《子刘子行状》）。

明道的气象，为学者所公认和推崇。

> 谢显道云：明道先生坐如泥塑人，接人则浑是一团和气。（14.21）
> 侯师圣云：朱公掞见明道于汝，归谓人曰："光庭在春风中坐了一个月。"游、杨初见伊川，伊川瞑目而坐，二子侍立。既觉，顾谓曰："贤辈尚在此乎？日既晚，且休矣。"及出

门,门外之雪深一尺。(14.22)

> 刘安礼云:明道先生德性充完,粹和之气,盎于面背。乐易多恕,终日怡悦。立之从先生三十年,未尝见其忿厉之容。(14.23)

明道气象近颜子,乐易多恕,终日怡悦,有自然之和气。与人交接,最是温暖感人。故朱公掞说"在春风中坐了一个月",有熏醉之意。这与伊川很不一样。伊川近孟子,有泰山岩岩之象,故有程门立雪的故事。

> 伊川先生撰《明道先生行状》曰:先生资禀既异,而充养有道。纯粹如精金,温润如良玉。宽而有制,和而不流。忠诚贯于金石,孝悌通于神明。视其色,其接物也,如春阳之温;听其言,其入人也,如时雨之润。胸怀洞然,彻视无间。测其蕴,则浩乎若沧溟之无际;极其德,美言盖不足以形容。(14.17)

这是伊川对明道的评价。其内在之纯粹如精金,其性情之温润如美玉,有宽和忠诚孝悌之德;待人接物如阳春之温暖，与人言语如时雨之滋润；胸怀洞彻，高洁美盛，实难以形容。明道以自身的成，就诠释了什么是贤者气象，也为理学确立了一个值得向往、令后人不断思慕的人格典范。

《近思录》末章载横渠之言曰："二程从十四五时，便脱（一作锐）然欲学圣人。"（14.26）二程之志，代表了理学的精神追求；而二程（尤其是明道）的人格气象，又代表了理学的实践典范。首尾的呼应，意味绵长。

5. 说　明

以上我们立足于心性之学的立场，围绕心上的工夫和性上的工夫勾勒《近思录》的工夫要义，兼及改过迁善、对治性情的工夫。前两个方面是心性之学的主题，后一个方面是切近入手的地方。理学工夫都是切己工夫，回归心性是切己，对治弊端也是切己。切己之思，方是近思，这是《近思录》的用意。当然，是否真的切己，还要求诸读者自身的理解与实践。切己地体贴，于切身处实践，才是真的"近思"。

最后，简单说明一下此次整理的情况。《近思录》编成之后，随即成为理学的经典，历史上有很多注本。陈荣捷先生说："《近思录》除儒道经书之外，注释比任何一书为多。"（《近思录详注集评·引言》）在众多注本之中，叶采《集解》、张伯行《集解》、茅星来《集注》、江永《集注》等，是比较重要的本子。

此次我们用的是叶采的《近思录集解》。叶采是朱子再传弟子，一生精研、体认朱子之学，积数十年研读、传授《近思录》之力而成《集解》。他的注解，本于朱子旧注，善于以朱子解《近思录》，体贴朱子编书之意。且叶注文辞简省，通俗易懂。它能成为历史上流传最广、影响最大的本子，不是没有原因的。

此次整理，主要参考程水龙《近思录集解》（中华书局，2017年），程水龙《〈近思录〉集校集注集评（修订本）》（上海古籍出版社，2019年），朱高正《近思录通解》（华东师范大学出版社，2010年），张京华《近思录集释》（岳麓书社，2010年）。遇有错字、经注互窜的情况，径加改正，不出校记。

导读:《近思录》的理学工夫要义

《近思录》整理本一般会在每条之前加数字编号,于每一条的定位和查找大有益处。此次整理援用这一体例,以卷数加条数的形式加以标识。叶注原为夹注,考虑到长注容易打断原文思路,今改为段后注。原文有的字词、表述不好理解,今参考历代注本及近人新注(如陈荣捷《近思录详注集评》、朱高正《近思录通解》等),增加三百余条简注。以音义为主,间及名物制度,当对文本的疏通和理解有所帮助。

此次《近思录集解》的整理,主要是由郎嘉晨同学来承担的。郎嘉晨有朱子学的背景,做事又很细心。他的整理,从文本到标点应该都是比较精良的。当然,这一工作是以前辈学者的整理成果为基础的。在此谨致谢忱。

我于 2015 年接到海滨兄的邀请,撰写《近思录》的导读。当时,我刚完成博士论文的答辩,时间上比较充裕,就写了一个初稿。后来几年,我专注于孔孟之间心性之学的研究,对相关问题有了一些新的想法。又曾给复旦大学志德书院的本科生开设过一年的《近思录》读书班。此次出版,本想重新写一遍《导读》,从人的生存结构出发,阐明理学工夫的落处和意义,并在生存论的视域中阐明"天理""道体"等理学基础概念的识别与认取问题,作为进一步思考生存活动与思想表达之互动、实践工夫与思想结构之关系的一个尝试。但想了想,思力尚有欠缺,时间又不充裕,计划只能暂时搁置。现在这个《导读》,是在当年初稿的基础上修改而成的。不当之处,还请方家指正。

卷一　道体 凡五十一条

此卷论性之本原、道之体统，盖学问之纲领也。

1.1　濂溪先生曰：无极而太极。[1] 太极动而生阳，动极而静；静而生阴，静极复动。一动一静，互为其根；分阴分阳，两仪立焉。[2] 阳变阴合，而生水、火、木、金、土。五气顺布，四时行焉。[3] 五行，一阴阳也；阴阳，一太极也；太极，本无极也。[4] 五行之生也，各一其性。[5] 无极之真，二五之精，妙合而凝。"乾道成男，坤道成女"，二气交感，化生万物。万物生生，而变化无穷焉。[6] 惟人也，得其秀而最灵。形既生矣，神发知矣，五性感动，而善恶分、万事出矣。[7] 圣人定之以中正仁义，[8]而主静，[9]立人极焉。故"圣人与天地合其德，日月合其明，四时合其序，鬼神合其吉凶"。[10]君子修之，吉；小人悖之，凶。[11]故曰："立天之道，曰阴与阳；立地之道，曰柔与刚；立人之道，曰仁与义。"又曰："原始反终，故知死生之说。"[12]大哉《易》也，斯其至矣！[13]

[1] 朱子曰："上天之载，无声无臭"，而实造化之枢纽、品汇①之根柢也，故曰"无极而太极"。非太极之外，复有无极也。〇蔡节斋曰：朱子曰："太极者，象数未形而其理已具之称。"又曰："未有天地之先，毕竟是先有此理。"又曰："无极者，只是说这道理当初元无一物，只是有此理而已。此个道理便会'动而生阳'、'静而生阴'。"详此三条，皆是主太极而为言也。又曰："从阴阳处看，则所谓太极者便只是在阴阳里，而今人说阴阳上面别有一个无形无影底是太极，非也。"又曰："太极只是天地万物之理，在天地则天地中有太极，在万物则万物中有太极。"又曰："非有以离乎阴阳，即阴阳而指其本体。"详此三条，皆是主阴阳而为言

---

① 汇：类。

也。故主太极而言，则太极在阴阳之先；主阴阳而言，则太极在阴阳之内。盖自阴阳未生而言，则所谓太极者必当先有；自阴阳既生而言，则所谓太极者即在乎阴阳之中也。谓阴阳之外别有太极常为阴阳主者，固为陷乎列子"不生""不化"之谬；而独执夫太极只在阴阳之中之说者，则又失其枢纽根柢之所为，而大本有所不识矣。○愚按：节斋先生此条所论，最为明备，而或者于阴阳未生之说有疑焉。若以循环言之，则阴前是阳，阳前又是阴，似不可以未生言。若截自"一阳初动处，万物未生时"言之，则一阳未动之时，谓之阴阳未生亦可也。未生阳而阳之理已具，未生阴而阴之理已具，在人心则为喜怒哀乐未发之中，总名曰"太极"。然具于阴阳之先而流行阴阳之内，一太极而已。

[2] 朱子曰：太极之有动静，是天命之流行也，所谓"一阴一阳之谓道"。"诚者圣人之本"，物之终始，而命之道也。其动也，诚之通也，"继之者善"，万物之所资以始也；其静也，诚之复也，"成之者性"，万物各正其性命也。动极而静，静极复动，一动一静，互为其根，命之所以流行而不已也；动而生阳，静而生阴，分阴分阳，两仪立焉，

分之所以一定而不移也。盖太极者，本然之妙也；动静者，所乘之机也。太极，形而上之道也；阴阳，形而下之器也。是以自其著者而观之，则动静不同时，阴阳不同位，而太极无不在焉。自其微者而观之，则冲漠无朕，而动静阴阳之理，已悉具于其中矣。虽然，推之于前，而不见其始之合；引之于后，而不见其终之离也。故程子曰："动静无端，阴阳无始，非知道者，孰能识之？"○愚谓："动而生阳，动极而静；静而生阴，静极复动"者，若言太极流行之妙，相推于无穷也。"一动一静，互为其根；分阴分阳，两仪立焉"者，言二气对待之体，一定而不易也。邵子曰"用起天地先，体立天地后"是也。然详而分之，则"动而生阳"、"静而生阴"者，是流行之中，定分未尝乱也；"一动一静，互为其根"者，是对待之中，妙用实相流通也。

[3] 朱子曰：有太极，则一动一静而两仪分；有阴阳，则一变一合而五行具。然五行者，质具于地，而气行于天者也。以质而语其生之序，则曰水、火、木、金、土，而水、木，阳也，火、金，阴也；以气而语其行之序，则曰木、火、土、金、

水，而木、火，阳也，金、水，阴也。或问：阳何以言变？阴何以言合？曰：阳动而阴随之，故云变合。○愚谓："水、火、木、金、土"者，阴阳生五行之序也；"木、火、土、金、水"者，五行自相生之序也。曰：五行之生与五行之相生，其序不同，何也？曰：五行之生也，盖二气之交，变合而各成，天一生水，地二生火，天三生木，地四生金，天五生土，所谓"阳变阴合，而生水、火、木、金、土"是也。五行之相生也，盖一气之推，循环相因，木生火，火生土，土生金，金生水，水复生木，所谓"五气顺布，四时行焉"是也。曰：其所以有是二端，何也？曰：二气变合而生者，原于对待之体也；一气循环而生者，本于流行之用也。

[4] 朱子曰：五行具，则造化发育之具无不备矣，故又即此而推本之，以明其浑然一体，莫非无极之妙；而无极之妙，亦未尝不各具于一物之中也。盖五行异质，四时异气，而皆不能外乎阴阳，五殊二实，无余欠也；阴阳异位，动静异时，而皆不能离乎太极，精粗本末，无彼此也。至于所以为太极者，又无声臭之可言也。○愚按：此图即《系辞》

"易有太极，是生两仪，两仪生四象"之义而推明之也。但《易》以卦爻言，图以造化言，卦爻固所以拟造化也。

［5］张南轩曰：五行生质虽有不同，然太极之理未尝不存也。五行各一其性，则为仁义礼智信之理，而五行各专其一。

［6］朱子曰："真"以理言，无妄之谓也；"精"以气言，不二之名也。"妙合"者，太极、二五本混融而无间也。"凝"者，聚也，气聚而成形也。盖性为之主，而阴阳五行为之经纬错综，又各以类凝聚而成形焉。阳而健者成男，则父之道也；阴而顺者成女，则母之道也。是人物之始，以气化而生者也。气聚成形，则形交气感，遂以形化，而人物生生，变化无穷矣。自男女而观之，则男女各一其性，而男女一太极也；自万物而观之，则万物各一其性，而万物一太极也。盖合而言之，万物统体一太极也；分而言之，一物各具一太极也。○愚按：《系辞》"天地絪缊，万物化醇"，气化也；"男女构精，万物化生"，形化也。《图说》盖本诸此。

［7］朱子曰：此言众人具动静之理，而常失之于动也。盖人物之生，莫不有太极之道焉。然阴阳五

行，气质交运，而人之所禀，独得其秀。故其心为最灵，而有以不失其性之全，所谓"天地之心"，而人之极也。然形生于阴，神发于阳，五常之性，感物而动，而阳善、阴恶，又以类分，而五性之殊，散为万事。盖二气五行，化生万物，其在人者又如此也。

[8] 本注云：圣人之道，仁义中正而已矣。

[9] 本注云：无欲故静。

[10] 朱子曰：此言圣人全动静之德，而常本之于静也。盖人禀阴阳五行之秀气以生，而圣人之生，又得其秀之秀者。是以其行之也中，其处之也正，其发之也仁，其裁之也义。盖一动一静，莫不有以全夫太极之道，而无所亏焉，则向之所谓欲动情胜、利害相攻者，于此乎定矣。然静者，诚之复而性之贞也。苟非此心寂然无欲而静，则亦何以酬酢①事物之变，而一天下之动哉！故圣人中正仁义，动静周流，而其动也必主乎静。此其所以成位乎中，而天地、日月、四时、鬼神有所不能违也。盖必体立，而后用有以行，若程子论乾坤动静，而曰

---

① 酬酢（zuò）：应对。

"不专一则不能直遂,不翕①聚则不能发散",亦此意尔。○李果斋曰:"五性感动,而善恶分",是五性皆有动有静也。惟圣人能定其性而主于静,故动罔不善,而人心之太极立焉。盖人生而静,性之本体湛然无欲,斯能主静,此立极之要领也。○或问:周子不言礼智而言中正,何也?愚谓:此图辞义悉出于《易》,《易》本阴阳而推之人事,其德曰仁义,其用曰中正,要不越阴阳之两端而已。仁义而匪中正,则仁为姑息、义为忍刻之类,故《易》尤重中正。

[11] 朱子曰:圣人,太极之全体,一动一静,无适而非中正仁义之极,盖不假修为而自然也。未至此而修之,君子之所以吉也;不知此而悖之,小人之所以凶也。修之悖之,亦在乎敬肆之间而已矣。敬则欲寡而理明,寡之又寡,以至于无,则静虚动直,而圣可学矣。

[12] 朱子曰:阴阳成象,天道之所以立也;刚柔成质,地道之所以立也;仁义成德,人道之所以立也。道一而已,随事著见,故有三才之别,而于其

---

① 翕(xī):聚合,收敛。

中又各有体用之分焉，其实则一太极也。阳也、刚也、仁也，物之始也；阴也、柔也、义也，物之终也。能原其始而知所以生，则反其终而知所以死矣。此天地之间，纲纪造化，流行古今，不言之妙。圣人作《易》，其大意盖不出此，故引之以证其说。○愚谓："一阴一阳之谓道"，道即太极也。在天以气言，曰阴阳；在地以形言，曰刚柔；在人以德言，曰仁义。此太极之体所以立也。死生者，物之终始也。知死生之说，则尽二气流行之妙矣。此太极之用所以行也。凡此二端，发明太极之全体大用，故引以结证一图之义。

[13] 蔡节斋曰："易有太极"，易，变易也，夫子所谓无体之易也；太极，至极也，言变易无体而有至极之理也。故周子《太极图说》特以"无极而太极"发明"易有太极"之义。其所谓"无极而太极"者，盖亦言其无体之易，而有至极之理也。是其无极之真，实有得于夫子易之一言，而或以为周子妄加者，谬也。且其《图说》无非取于《易》者，而其篇末又以"大哉《易》也"结之，圣贤之言断可识矣。

1.2 诚，无为；[1] 几，善恶。[2] 德：爱曰仁，宜曰义，理曰礼，通曰智，守曰信。[3] 性焉、安焉之谓圣。[4] 复焉、执焉之谓贤。[5] 发微不可见，充周不可穷之谓神。[6]

[1] 朱子曰：实理自然，何为之有？即太极也。

[2] 朱子曰："几者，动之微"，善恶之所由分也。盖动于人心之微，则天理固当发见，而人欲亦已萌乎其间矣。此阴阳之象也。

[3] 朱子曰：道之得于心者谓之德，其别有是五者之用，而因以名其体焉，即五行之性也。

[4] 朱子曰：性者，独得于天；安者，本全于己；圣者，大而化之之称。此不待学问强勉，而诚无不立、几无不明、德无不备者也。

[5] 朱子曰：复者，反而至之；执者，保而持之；贤者，才德过人之称。此思诚研几以成其德，而有以守之者也。

[6]《通书》。○朱子曰：发之微妙而不可见，充之周遍而不可穷，则圣人之妙用而不可知者也。○愚谓：性焉、复焉，以诚而言也；安焉、执焉，以几而言也。发微充周，则几之动而神也，即《通书》

次章"诚几神"之义。

1.3 伊川先生曰："喜怒哀乐之未发，谓之中。"中也者，言"寂然不动"者也，故曰"天下之大本"。"发而皆中节，谓之和。"和也者，言"感而遂通"者也，故曰"天下之达道"。[1]

[1]《文集》。下同。○说见《中庸》。朱子曰：喜怒哀乐，情也。其未发，则性也，无所偏倚，故谓之中。发皆中节，情之正也，无所乖戾，故谓之和。大本者，天命之性，天下之理皆由此出，道之体也。达道者，循性之谓，天下古今之所共由，道之用也。

1.4 心一也，有指体而言者，[1]**有指用而言者，**[2]**惟观其所见如何耳。**

[1] 本注云："寂然不动"是也。
[2] 本注云："感而遂通天下之故"是也。

1.5 乾，天也。天者，乾之形体；乾者，天之性情。乾，健也，健而无息之谓乾。[1]**夫天，专言之**

则道也，"天且弗违"是也。分而言之，则以形体谓之天，以主宰谓之帝，以功用谓之鬼神，以妙用谓之神，以性情谓之乾。[2]

[1] 朱子曰：性情二者常相参。有性便有情，有情便有性。火之性情则是热，水之性情则是寒，天之性情则是健。健之体为性，健之用是情，惟其健，所以不息。

[2]《易传》。下同。〇道者，天理当然之路。专言天者，即道也。分而言之，指其形体高大而无涯，则谓之天；指其主宰运用而有定，则谓之帝。天所以主宰万化者，理而已。功用，造化之有迹者，如日月之往来、万物之屈伸是也。往者为鬼，来者为神；屈者为鬼，而伸者为神也。妙用，造化之无迹者，如运用而无方、变化而莫测是也。〇朱子曰：功用，言其气也；妙用，言其理也。功用兼精粗而言，妙用言其精者。黄勉斋曰：合而言之，言鬼神则神在其中矣；析而言之，则鬼神者其粗迹，神者其妙用也。伊川言"鬼神者，造化之迹"，此以功用言也。横渠言"鬼神，二气之良能"，此合妙用而言也。

1.6 四德之元，犹五常之仁。偏言则一事，专言则包四者①。[1]

[1]《乾卦·彖》传。在天为四德，元亨利贞也；在人为五常，仁义礼智信也。分而言之，则元者，四德之一；仁者，五常之一。专言元，则亨利贞在其中；专言仁，则义礼智信在其中。盖元者，天地之生理也；亨者，生理之达；利者，生理之遂；贞者，生理之正也。仁者，人心之生理也；礼者，仁之节文；义者，仁之裁制；知者，仁之明辨；信者，仁之真实也。○朱子曰：仁之一事所以包四者，不可离其一事，而别求兼四者之仁。又曰：仁是生底意思，通贯周流于四者之中，须得辞逊、断制、是非三者，方成得仁之事。

1.7 天所赋为命，物所受为性。[1]

[1] 朱子曰：命犹诰敕，性犹职任。天以此理命于人，人禀受此理则谓之性。

---

① 四者：四德中的元亨利贞、五常中的仁礼义智。叶采解作"义礼智信"，恐非伊川本条之意。

1.8 鬼神者，造化之迹也。[1]

[1] 迹者，以其著见，如日往月来、万物屈伸之类。

1.9 《剥》之为卦，诸阳消剥已尽，独有上九一爻尚存，如硕大之果不见食，将有复生之理。上九亦变，则纯阴矣。然阳无可尽之理，变于上则生于下，无间可容息也。圣人发明此理，以见阳与君子之道不可亡也。或曰：《剥》尽则为纯《坤》，岂复有阳乎？曰：以卦配月，则坤当十月。以气消息言，则阳剥为《坤》，阳来为《复》，阳未尝尽也。《剥》尽于上，则《复》生于下矣。[1] **故十月谓之阳月，恐疑其无阳也。阴亦然，圣人不言耳。**[2]

[1] 一气无顿消，亦无顿息①。以卦配月，积三十日而成一月，亦积三十分而成一爻。九月中于卦为《剥》，阳未剥尽，犹有上九一爻。剥三十分，至十月中，阳气消尽而为纯《坤》，然阳才尽于上，则已萌于下。积三十分，至十一月中，然后阳气应于地上，而成《复》之一爻也。盖阴阳二气，语其流

---

① 息：生。

行,则一气耳;息则为阳,消则为阴,消之终,即息之始,不容有间断。

[2] 十月于卦为《坤》,恐人疑其无阳,故特谓之阳月,所以见阳气已萌也。阴于四月纯《乾》之时亦然,阴之类为小人,故圣人不言耳。

1.10 一阳复于下,乃天地生物之心也。先儒皆以静为见①天地之心,盖不知动之端乃天地之心也。非知道者,孰能识之?[1]

[1]《复卦·彖》曰:"《复》,其见天地之心乎!"朱子曰:十月积阴,阳气收敛,天地生物之心固未尝息,但无端倪可见。一阳既复,则生意发动,乃始复见其端绪也。

1.11 仁者,天下之公,善之本也。[1]

[1]《复卦》六二传。仁者以天地万物为一体,故曰"天下之公"。四端万善皆统乎仁,故曰"善之本也"。

---

① 见(xiàn):显示,呈现。

1.12 有感必有应。凡有动皆为感，感则必有应。所应复为感，所感复有应，所以不已也。感通之理，知道者默而观之可也。[1]

[1]《咸卦》九四传。屈伸往来，感应无穷。自屈而伸，则屈者感也，伸者应也；自伸而屈，则伸者感也，屈者应也。明乎此，则天地阴阳之消长变化、人心物理之表里盛衰，要不外乎感应之理而已。

1.13 天下之理，终而复始，所以恒而不穷。恒，非一定之谓也，一定则不能恒矣。唯随时变易，乃常道也。天地常久之道，天下常久之理，非知道者，孰能识之?[1]

[1]《恒卦·象》传。随时变易不穷，乃常道也。日月往来，万化屈伸，无一息之停，然其往来屈伸，则亘万古而常然也。

1.14 "人性本善，有不可革者，何也?"曰:"语其性，则皆善也;语其才，则有下愚之不移。[1] 所谓下愚有二焉：自暴也，自弃也。人苟以善自治，则无不可移者，虽昏愚之至，皆可渐磨而进。唯自暴者拒之以不信，自弃者绝之以不为，虽圣人与居，不能化而入也，仲尼之所谓'下愚'也。[2] 然天下自弃自暴者，非必皆昏愚也，往往强戾而才力有过人者，商辛是也。圣人以其自绝于善，谓之'下愚'。然考其归，则诚愚也。[3]""既曰'下愚'，其能革面，何也？"曰："心虽绝于善道，其畏威而寡罪，则与人同也。唯其有与人同，所以知其非性之罪也。"[4]

[1]《革卦》上六传。性无不善。才者，性之所能。合理与气，而成气质，则有昏明、强弱之异，其昏弱之极者为下愚。

[2] 人性本善，自暴者咈①戾而不信乎善，是自暴害其性也。自弃者虽知其善，然怠废而不为，是自弃绝其性也。此愚之又下者，不可移矣。○朱子曰：自暴者，刚恶之所为；自弃者，柔恶之所为。

[3]《史记》称纣"资辨捷疾，闻见甚敏，材力过人，手格②猛兽，知足以拒谏，言足以饰非"，则其天资固非昏愚者。然其勇于为恶，而自绝于善，

---

① 咈（fú）：违背，乖戾。
② 手格：徒手格斗。

要其终则真下愚耳。

[4]《革卦》上六曰:"小人革面。"下愚小人自绝于善,然畏威刑而欲免罪,则与人无以异,是以亦能掩其不善而著其善。唯其畏惧有与人同者,是以知其性之本善也。

1.15 在物为理,处物为义。[1]

[1]理即是义,然事物各有理,裁制事物而合乎理者为义。○朱子曰:义者,心之制事之宜也。彼事之宜虽若在外,然所以制其宜则在心也。非程子一语,则后人未免有义外之见。

1.16 动静无端,阴阳无始。非知道者,孰能识之?[1]

[1]《经说》。下同。○动静相推,阴阳密移,无有间断。有间断,则有端始;无间断,故曰"无端""无始"也。其所以然者,道也,道固一而无间断也。异时论《剥》《复》之道曰"无间可容息也",又曰"其间元不断续",皆此意也。朱子曰:动静相生,如循环之无端。

1.17　仁者，天下之正理。失正理则无序而不和。[1]

[1] 子曰："人而不仁，如礼何？人而不仁，如乐何？"人而不仁，则私欲交乱，害于正理，固宜舛逆而无序、乖戾而不和也。序者，礼之本；和者，乐之本。

1.18　明道先生曰：天地生物，各无不足之理。常思天下君臣、父子、兄弟、夫妇，有多少不尽分处！[1]

[1]《遗书》。下同。○分者，天理当然之则。天之生物，理无亏欠，而人之处物，每不尽理。如君臣、父子、兄弟、夫妇，一毫不尽其心、不当乎理，是为不尽分。故君子贵精察而力行之也。

1.19　"忠信所以进德"，"终日乾乾"，君子当终日"对越在天"也。[1]**盖"上天之载，无声无臭"，其体则谓之易，其理则谓之道，其用则谓之神，其命于人则谓之性，率性则谓之道，修道则谓之教。**[2]**孟子去**①**其中又发挥出浩然之气，可谓尽**

---

① 去：于。

矣。[3]故说神"如在其上,如在其左右"。大小大事,而只曰"诚之不可掩如此夫"。彻上彻下,不过如此。[4]形而上为道,形而下为器,须着如此说。器亦道,道亦器。[5]但得道在,不系今与后,己与人。[6]

[1]说见《乾卦》九三《文言》。发乎真心之谓忠,尽乎实理之谓信,忠信乃进德之基。"终日乾乾"者,谓终日"对越在天"也。越,于也。君子一言一动守其忠信,常瞻对乎上帝,不敢有一毫欺慢之意也。以下皆发明所以"对越在天"之义。

[2]"上天之载,无声无臭",所谓"太极本无极"也。体,犹质也。阴阳变易,乃太极之体也,故其体谓之易。其所以变易之理,则谓之道;其变易之用,则谓之神。此以天道言也。天理赋于人谓之性,循性之自然谓之道,因其自然者而修明之谓之教。此以人道言也。惟其天人之理一,所以"终日对越在天"者也。

[3]浩然,盛大流行之貌。盖天地正大之气,人得之以生,本浩然也。失养则馁,而无以配夫道义之用;得养则充,而有以复其正大之体。尽矣,谓无

余事也。此言天人之气一，所以"终日对越在天"者也。

[4] 大小，犹多少也。《中庸》论鬼神如此其盛，而卒曰"诚之不可掩"。诚者，实理，即所谓忠信之体。天人之间，通此实理，故君子忠信进德，所以为"对越在天"也。

[5] 说见《系辞》。道者，指事物之理，故曰"形而上"；器者，指事物之体，故曰"形而下"。其实道寓于器，本不相离也。盖言日用之间，无非天理之流行，所谓"终日对越在天"者，亦敬循乎此理而已。

[6] 不系，犹不拘也。言人能体道而不违，则道在我矣，不拘人己古今，无往而不合，盖道本无间然也。

1.20 医书言手足痿痹为不仁，此言最善名状。仁者以天地万物为一体，莫非己也。认得为己，何所不至？若不有诸己，自不与己相干。如手足不仁，气已不贯，皆不属己。[1] 故博施济众，乃圣之功用。仁至难言，故止曰："己欲立而立人，己欲达而达人，能近取譬，可谓仁之方也已。"欲令如是观仁，可以得仁之体。[2]

[1] 天地万物与我同体，心无私蔽则自然爱而公矣，所谓仁也。苟是理不明而为私意所隔截，则形骸尔汝之分，了无交涉。譬如手足痿痹，气不相贯，疾痛痾①痒，皆不相干，此四体之不仁也。

[2] 说见《论语》。博施济众，乃圣人之功用。子贡以是言仁，未识仁之体。夫子告之，使知人之欲无异己之欲，施于人者亦犹施于己，近取诸身而譬之于人，则得求仁之术，即此可见仁之体也。○朱子曰：博施济众，是就事上说，却不就心上说。夫子所以提起，正是就心上指仁之本体而告之。又曰：博施济众，固仁之极功，但只乍见孺子将入井时有怵惕恻隐之心，亦便是仁，此处最好看。

1.21 "生之谓性"，性即气，气即性，生之谓也。[1] 人生气禀，理有善恶，然不是性中元有此两物相对而生也。[2] 有自幼而善，有自幼而恶，[3] 是气禀有然也。善固性也，然恶亦不可不谓之性也。[4] 盖"生之谓性"，"人生而静"以上不容说，才说性

---

① 痾（ē）：疾病。

时，便已不是性也。[5] 凡人说性，只是说"继之者善也"，孟子言性善是也。夫所谓"继之者善也"者，犹水流而就下也。皆水也，有流而至海，终无所污，此何烦人力之为也？有流而未远，固已渐浊；有出而甚远，方有所浊。有浊之多者，有浊之少者。清浊虽不同，然不可以浊者不为水也。[6] 如此，则人不可以不加澄治之功。故用力敏勇则疾清，用力缓怠则迟清。及其清也，则却只是元初水也。不是将清来换却浊，亦不是取出浊来置在一隅也。水之清，则性善之谓也。故不是善与恶在性中为两物相对，各自出来。[7] 此理，天命也。顺而循之，则道也。循此而修之，各得其分，则教也。自天命以至于教，我无加损焉，此舜"有天下而不与焉"者也。[8]

[1] 人之有生，气聚成形，理亦具焉，是之谓性。性与气本不相离也，故曰"性即气，气即性"。

[2] 气禀杂揉，善恶由分，此亦理之所有。然原是性之本，则善而已，非性中元有善恶二者并生也。

[3] 本注云：后稷之"克岐克嶷"①，子越椒始生，人知其必灭若敖氏之类。

---

① 岐嶷（nì）：峻茂之状。

[4]程子又曰：善恶皆天理，谓之恶者本非恶，但或过或不及便如此。朱子曰：天下无性外之物，本皆善而流于恶耳。愚谓：原天命赋予之初，固有善而无恶。及气禀拘滞之后，则其恶者，谓非性之本然则可，谓之非性则不可。性一也，所指之地不同耳。

[5]朱子曰："人生而静"以上，是人物未生时，只可谓之理，未可名为性，所谓"在天曰命"也。"才说性时"，便是人生以后，此理已堕在形气之中，不全是性之本体矣，所谓"在人曰性"也。○此重释"生之谓性"。

[6]《系辞》曰："一阴一阳之谓道，继之者善也。"盖天道流行，发育万物，赋受之间，浑然一理，纯粹至善，所谓"性善"者也。"继之"云者，犹水流而就下，其有清浊远近之不同，犹气禀昏明纯驳有浅深也。水固本清，及流而浊，不可谓之非水；犹性虽本善，及局于气而恶，不可谓之非性。○此重释"善固性也，恶亦不可不谓之性"。

[7]朱子曰：人虽为气所昏，而性则未尝不在其中，故不可不加澄治之功。惟能学以胜之，则知此理浑然，初未尝损，所谓"元初水"也。虽浊而清者存，故非将清来换浊；既清则本无浊，故非取浊

置一隅也。如此则其本善而已矣，性中岂有两物对立而并行也哉！愚谓：不知性之本善，则不能自勉以复其初；不知性有时而陷于恶，则不能力加澄治之功。二说盖互相发明也。○此重释"不是性中元有两物相对而生"。但前以其本言，则曰"相对而生"；此以其用言，则曰"相对各自出来"。

［8］朱子曰：修道虽以人事言，然其所以修之者，莫非天命之本然，非人私智所能为也。然非圣人，有不能尽，故以舜事明之。

1.22 观天地生物气象。[1]

［1］本注云：周茂叔看。○造化流行，发育万物，溥博周遍，生理条达，观之使人良心油然而生。此即周子窗前草不除去，问之，云"与自家意思一般"是也。

1.23 万物之生意最可观，此"元者，善之长也"，斯所谓仁也。[1]

［1］朱子曰：物之初生，淳粹未散，最好看①。及

---

① 好看：容易看。

干叶茂盛，便不好看。见孺子入井时，怵惕恻隐之心，只这些子便见得仁。到他发政施仁，其仁固广，然却难看。

1.24 满腔子是恻隐之心。[1]

[1] 腔子，犹躯壳也。恻，伤怛也。隐，痛也。人之一身，恻隐之心无所不至，故疾痛痾痒，触之则觉。由是推之，则天地万物本一体也，无往而非恻隐之心矣。〇朱子曰：弥满充实无空缺处，如刀割着亦痛，针刺着亦痛。

1.25 天地万物之理，无独必有对，皆自然而然，非有安排也。每中夜以思，不知手之舞之，足之蹈之也。[1]

[1] 朱子曰：阴与阳对，动与静对，以至屈信、消长、左右、上下，或以类而对，或以反而对，反覆推之，未有兀然无对而孤立者。程子谓"惟道无对"，然以形而上下论之，亦未尝不有对也。

1.26 "中者，天下之大本。"天地之间，亭亭当当①、直上直下之正理，出则不是，惟"敬而无失"最尽。[1]

[1] 喜怒哀乐未发之时，此性浑然在中，亭亭当当，直上直下，无所偏倚，此天下之大本，而万善之主也。心有散逸，则失其所以为主，唯能敬以存之，则有以全其中之本体矣。

1.27 伊川先生曰：公则一，私则万殊。"人心不同如面"，只是私心。[1]

[1] 公则万物一体，私则人己万殊。

1.28 凡物有本末，不可分本末为两段事。"洒扫应对"是其然，必有所以然。[1]

[1] 朱子曰：治心修身是本，"洒扫应对"是末，皆其然之事也。至于所以然，则理也，理无精粗本末。

---

① 亭亭当（dàng）当：妥当，合宜。

1.29　杨子拔一毛不为，墨子又摩顶放①踵为之，此皆是不得中。至如"子莫执中"，欲执此二者之中，不知怎么执得？识得，则事事物物上，皆天然有个中在那上，不待人安排也。安排着，则不中矣。[1]

[1] 杨朱为我，故以一毫利天下而不为。墨翟兼爱，故虽摩顶至踵可以利天下而亦为之。杨、墨各守一偏，固皆失其中。子莫，鲁之贤人也，惩二者之偏，欲于二者之间而取中。夫中者随时而在，不能随时以权其宜，而胶于一定之中，则所执者亦偏矣。故君子贵于格物以致其知，物格而知至，则有以识夫时中之理，而于事事物物各有天然之中，不待着意安排也。若事②安排，则或杂以意见之私，而非天然之中矣。

1.30　问："时中如何？"曰："'中'字最难识，须是默识心通。且试言一厅，则中央为中；一家，则厅中非中，而堂为中；言一国，则堂非中，而国

---

① 放（fǎng）：至。
② 事：从事于。

之中为中。推此类可见矣。如'三过其门不入',在禹、稷之世为中,若'居陋巷',则非中也;'居陋巷',在颜子之时为中,若'三过其门不入',则非中也。"[1]

[1] 时中者,随时有中,不可执一而求也,意如上章。禹之治水,九年于外,三过其门而不暇入,盖得时行道,任天下之责,济斯民之患,如是乃合此时之中。颜子之世,明王不兴,以夫子之大圣而不得行其道,则其时可以止矣,故隐居独善而箪瓢自乐,如是乃合此时之中。是二者,若违时而易务,则皆失其中矣。

1.31 无妄之谓诚,不欺其次矣。[1]

[1] 本注云:李邦直云"不欺之谓诚",便以不欺为诚。徐仲车云"不息之谓诚",《中庸》言"至诚无息",非以无息解诚也。或以问先生,先生曰云云。○无妄者,实理之自然,而无一毫伪妄也,故谓之诚。不欺者,知实理之当然,而不自为欺,乃思诚也。○朱子曰:无妄者,自然之诚。不欺是着力去做底,故曰"其次"。

1.32 冲漠①无朕，万象森然已具。未应不是先，已应不是后。[1] 如百尺之木，自根本至枝叶，皆是一贯。不可道上面一段事无形无兆，却待人旋②安排引入来教入涂辙。[2] 既是涂辙，却只是一个涂辙。[3]

[1] 冲漠未形而万理毕具，即所谓"无极而太极"也。未应者，"寂然不动"之时也；已应者，"感而遂通"之时也。已应之理悉具于未应之时，故未应非先，已应非后。盖即体而用在其中，不可以先后分也。○朱子曰：未有事物之时，此理已具。少间应处，亦只是此理。

[2] 辙，车迹。涂辙，犹路脉也。道有体用而非两端，犹木有根本，是生枝叶，上下一贯，未尝间断。岂可谓未应之时空虚无有，已应之际旋待安排引入涂辙？言此理具于气形事为之先，本一贯也。

[3] 言此理流行于气形事为之中，亦未尝有二致也。○朱子曰：如父之慈、子之孝，只是一条路从源头下来。

---

① 冲：空虚。漠：恬静。
② 旋：临时。

1.33 近取诸身，百理皆具。屈伸往来之义，只于鼻息之间见之。屈伸往来只是理，不必将既屈之气，复为方伸之气。生生之理，自然不息。[1] 如《复卦》言"七日来复"，其间元不断续，阳已复生，物极必返，其理须如此。有生便有死，有始便有终。[2]

［1］鼻息，呼吸，可见屈伸往来之义。以理而言，则屈伸往来自然不息；以气而言，则不是以既屈之气为方伸之气，如释氏所谓轮回者也。○朱子曰：此段为横渠"形溃反原"之说而发也。李果斋曰：往而屈者，其气已散；来而伸者，其气方生。生生之理，自然不穷。若以既屈之气复为方伸之气，则是天地间只有许多气来来去去，造化之理不几于穷乎？释氏不明乎此，所以有轮回之说。

［2］日，即月也。以卦配月，则自五月阳始消而为《姤》，至十一月阳生而为《复》，自《姤》至《复》，凡七月也。消极而生，无有间断，物极必返，理之自然，生死始终皆一理也。

1.34 明道先生曰：天地之间，只有一个感与应而已，更有甚事？[1]

[1] 详见前。

1.35 问仁。伊川先生曰：此在诸公自思之，将圣贤所言仁处，类聚观之，体认出来。孟子曰："恻隐之心，仁也。"后人遂以爱为仁。爱自是情，仁自是性，岂可专以爱为仁？孟子言："恻隐之心，仁之端也。"既曰仁之端，则不可便谓之仁。退之言"博爱之谓仁"，非也。仁者固博爱，然便以博爱为仁则不可。[1]

[1] 仁者，爱之性；爱者，仁之情。以爱为仁，是指情为性。端之云者，言仁在中而端绪见于外也。或谓："樊迟问仁，子曰'爱人'。"是夫子亦尝以爱言仁也。曰：孔门问答，皆是教人于已发处用功。孟子所谓"恻隐之心，仁也"，亦是于已发之端体认。但后之论仁者，无复知性、情之别，故程子发此义以示人，欲使沿流而溯其源也，学者其深体之。

1.36 问："仁与心何异？"曰："心譬如谷种，生

之性便是仁，阳气发处乃情也。"[1]

[1] 以谷种喻心，生之性便是爱之理，阳气发处便是恻隐之情。

1.37 义训宜，礼训别，智训知，仁当何训？说者谓训觉、训人，皆非也。当合孔孟言仁处，大概研穷之，二三岁得之，未晚也。[1]

[1] 训者，以其字义难明，故又假一字以训解之。义者，天理之当然，所以裁制乎事物之宜，故训宜。礼者，天理之节文，所以别亲疏上下之分，故训别。智者，天理之明睿，所以知事物之是非，故训知。仁道至大，包乎三者，故为难训。说者谓训觉者，言不为物欲所蔽，痒痾疾痛，触之即觉。夫仁者固无所不觉，然觉不足以尽仁之蕴也。训人者，言天地生人均气同理，以人体之，则恻怛慈爱之意自然无所间断。夫仁者固以人为体，然不可以训仁也。○朱子曰：仁是爱之体，觉自是智之用。仁统四德，故仁则无不觉，然便以觉为仁则不可。或谓：仁只是人心之生理，以生字训之，何如？朱子曰：不必须用一字训，但要识得大意通透耳。

1.38 性即理也。天下之理，原其所自，未有不善。喜怒哀乐未发，何尝不善？发而中节，则无往而不善。凡言善恶，皆先善而后恶；言吉凶，皆先吉而后凶；言是非，皆先是而后非。[1]

[1] 朱子曰："性即理也"一语，自孔子后惟伊川说得尽，撅扑不破。性即是天理，那得有恶？又曰：未发之前，气不用事①，所以有善而无恶。

1.39 问："心有善恶否？"曰："在天为命，在义为理②，在人为性，主于身为心，其实一也。心本善，发于思虑，则有善、有不善。若既发，则可谓之情，不可谓之心。[1] 譬如水，只可谓之水。至如流而为派，或行于东，或行于西，却谓之流也。"

[1] 天道流行，赋与万物，谓之命。事物万殊，各有天然之则，统而名之，谓之理。人得是理以生，谓之性。是性所存，虚灵知觉，为一身之主宰，谓

---

① 用事：当权。
② 在义为理：朱子疑当作"在物为理"。参见 1.15 条："在物为理，处物为义。"

之心。实则非二也。推本而言，心岂有不善？自七情之发，而后有善恶之分。○朱子曰：既发，不可谓之非心，但有不善，则非心之本体。

1.40 性出于天，才出于气。气清则才清，气浊则才浊。才则有善、有不善，性则无不善。[1]

[1] 性本乎理，理无不善。才本乎气，气则不齐，故或以之为善，或以之为恶。○孟子曰："若夫为不善，非才之罪也。"朱子曰：孟子专以其发于性者言之，故以为才无不善。程子兼指其禀于气者言之，则人之材质固有昏明强弱之不同，张子所谓"气质之性"是也。二说虽殊，各有所当，然程子为密。

1.41 性者自然完具，信只是有此者也。故"四端"不言信。[1]

[1] 仁、义、礼、智，分而言之，则四者各立，自然完具。实有是四者，则谓之信。故信无定位，非于四者之外别有信也。孟子论四端而不及信，盖信在其中矣。○李果斋曰：五常言信，配五行而言；

四端不言信，配四时而言也。盖土分旺于四时之季，信已立于四端之中也。

1.42 心，生道也。有是心，斯具是形以生。恻隐之心，人之生道也。[1]

[1] 心者，人之生理也。"有是心，斯具是形"，此言生人之道。"恻隐之心，人之生道"，此言人得是心，故酬酢运用，生生而不穷。苟无是心，则同于砂石而生理绝矣。○朱子曰："心，生道也"，谓天地以生物为心，而人得之以为心者。又曰：心是个活底物。

1.43 横渠先生曰：气坱①然太虚，升降飞扬，未尝止息。此虚实、动静之机，阴阳、刚柔之始。浮而上者阳之清，降而下者阴之浊。其感遇聚结，为风雨，为霜雪，万品之流形，山川之融结，糟粕煨烬②，无非教也。[1]

[1]《正蒙》。下同。○坱然，盛大氤氲之义。坱

---

① 坱（yǎng）：尘埃。
② 煨（wēi）烬：焚烧过的灰烬。

然太虚，周流上下，亘古穷今，未尝止息者，元气也。虚实、动静，妙用由是而形，故曰机。阴阳、刚柔，定体由是而立，故曰始。判而为上下清浊，合而为风雨霜雪；凝而为人物山川之形质，散而为糟粕煨烬之查滓。消长万变，生生不穷，皆道体之流行，故曰无非至教。

1.44 游气纷扰，合而成质者，生人物之万殊。其阴阳两端，循环不已者，立天地之大义。[1]

[1] 游气杂揉，凝而成形者，人物万殊所以生也。阴阳推移，循环无穷者，天地大经所以立也。游气纷扰，纬也；阴阳循环，经也。○朱子曰：阴阳循环如磨，游气纷扰，如磨中出者。

1.45 天体物不遗，犹仁体事而无不在也。[1] **"礼仪三百，威仪三千"，无一物而非仁也。**[2] **"昊天曰明，及尔出王。昊天曰旦，及尔游衍"，无一物之不体也。**[3]

[1] 朱子曰：体物，言为物之体也，盖物物有个天理。体事，谓事事是仁做出来。

[2] 礼仪者，经礼也。威仪者，曲礼也。礼文之大小，无非爱敬恳恻之心所发见者，故曰无一物而非仁也。不然，则礼特虚文矣。

[3] 王、往通。○《诗·大雅·板篇》。出王，谓出而有所往也。旦，亦明也。衍，宽纵之意。言天道昭明，凡人之往来游息之所，此理无往而不在，因是以证体物不遗之义。

1.46 鬼神者，二气之良能也。[1]

[1] 良能者，自然而然，莫之为而为也。朱子谓横渠此语尤精。

1.47 物之初生，气日至而滋息；物生既盈，气日反而游散。至之谓神，以其伸也；反之谓鬼，以其归也。[1]

[1] 物自少以至壮，气日至而滋息。滋息者，生而就满也。自壮以至老，气日反而游散。游散者，消而就尽也。以其日至而伸，故曰神；以其日反而归，故曰鬼。

1.48 性者，万物之一源，非有我之得私也。惟大人为能尽其道，是故立必俱立，知必周知，爱必兼爱，成不独成。彼自蔽塞而不知顺吾理者，则亦末①如之何矣。[1]

[1] 性原于天，而人之所同得也。惟大人者能尽己之性，则能尽人之性。盖性本无二也，故己有所立，必与夫人以俱立；己有所知，必使夫人以周知；爱必兼爱，使人皆得所爱也；成不独成，使人皆有所成也。四者，大人之所存心也。立者，礼之干也；知者，智之用也；爱者，仁之施也；成者，义之遂也。自立于礼，以至成于义，学之始终也。张子之教，以礼为先，故首曰"立"。如是而彼或蔽塞而不通，不知所以顺乎理，则亦无如之何，然其心固欲其同尽乎一源之性也。此即《大学》"明明德"于天下，《中庸》"成己成物"之道，盖《西铭》之根本也。

1.49 一故神。譬之人身，四体皆一物，故触之而无不觉，不待心使至此而后觉也。此所谓"感而遂

---

① 末：无。

通"，"不行而至，不疾而速"也。[1]

[1] 横渠《易说》。○一，谓纯一也。神，谓神妙而无不通也。犹人之四体本一也，故触之即觉，不待思虑拟议。使一有间断，则痛痒有所不觉矣。天地之为物不贰，故妙用而无方；圣人之心不贰，故感通而莫测。

1.50 心，统性情者也。[1]

[1] 横渠《语录》。下同。○朱子曰：统是主宰。性者，心之理；情者，心之用；心者，性情之主。孟子曰"仁，人心也"，又曰"恻隐之心"。"性""情"上都下个"心"字，可见"心统性情"之义。

1.51 凡物莫不有是性。由通、蔽、开、塞，所以有人、物之别。由蔽有厚、薄，故有知、愚之别。塞者牢不可开；厚者可以开，而开之也难；薄者开之也易。开则达于天道，与圣人一。[1]

[1] 有是气，必有是理，此人与物之所共也。由气有通、蔽、开、塞，故有人、物之异。由蔽有厚、

薄，故人又有智、愚之异。塞者，气拘而填实之也，故不可开。此言物也。蔽者但昏暗而有所不通，皆可开也，顾有难易之分耳。及其既开，则通乎天道与圣人一。此言人也。

卷二　论学 凡一百一十一条

此卷总论为学之要。盖尊德性矣,必道问学。明乎道体,知所指归,斯可究为学之大方矣。

2.1 濂溪先生曰:圣希天,贤希圣,士希贤。[1] 伊尹、颜渊,大贤也。伊尹耻其君不为尧舜,一夫不得其所,"若挞于市"。颜渊"不迁怒,不贰过","三月不违仁"。[2] 志伊尹之所志,学颜子之所学,[3] 过则圣,及则贤,不及则亦不失于令名。[4]

[1] 朱子曰:希,望也。字本作"睎"。

[2] 朱子曰:说见《书》及《论语》,皆贤人之事也。

[3] 朱子曰：此言"士希贤"也。

[4]《通书》。下同。○朱子曰：三者随其用力之浅深，以为所至之近远。不失令名，以其有为善之实也。○胡氏曰：周子患人以发策决科、荣身肥家、希世取宠为事也，故曰"志伊尹之所志"。患人以广闻见、工文词、矜智能、慕空寂为事也，故曰"学颜子之所学"。人能志此志而学此学，则知斯道之大，而其用无穷矣。

2.2 圣人之道，入乎耳，存乎心，蕴之为德行，行之为事业。彼以文辞而已者，陋矣。[1]

[1] 朱子曰：欲人真知道德之重，而不溺于文辞之陋也。

2.3 或问："圣人之门，其徒三千，独称颜子为好学。夫《诗》《书》、六艺，三千子非不习而通也，然则颜子所独好者，何学也？"[1]**伊川先生曰："学以至圣人之道也。""圣人可学而至欤？"曰："然。"**[2]**"学之道如何？"曰："天地储精，得五行之秀者为人。**[3]**其本也真而静，其未发也五性具**

焉，曰仁、义、礼、智、信。[4] 形既生矣，外物触其形而动其中矣。其中动而七情出焉，曰喜、怒、哀、乐、爱、恶、欲。[5] 情既炽而益荡，其性凿矣。是故觉者约其情，使合于中，正其心，养其性；愚者则不知制之，纵其情而至于邪僻，梏其性而亡之。[6] 然学之道，必先明诸心，知所养，然后力行以求至，所谓自明而诚也。[7] 诚之之道，在乎信道笃。信道笃则行之果，行之果则守之固。仁义忠信不离乎心，'造次必于是，颠沛必于是'，出处语默必于是。久而弗失，则'居之安'，'动容周旋中礼'，而邪僻之心无自生矣。[8] 故颜子所事，则曰：'非礼勿视，非礼勿听，非礼勿言，非礼勿动。'[9] 仲尼称之，则曰：'得一善，则拳拳服膺而弗失之矣。'又曰：'不迁怒，不贰过。''有不善未尝不知，知之未尝复行也。'此其好之笃、学之之道也。[10] 然圣人则'不思而得，不勉而中'；颜子则必思而后得，必勉而后中，其与圣人相去一息。所未至者，守之也，非化之也。以其好学之心，假之以年，则不日而化矣。[11] 后人不达，以谓圣本生知，非学可至，而为学之道遂失。不求诸己而求诸外，以博闻强记、巧文丽辞为工，荣华其

言，鲜有至于道者。则今之学与颜子所好异矣。"[12]

[1] 哀公问："弟子孰为好学？"孔子对曰："有颜回者好学，不幸短命死矣，今也则亡。"六艺：礼、乐、射、御、书、数。《史记》曰："弟子盖三千焉，身通六艺者七十二人。"

[2] 圣人生知，学者学而知之，及其知之，则一也；圣人安行，学者勉而行之，及其成功，则一也。

[3] 人物万殊，莫非二气五行之所为也。然人则得其精且秀者，是以能通于道而为圣为贤。

[4] 真者，"无极之真"也。静者，"人生而静，天之性也"。曰"真而静"者，谓其天理浑全，"寂然不动"，而所具之性，其目有是五者。既曰"本"，又曰"未发"，盖本者指其禀受之初，未发者指其未与物接之前也。

[5] 此言形生之后，应事接物之时也。物感于外，情动于中，其目有是七者。然喜近于乐，怒近于恶，爱近于欲。其所以分者，盖喜在心，乐发散在外。怒则有所激，其气愤；恶则有所憎，其意深。

爱则近于公,欲则近于私,爱施于人,而欲本乎己也。

[6] 性动则为情,然情炎于中,末流益荡,则反戕贼其性矣。惟夫明觉之士,以礼制情,使不失乎中,故能正其心而不流于邪僻,养其性而不至于梏亡。愚者反是。梏,犹桎梏,谓拘挛而暴殄之,言人之所以贵于学也。

[7] 养,一作往。○朱子曰:"明诸心,知所往",穷理之事;"力行"、"求至",践履之事也。或曰:"知所养"应上文"养其性",涵养之功与知行并进。

[8] 此因上文言所以诚之之道也。信道笃则不惑,行之果则不止,守之固则不变。朱子曰:造次,急遽苟且之时。颠沛,倾覆流离之际也。○以上两章论为学之道详尽,其大纲有三焉:"明诸心、知所往"者,智之事也;"力行以求至"者,仁之事也;"信道笃"以下,勇之事也。然勇之中亦备此三者,故信之笃者,知之勇也;行之果者,仁之勇也;守之固者,勇之勇也。仁义忠信不离乎心者,信之笃也;造次、颠沛、出处语默必于是者,行之果也;久而弗失,守之固也。"动容周旋中礼",邪

僻之心不生，则几于化矣。

［9］礼者，天理之节文。非礼者，私欲之害乎天理者也。勿者，禁止之辞。凡视、听、言、动，克去己私，则日用之间莫非天理之流行矣。此孔子教颜子为仁之目，而颜子之所请事者也。

［10］《中庸》："子曰：'回之为人也，择乎中庸。得一善，则拳拳服膺而弗失之矣。'"拳拳，奉持之貌。服，犹佩也。膺，胸也。凡得一善言善行，则奉持佩服于心胸，不敢忘也。又《语》曰："不迁怒，不贰过。"怒所当怒，各止其所，不迁也。才过即改，已改不再，不贰也。又《易·系辞》曰："有不善未尝不知，知之未尝复行也。"有不善而必知之，是察己之明也；知之而不复行，是克己之诚也。皆孔子所以称颜子好学之道也。

［11］圣人生知，故不思而得；安行，故不勉而中。颜子犹必择善而固执之，然其博文约礼，工力俱到，其未至于圣人者，特一息之间耳。使非短命而死，则不淹时日，所守者化，而与圣人一矣。

［12］《文集》。〇后世圣学无传，不知反身修德，徒以记问、词章为学，去道愈远矣。

2.4 横渠先生问于明道先生曰:"定性未能不动,犹累于外物,何如?"明道先生曰:"所谓定者,动亦定,静亦定,无将迎,无内外。[1] 苟以外物为外,牵己而从之,是以己性为有内外也。且以性为随物于外,则当其在外时,何者为在内?是有意于绝外诱,而不知性之无内外也。既以内外为二本,则又乌可遽语定哉?[2] 夫天地之常,以其心普万物而无心;圣人之常,以其情顺万事而无情。故君子之学,莫若廓然而大公,物来而顺应。[3]《易》曰:'贞吉,悔亡。憧憧往来,朋从尔思。'苟规规于外诱之除,将见灭于东而生于西也。非惟日之不足,顾其端无穷,不可得而除也。[4] 人之情各有所蔽,故不能适道,大率患在于自私而用智。自私则不能以有为为应迹,用智则不能以明觉为自然。今以恶外物之心,而求照无物之地,是反鉴而索照也。[5]《易》曰:'艮其背,不获其身;行其庭,不见其人。'孟氏亦曰:'所恶于智者,为其凿也。'[6] 与其非外而是内,不若内外之两忘也。两忘则澄然无事矣。无事则定,定则明,明则尚何应物之为累哉?[7] 圣人之喜,以物之当喜;圣人之怒,以物之当怒。是圣人之喜怒,不系于心,而系于物也。是

则圣人岂不应于物哉？乌得以从外者为非，而更求在内者为是也？今以自私用智之喜怒，而视圣人喜怒之正为如何哉？[8] **夫人之情，易发而难制者，惟怒为甚。第能于怒时遽忘其怒，而观理之是非，亦可见外诱之不足恶，而于道亦思过半矣。**"[9]

[1] 此章就"犹累于外物"一句反复辨明。盖万物不同，而无理外之物；万理不同，而无性外之理。凡天下之物理，酬酢万端，皆吾性之所具也。所谓定性者，非一定而不应也。发而中节，动亦定也；敬而无失，静亦定也。将，送也。事之往也无将，事之来也无迎，动静一定，何有乎将迎？"寂然不动"者，存于内也；"感而遂通"者，应于外也。体用一贯，何间乎内外？

[2] 承上文而言。苟以外物为外，凡应物者必牵己而从之，是以性为有内外。如是则方其逐物在外之时，在内已无此性矣，其可乎？盖有意于绝外物之诱，而不知性本无内外之分也。既分内外为两端，则人在天地间不能不与物接，是无时而能定也。

[3] 常，常理也。天地之心，运用主宰者是也，然而普遍万物，实未尝有心焉；圣人之情，应酬发动

者是也,然而随顺万事,亦未尝容情焉。故君子之学,廓然大公,何嫌于外物?物来顺应,何往而不定哉!此二句又此书之纲领也。

[4]《咸卦》九四爻辞。憧憧,往来不绝貌,各以朋类从其所思。盖人之一心应感无穷,苟恶外物之诱而欲除灭之,将见灭于彼而生于此,非惟日见其用力之不足,而亦有不可得而除灭者矣。

[5] 人心各有所蔽,大概在自私与用智之两端。盖不能廓然而大公,故自私;不能物来而顺应,故用智。自私者则乐于无为,而不知以有为为应迹之当然;用智者则作意于有为,而不知以明觉为循理之自然。今恶外物之累,已是自私之心也;而求照无物之地,是亦用智之过也。犹反鉴以索照,宁可得哉?盖自私与用智虽若二病,而实展转相因也。〇或问:"自私""用智"之语,恐即是佛氏之自私?朱子曰:常人之私意与佛氏之自私,皆一私也。但明道说得阔,非专指佛之自私也。愚谓:横渠欲去外物之累,便已近于释氏,故程子推其病源,自然与释氏相似。然其自私类于释,而用智则又类于老。要之,二氏用意,皆欲不累于外物而已。

[6] 朱子曰:"不获其身","不见其人",此说

"廓然而大公"。"所恶于智，为其凿也"，此说"物来而顺应"。

[7] 自私、用智之患，其根在于分内外为二，以在外者为非，在内者为是。然在外者终不容以寂灭，故常为外物所挠。惟能知性无内外而两忘之，则动静莫非自然，澄然无事矣，所谓"廓然大公"者也。无事则心无所累，故能明，明则物来顺应，尚何外物之累哉？盖内外两忘，则非自私；能定而明，则非用智也。〇朱子曰：内外两忘，非忘也，一循乎理，不是内而非外也。

[8] 圣人未尝无喜怒，是未尝自私也。然其喜怒皆系彼而不系此，是未尝用智也。以自私、用智之喜怒，其视圣人之喜怒，一循乎天理之正者，岂不大相戾哉？

[9] 朱子曰：忘怒则公，观理则顺。

2.5 伊川先生《答朱长文书》曰：圣贤之言，不得已也。盖有是言，则是理明；无是言，则天下之理有阙焉。如彼耒耜陶冶之器，一不制则生人之道有不足矣。圣贤之言虽欲已，得乎？然其包涵尽天下之理，亦甚约也。[1] **后之人始执卷，则以文章为**

先，平生所为，动多于圣人。然有之无所补，无之靡所阙，乃无用之赘言也。不止赘而已，既不得其要，则离真失正，反害于道必矣。[2] 来书所谓欲使后人见其不忘乎善，此乃世人之私心也。夫子"疾没世而名不称焉"者，疾没身无善可称云尔，非谓疾无名也。名者可以厉①中人，君子所存，非所汲汲。[3]

[1] 耒之首为耜，耜之柄为耒。范土曰陶，铸金曰冶。圣人之言，本非得已也。盖将发明天理，以觉斯民，犹民生日用之具不可阙也。然其言寡而理无不该，亦非以多言为贵也。

[2] 后人徒志于为文，而不足以明理，则非徒无益而已。盖不得其本，未免流于邪伪，反害于道矣。

[3] 君子学以为己，苟求人知，则是私心而已。

2.6 内积忠信，"所以进德也"；择言笃志，"所以居业也"。[1] "知至至之"，"致知"也，求知所至而后至之，知之在先，故"可与几"，所谓"始条理者，知之事也"。[2] "知终终之"，"力行"也，

———————
① 厉：勉励。

既知所终，则力进而终之，守之在后，故"可与存义"，所谓"终条理者，圣之事也"。此学之始终也。[3]

[1]《乾》九三《文言》传。朱子曰："内积忠信"是实心，"择言笃志"是实事。又曰：忠信者，"如恶恶臭，如好好色"，表里无一毫之不实。择言谓修辞，笃志谓立诚。立诚，即上文忠信。又曰：内有忠信，方能修辞。德以心言，业者德之事。德要日新又新，故曰进；业要存而不失，故曰居。进如"日知其所亡①"，居如"月无忘其所能"。进德、修业只是一事。

[2] 至，谓至善之地也。求知至善之地，而后至其所知，所重者在知，故曰"可与几"。盖几者，动之微，事之先见者也。致知以正其始，则能得乎事之几微矣。智者，知之至明也。

[3]《易传》。下同。○终，即至善之尽处也。既知所终，则力行而终之，所重在行，故曰"可与存义"。盖义者当然之则，存者守而勿失也。力行以成其终，斯能立乎事之则，义矣。圣者，行之至尽

---

① 亡：同"无"，自己还没得到的。

也。始终条理之说，详见《孟子》。

2.7 君子主敬以直其内，守义以方其外。敬立而内直，义形而外方。义形于外，非在外也。[1]**敬义既立，其德盛矣，不期大而大矣，德不孤也。**[2]**无所用而不周，无所施而不利，孰为疑乎?**[3]

[1]《坤》六二《文言》传。敬主于中，则动静之间，心存戒谨，自然端直，而无邪曲之念；义见于外，则应酬之际，事当其则，截然方正，而无回挠之私。然义之用，达于外耳，义非在外也。

[2]内直外方，敬义交养，其德自然盛大，故曰"不孤"也。

[3]德至于大，则其所行无一而不备，无往而不顺，故曰不疑其所行也。

2.8 动以天为无妄，动以人欲则妄矣。《无妄》之义大矣哉![1]**虽无邪心，苟不合正理，则妄也，乃邪心也。既已无妄，不宜有往，往则妄也。故《无妄》之《象》曰："其匪正有眚**①**，不利有**

① 眚（shěng）：灾祸。

攸往。"[2]

[1]《震》下《乾》上为《无妄》。震,动也。乾,天也。故曰"动以天"。妄,邪伪也。动而纯乎天理,则无邪伪矣。

[2]心虽非出于邪妄,而见理不明,所为或乖于正理,是即妄也,即邪心也,故无妄而有匪正之眚。又事至于无妄,则得所止矣,不宜有往,往乃过也,过则妄也,故曰"不利有攸往"。

2.9 人之蕴蓄,由学而大,在多闻前古圣贤之言与行。考迹以观其用,察言以求其心,识而得之,以蓄成其德。[1]

[1]《大畜卦·象》传。考圣贤之行,可以观其用;察圣贤之言,可以求其心。有见于此,则蓄德日大,盖非徒多闻之为贵。

2.10 《咸》之《象》曰:"君子以虚受人。"《传》曰:"中无私主,则无感不通。以量而容之,择合而受之,非圣人有感必通之道也。"[1] 其九四曰:"贞吉,悔亡。憧憧往来,朋从尔思。"《传》

曰："感者，人之动也，故《咸》皆就人身取象。四当心位，而不言'咸其心'，感乃心也。感之道无所不通，有所私系则害于感通，所谓悔也。圣人感天下之心，如寒暑雨旸①，无不通、无不应者，亦贞而已矣。贞者，虚中无我之谓也。"[2] 若往来憧憧然，用其私心以感物，则思之所及者有能感而动，所不及者不能感也。以有系之私心，既主于一隅一事，岂能廓然无所不通乎？"[3]

[1] 咸者，感也，故《咸卦》皆以感为义。惟虚中而无所私主，则物来能应，有感必通也。若夫有量则必有限，有合则必有不合，此非圣人感通之道也。

[2]《咸卦》取象人身，初为拇，二为腓②，三为股，五为脢③，上为辅颊舌。四当心位，而不言心者，感者必以心也。有感则有通，然使在此者有所私系，则为感之道狭矣，必有所不通，是悔也。圣人之感天下，如寒暑雨旸，周遍公溥，无所私系，故无不通应，所谓"贞吉"而"悔亡"也。或谓：

---

① 旸（yáng）：晴天。
② 腓（féi）：腿肚子。
③ 脢（méi）：背脊肉。

贞者，正也，未有解为"虚中无我"者。愚闻之师曰：诸卦之贞，各随卦义以为正，《乾》以健为贞，《坤》以顺为贞，故曰"利牝马之贞"。"虚中无我"者，《咸》之贞也。然此与《象》"以虚受人"异者，盖《象》取山泽通气之义，谓虚中以受人之感；爻取四为感之主，谓虚中以感人也。惟虚则能应人之感，惟虚则能感人之应，其理亦一也。

[3]"憧憧往来"者，私心也。若无私心，则澄然泰然，何至憧憧也？惟其私心有系，故其所思者有及与不及，而其所感者有通与不通。所谓"朋从尔思"者，盖思惟及其朋类，亦惟朋类乃从其思耳。

2.11 君子之遇艰阻，必自省于身：有失而致之乎？有所未善则改之，无歉于心则加勉，乃自修其德也。[1]

[1]《蹇卦·象》传。此教人以处险难之道。自省其身而有不善，则当速改，不可以怠而废。苟无愧焉，则益当自勉，不可以沮而废。君子反躬之学，虽遇艰阻，亦莫非进德之地。

2.12 非明则动无所之,非动则明无所用。[1]

[1]《丰卦》初九传。知行相需①,不可偏废。非知之明,则动将安之?如目盲之人,动则不知所之也。非行之力,则明亦无所用,如足痿之人,虽有见焉,亦不能行矣。

2.13 习,重习也。时复思绎,浃洽②于中,则说也。[1] **以善及人,而信从者众,故可乐也。**[2] **虽乐于及人,"不见是而无闷",乃所谓君子。**[3]

[1] 说见《论语》。绎,往来绅绎也。学者于所学之事,时时思绎,不骤不辍,义理久则浃洽其中,自然悦豫也。

[2] 善有诸己,足以及人,信从者众,同归于善,岂不可乐也?盖与③人为善之意如此。

[3]《经说》。下同。○君子者,成德之名也。虽乐于以善及人,然人或未信,则亦安其在我而已,奚愠焉?盖自信之笃而无待于外,所以为成德也。

---

① 相需:相资,互用。亦作"相须"。
② 浃(jiā):透彻。洽:沾湿,浸润。
③ 与:赞许,赞助。

2.14 "古之学者为①己",欲得之于己也;"今之学者为人",欲见知于人也。[1]

[1] 说见《论语》。为己者,如食之求饱、衣之求温,温饱在己,非为人也。为人者,但求在外之美观,非关在我之实用。故学而为己,则所得者皆实得;学而为人,则虽或为善,亦非诚心,况乎志存务外,自为欺诳,善日消而恶日长矣!朱子曰:为学且须分内外义利,便是生死路头。

2.15 伊川先生谓方道辅曰:圣人之道,坦如大路,学者病不得其门耳。得其门,无远之不可到也。求入其门,不由于经乎?今之治经者亦众矣,然而买椟还珠之蔽,人人皆是。经所以载道也。诵其言辞,解其训诂,而不及道,乃无用之糟粕耳。[1] 觊足下由经以求道,勉之又勉。异日见卓尔有立于前,然后不知手之舞、足之蹈,不加勉而不能自止矣。[2]

[1] 方元寀②,字道辅。经所以载道,犹椟所以藏

---

① 为(wèi):为了。
② 寀:shěn。

珠。治经而遗乎道,犹买椟而还其珠。说见《韩子》。

[2]《手帖》。○道非有形状之可见。盖其志道之切,行道之笃,视听言动,造次颠沛不违乎道,用力既久,所见益为亲切。如有卓然而立于前者,则中心喜乐,自然欲罢不能矣。

2.16 明道先生曰:"修辞立其诚",不可不子细理会。言能修省①言辞,便是要立诚。若只是修饰言辞为心,只是为伪也。[1] **若修其言辞,正为立己之诚意,乃是体当②自家"敬以直内,义以方外"之实事。**[2] **道之浩浩,何处下手?惟立诚才有可居之处。有可居之处,则可以修业也。**[3] **"终日乾乾",大小大事,却只是"忠信所以进德"为实下手处,"修辞立其诚"为实修业处。**[4]

[1] 修省言辞者,中有其诚,省治之,将以立实德也;修饰言辞者,中无其诚,虚饰之,将以为夸美也。省、饰之间,乃天理、人欲之分。○朱子曰:

---

① 修省:修治省察。
② 当:dàng。

横渠以立言传后为修辞居业。明道所谓修辞,但是"非礼勿言"。

[2] 敬义说见前。诚意者,合敬义之实而为言也。体当,俗语,犹所谓体验勘当也。盖修其言辞者,所以拟议其敬义之实事,而非徒事于虚辞也。

[3] 浩浩,流行盛大貌。下手,谓用力处。道之广大,于何用功?惟立己之诚意,始有可据守之地。此诚既立,则其业之所就,日以广大。

[4]《遗书》。下同。○说并见《易·文言》。"君子终日乾乾",是体天行健之事,可谓大矣。然其实则惟忠信积于内,而无一念之不实者,为用功之地;修辞立于外,而无一言之不实者,为见功之地。盖表里一于诚。至诚,故乾乾而不息。

2.17 伊川先生曰:志道恳切,固是诚意。若迫切不中理,则反为不诚。盖实理中自有缓急,不容如是之迫。观天地之化乃可知。[1]

[1] 有志于道,恳恻切至,固诚意也。然迫切之过,而至于欲速助长,则反害乎实理。如春生、夏长、秋成、冬实,固不容一息之间断,亦不能一日

而遽就也。

2.18 孟子才高，学之无可依据。学者当学颜子，入圣人为近，有用力处。[1]**又曰：学者要学得不错，须是学颜子。**[2]

[1] 孟子天资超迈，故难学。颜子天资纯粹而功夫缜密，进德有序，故学者有用力处。

[2] 本注云：有准的①。

2.19 明道先生曰：且省外事，但明乎善，惟进诚心。其文章虽不中，不远矣。所守不约，泛滥无功。[1]

[1] 朱子曰："知至则意诚"，善才明，诚心便进。文章是威仪制度之类。此段恐是吕与叔自关中来初见程子时说话。盖横渠学者多用心于礼文制度之事，而不近里，故以此告之。

2.20 学者识得仁体，实有诸己，只要义理栽培。如求经义，皆栽培之意。[1]

---

① 准的：箭靶。

[1] 仁者，天地之生理，人心之全德也。其体具于心，固人之所本有，然必内反诸己，察之精，养之厚，有以见夫仁之全体，实为己有，则吾心所存无非天理。而后博求义理以封植①之，则生理日以充长，而仁不可胜用矣。

2.21　昔受学于周茂叔，每令寻颜子、仲尼乐处，所乐何事。[1]

[1] 朱子曰：按程子之言，引而不发，盖欲学者深思而自得之，今亦不敢妄为之说。学者但当从事于博文约礼之诲，以至于欲罢不能而竭其才，则庶乎其可以得之矣。

2.22　所见所期不可不远且大，然行之亦须量力有渐。志大心劳，力小任重，恐终败事。[1]

[1] 朱子曰：学者志识固不可不以远大自期，然苟悦其高而忽于近，慕于大而略于细，则无渐次经由之实，而徒有悬想跂望之劳，亦终不能以自达矣。

---

　　① 封植：培植。

张南轩曰：学者当以圣人为准的，然贪高慕远，躐等①以进，非徒无益，而又害之也。

2.23 朋友讲习，更莫如"相观而善"工夫多。[1]

[1] 朋友相处，非独讲辨之功，熏陶渐染，得于观感，自然进益。

2.24 须是大其心，使开阔。譬如为九层之台，须大做脚始得。[1]

[1] 心不开阔，则规模狭陋而安于小成，持守固滞而惰于进善。

2.25 明道先生曰：自"舜发于畎亩之中"至"孙叔敖举于海"，若要熟，也须从这里过。[1]

[1] 说见《孟子》。履难处困，则历变多而虑患深，察理密而制事审。〇朱子曰：曾亲历过，方认得许多险阻去处。

---

① 躐（liè）等：越级。

2.26　参也，竟①以鲁得之。[1]

[1] 按程子又曰：曾子之学，诚笃而已。圣门学者，聪明才辩，不为不多，而卒传其道，乃质鲁之人尔。故学以诚实为贵也。尹氏曰：曾子之才鲁，故其学也确，所以能深造乎道也。

2.27　明道先生以记诵博识为"玩物丧志"。[1]

[1] 本注云：时以经语录作一册。郑毂云：尝见显道先生云："某从洛中学时，录古人善行，别作一册。明道先生见之，曰是玩物丧志。盖言心中不宜容丝发事。"胡安国云：谢先生初以记问为学，自负该②博，对明道举史书成篇，不遗一字。明道曰："贤却记得许多，可谓玩物丧志。"谢闻此语，汗流浃背，面发赤。及看明道读史，又却逐行看过，不蹉③一字。谢甚不服，后来省悟，却将此事做话头，接引博学之士。○谢良佐，字显道，上蔡人，程子门人也。人心虚明，所以具万理而应万事，有所系

---

① 竟：终。
② 该：完备。
③ 蹉：越过。

滞，则本志未免昏塞。所贵乎读书，将以存心而明理也。苟徒务记诵为博，则书也者亦外物而已，故曰"玩物丧志"。○朱子曰：上蔡记诵，明道看史，此正为①己、为人之分。

2.28 礼乐只在进反之间，便得性情之正。[1]

[1] 以上并明道语。○《乐记》曰："礼主其减，乐主其盈。礼减而进，以进为文；乐盈而反，以反为文。"朱子曰：减是退让、撙节②、收敛底意思，是礼之体本如此。然非人之所乐，故须进步向前，着力去做，故"以进为文"。盈是舒畅、发越、快满底意思，是乐之体本如此。然易至于流荡，却须收拾向里，故"以反为文"。又曰：礼减而不进则销，乐盈而不反则放，故礼有报而乐有反。

2.29 父子、君臣，天下之定理，无所逃于天地之间。安得天分，不有私心，则行一不义，杀一不辜，有所不为。有分毫私，便不是王者事。[1]

---

① 为（wèi）：为了。
② 撙（zǔn）节：约束。

[1] 父子君臣，人伦之大端，天下之定理，立于天地之间者，必有而不容废者也。惟能全其天理而无私心者，则处之各当其分。而行一不义之事，杀一不辜之人，虽可以得天下，亦不为也。盖尧舜授禅，无亏父子之恩；汤武征伐，无愧君臣之义，皆无私心故也。

2.30 论性不论气，不备；论气不论性，不明。二之，则不是。[1]

[1] 此段疑当在首卷。论性之善而不推其气禀之不同，则何以有上智下愚之不移？故曰"不备"。论气禀之异而不原其性之皆善，则是不达其本也，故曰"不明"。然性者气之理，气者性之质，元不相离，判而二之，则亦非矣。○朱子曰：论性不论气，孟子言性善是也。论气不论性，荀子言性恶、扬子言善恶混是也。愚谓：孟子推原性之本善，虽未及乎气质，固不害其为性也。至于荀、扬，但知气质之或异，而不知性之本同，则是不识性也，岂不害道？要之，必若程子、横渠之言，始为明备。

2.31 论学便要明理，论治便须识体①。[1]

[1] 论学而不明理，则徒事乎词章记诵之末，未为知学也。论治而不识其体，则徒讲乎制度文为之末，未为知治也。

2.32 曾点、漆雕开已见大意，故圣人与②之。[1]

[1] 曾点言志，以为"莫春者，春服既成。冠者五六人，童子六七人，浴乎沂，风乎舞雩，咏而归"。盖有见于是道之大，流行充满，而于日用之间从容自得，有与物各适其所之意。"子使漆雕开仕。对曰：'吾斯之未能信。'"开于是理必有见焉，顾于应酬之际，未能自信其悉中乎是理，此其所见之大而不安于小成，所守之笃而必期于自信。二者虽其行之未成，要皆有见于圣人之大意。○朱子曰：点更规模大，开更缜密。蔡节斋曰：点之意欲止，开之意方进而未已。

2.33 根本须是先培壅，然后可立趋向也。趋向既

---

① 体：大体，格局。
② 与：赞许。

正，所造浅深，则由勉与不勉也。[1]

[1] 涵养心德，根本深厚。然后立趋向而不差，又勉而不已，乃能深造。○朱子曰：收其放心，然后"自能寻向上去"，亦此意也。

2.34 敬义夹持，直上达天德自此。[1]

[1] 朱子曰：敬主乎中，义防乎外，二者相夹持，要放下霎时也不得，只得直上去，故便达天德。又曰：表里夹持，更无东走西作。直上者，不为物欲所累，则可上达天德矣。

2.35 懈意一生，便是自弃自暴。

2.36 不学便老而衰。[1]

[1] 学问则义理为主，故阅理久而益以精明；不学则血气为主，故阅时久而益以衰谢。

2.37 人之学不进，只是不勇。[1]

[1] 志气之勇。

2.38　学者为气所胜，习所夺，只可责志。[1]

[1] 立志之不大不刚，则义理不足以胜其气质之固蔽，学力不足以移其习俗之缠绕，故曰"只可责志"。

2.39　内重则可以胜外之轻，得深则可以见诱之小。[1]

[1] 道义重则外物轻，造理深则嗜欲微。

2.40　董仲舒谓："正其义不谋其利，明其道不计其功。"[1]**孙思邈曰："胆欲大而心欲小，智欲圆而行欲方。"可以为法矣。**[2]

[1] 仲舒，详见十四卷。义者，当然之理；利者，义之和也。然君子惟欲正其义而已，未尝预谋其利。有谋利之心，则是有所为而为之，非正其义矣。道者，自然之路；功者，行道之效也。然君子惟欲明其道而已，未尝计度其功。有计功之心，则是有私意介乎其间，非明其道矣。

[2] 思邈，隋唐间人。胆大则敢于有为，心小则密于察理。智圆则通而不滞，行方则正而不流。○朱

子曰：志不大则卑陋，心不小则狂妄。圆而不方则谲诈，方而不圆则执而不通。

2.41 大抵学不言而自得①者，乃自得也。有安排布置者，皆非自得也。[1]

[1] 学而有得，则暗者忽而明，疑者忽而信，欣然有契于心，盖有所不能形容者。安排布置，即是着意强为，非真自得者也。

2.42 视听、思虑、动作，皆天也，人但于其中要识得真与妄尔。[1]

[1] 视听、思虑、言动，皆天理自然而不容已者，然顺理则为真，从欲则为妄。

2.43 明道先生曰：学只要鞭辟近里、着己而已。故"切问而近思"，则"仁在其中矣"。[1]**"言忠信，行笃敬，虽蛮貊之邦行矣。言不忠信，行不笃敬，虽州里行乎哉？立则见其参于前也，在舆则见其倚于衡也，夫然后行。"只此是学。**[2] 质美者明

---

① 自得：自然而得之。

得尽，查滓便浑化，却与天地同体。其次惟庄敬持养。及其至则一也。[3]

[1] 鞭辟近里、着己者，切己之谓也。切问近思而不泛远，则心德存矣。

[2] 言必忠信，而无一辞之欺诞，行必笃敬，而无一事之慢弛，则以是行于远方，异类犹可以诚实感通。苟不信不敬，则虽近而州里之间，其可得而行乎？然非可以暂焉而强为之也。要必真积力久，随其所寓，常若有见乎忠信笃敬之道，而不可须臾离者。如此一于诚实，自然信顺，无往而不可。○以上皆切己之学。切问近思者，致知之事也；言忠信、行笃敬者，力行之事也。说并见《论语》。

[3] 朱子曰：查滓是私意人欲之消未尽者。人与天地本同体，只缘查滓未去，所以有间隔。若无查滓，便与天地同体。"质美者明得尽"，是见得透彻。如颜子"克己复礼"，天理人欲截然两段，更无查滓。其次既未到此，则须"庄敬持养"，以消去其查滓。如仲弓"出门如见大宾，使民如承大祭"，常如此持养，久久亦自明彻矣。

2.44 "忠信，所以进德；修辞立其诚，所以居业"者，乾道也。"敬以直内，义以方外"者，坤道也。[1]

[1] 乾主健主动，故进德修业，皆进为不息之道。坤主顺主静，故敬直义方，皆收敛裁节之道。

2.45 凡人才学，便须知着力处。既学，便须知得力处。[1]

[1] 始学而不知用力之地，则何以为入道之端？既学而不知得力之地，则何以为造①道之实？学者随其浅深，必各有所自得，不然是未尝实用力于学也。

2.46 有人治园圃，役知②力甚劳。先生曰：《蛊》之《象》："君子以振民育德。"君子之事，唯有此二者，余无他焉。二者，为③己、为人之道也。[1]

[1] 振民，谓兴起而作成之。育德，谓涵养己德。

---

① 造：进。
② 知：同"智"。
③ 为（wéi）：治理。

成己、成人，皆吾道之当然，外此则无益之事，非君子所务矣。

2.47 "博学而笃志，切问而近思"，何以言"仁在其中矣"？学者要思得之。了此，便是彻上彻下之道。[1]

[1] 朱子曰：四者皆学、问、思、辨之事耳，未及乎力行而为仁也。然从事于此，则心不外驰，而所存自熟，故曰"仁在其中矣"。愚谓：学、问、思、辨，学者所以求仁皆然。"博学而笃志，切问而近思"，皆恳切笃厚之意。即此一念，便是恻隐之心流行发见之地，不待更求，而仁之全体可识矣，故曰"彻上彻下之道"。

2.48 弘而不毅，则难立。毅而不弘，则无以居之。[1]

[1] 本注云：《西铭》言弘之道。○说见《论语》。弘，宽大。毅，刚强也。弘而不毅，则宽大有余而规矩不足，故不能自立。毅而不弘，则刚强有余而狭陋自足，故无以居之。

2.49 伊川先生曰：古之学者，优柔厌饫①，有先后次序。今之学者却只做一场话说，务高而已。[1] 常爱杜元凯语："若江海之浸、膏泽之润，涣然冰释，怡然理顺，然后为得也。"[2] 今之学者，往往以游、夏为小，不足学。然游、夏一言一事，却总是实。后之学者好高，如人游心于千里之外，然自身却只在此。[3]

[1] 古之为学者有序，随时随事各尽其力，优柔而不迫，厌饫而有余，故其用功也实，而自得也深。后之学者躐等务高，徒资口耳之末而已。

[2] 杜预，字元凯，作《春秋左氏经传集解》，序中语也。江海之浸，则渐积而深博；膏泽之润，则优柔而丰腴。此皆言涵养有渐，而周遍融液也。至于所见者明彻而无滓，则涣然而冰释；所存者安裕而莫逆，则怡然而理顺。学至于是，其深造而自得也，可知矣。

[3] 言偃，字子游。卜商，字子夏。二子在孔门，固非颜、曾比，然其所言所事，皆明辩而力行之，无非实也。今之学者，徒好高而无实得，则亦何所

---

① 厌饫（yù）：沉酣饱满。

至哉！

2.50　修养之所以引①年，国祚之所以祈天永命，常人之至于圣贤，皆工夫到这里，则有此应。[1]

[1] 人生寿夭有命，而修养之士保炼精气，乃可以引年而独寿。国祚之修短有数，而圣贤之君力行仁义，乃可以祈天之永命。常人资质，其视夫生知安行者亦远矣，然学而不已，卒可与圣贤为一。凡是三者，皆非一旦之功，苟简超越，幸而得之者。盖其工夫至到，有此应效耳。所以明学圣人者，当真积力久而得之也。

2.51　忠恕所以公平。造德则自忠恕，其致则公平。[1]

[1] 发乎真心之谓忠，推以及人之谓恕。忠恕则视人犹己，故大公而至平。致，极至也。学者进德则自忠恕，其极至则公平。

2.52　仁之道，要之只消道一"公"字。公只是仁

---

①　引：延长。

之理，不可将公便唤做仁。公而以人体之，故为仁。[1] 只为公则物我兼照，故仁所以能恕，所以能爱。恕则仁之施，爱则仁之用也。[2]

[1] 仁者，以天地万物为一，其理公而已。然言其理至公而无私，必体之以人，则其宽平普博之中，自然有恻怛慈爱之意，斯所谓仁也。体犹干骨也。○朱子曰：公则无情，仁则有爱。"公"字属理，"爱"字属人。"克己复礼"，不容一毫之私，岂非公乎？亲亲仁民，而无一物之不爱，岂非仁乎？

[2] 恕者推于此，爱者及于彼。仁譬泉之源也，恕则泉之流出，爱则泉之润泽，公则疏通而无壅塞之谓也。惟其疏通而无壅塞，故能流而泽物。

2.53 今之为学者，如登山麓。方其迤逦①，莫不阔步，及到峻处便止。须是要刚决果敢以进。[1]

[1] 朱子曰：为学须要刚毅果决，悠悠不济事。且如"发愤忘食，乐以忘忧"，是什么精神，什么骨肋！

---

① 迤逦：山势平缓处。

2.54 人谓要力行，亦只是浅近语。人既能知见，一切事皆所当为，不必待着意。才着意，便是有个私心。这一点意气，能得几时子①？[1]

[1] 真知事之当然，则不待着意，自不容已。着意为之，已是私心。所谓私者，非安乎天理之自然，而出乎人力之使然也。徒以其意气之使然，则亦必不能久，故君子莫急于致知。

2.55 知之必好之，好之必求之，求之必得之。古人此个学，是终身事。果能颠沛造次必于是，岂有不得道理？[1]

[1] 学是终身事，则不求速成，不容半途而废。勉焉孳孳，死而后已可也。颠沛造次必于是，则无一事而非学，无一时而不勉。苟能如是，其有得于斯道可必矣。所以诱进学者之不容自已也。

2.56 古之学者一，今之学者三，异端不与焉。一曰文章之学，二曰训诂之学，三曰儒者之学。欲趋道，舍儒者之学不可。[1]

---

① 几时子：多少时候。子，词尾。

［1］释教言为训，释古言为诂。《尔雅》有《释训》《释诂》是也。儒者之学，所以求道。文章、训诂，皆其末流。

2.57 问："作文害道否？"曰："害也。凡为文，不专意则不工，若专意则志局于此，又安能与天地同其大也？《书》曰'玩物丧志。'为文亦玩物也。[1]**吕与叔有诗云：'学如元凯方成癖，文似相如始类俳。独立孔门无一事，只输颜氏得心斋。'古之学者，惟务养情性，其他则不学。今为文者，专务章句，悦人耳目。既务悦人，非俳优而何？"**[2]**曰："古者学为文否？"曰："人见《六经》，便以谓圣人亦作文，不知圣人亦摅**①**发胸中所蕴，自成文耳。所谓'有德者必有言'也。"**[3]**曰："游、夏称文学，何也？"曰："游、夏亦何尝秉笔学为词章也？**[4]**且如'观乎天文以察时变，观乎人文以化成天下'，此岂词章之文也？"**[5]

［1］人所以参天地而并立者，惟此心为之主耳。苟志有所局，又安能与天地参哉？故玩习外物，则正

---

① 摅（shū）：抒发。

志丧失。专意为文，亦玩物也。

[2] 吕大临，字与叔，张、程门人也。杜元凯尝自谓有《左氏》癖，所著训解凡十余万言。司马相如作《子虚》《上林》等赋，徒衒①文辞，务以悦人，故曰"类俳"。俳优，倡戏也。斋，斋肃纯一之意。心斋，说见《庄子》。

[3] 圣人道全德盛，非有意于为文，而文自不可及耳。

[4] 游、夏，盖习于《诗》《书》《礼》《乐》之文者，旧说子游作《檀弓》、子夏作《乐记》之类。凡此皆道体之流行，人事之仪则，固未尝秉笔学为如此之文，而亦非若后世无用之空言也。

[5] 说见《贲②卦》。天文，谓日月星辰之文。人文，谓人伦礼乐之文。

2.58 涵养须用敬，进学则在致知。[1]

[1] 朱子曰：主敬以立其本，穷理以进其知，二者不可偏废。使本立而知益明，知精而本益固，二者

---

① 衒：同"炫"。
② 贲：bì。

亦互相发①。

2.59 莫说道将第一等让与别人，且做第二等。才如此说，便是自弃。虽与"不能居仁由义"者差等不同，其自小一也。言学便以道为志，言人便以圣为志。[1]

[1] 性无不善，人所同得。苟安于小成，皆自弃也。

2.60 问："'必有事焉'，当用敬否？"曰："敬是涵养一事。'必有事焉'，须用集义。只知用敬，不知集义，却是都无事也。"[1] 又问："义莫是中理否？"曰："中理在事，义在心。"[2]

[1] 孟子言养气，曰"必有事焉"，又曰"是集义所生者"。人之所为皆合于义，自反无愧，此浩然之气所以生也。敬者，存心而已。若不集义，安得谓之"必有事焉"？

[2] 义者，吾心之裁制。中理者，合乎事理之宜

---

① 发：发明。

也。故有在事、在心之别。

2.61 问:"敬、义何别?"曰:"敬只是持己之道,义便知有是有非。顺理而行,是为义也。若只守一个敬,不知集义,却是都无事也。[1]**且如欲为孝,不成只守着一个孝字?须是知所以为孝之道,所以侍奉当如何、温清当如何,然后能尽孝道也。"**[2]

[1] 张南轩曰:居敬、集义工夫并进,相须而成也。若只要能敬,不知集义,则所谓敬者,亦块然①无所为而已,乌得心体之周流哉!又曰:集义只是事事求个是而已。朱子曰:敬、义工夫,不可偏废。彼专务集义而不知主敬者,固有虚骄急迫之病,而所谓义者,或非其义。然专言主敬,而不知就日用间念虑起处,分别其公私义利之所在,而决取舍之几焉,则亦未免于昏愦杂扰,而所谓敬者,亦非其敬矣。

[2] 言此以明集义之道,所谓"必有事焉"者也。

2.62 学者须是务实,不要近名方是。有意近名,

---

① 块然:孤独貌。

则是伪也。大本已失，更学何事？为名与为利，清浊虽不同，然其利心则一也。[1]

[1] 志于求名，则非务实。有为而为，即是利心。

2.63 "回也，其心三月不违仁"，只是无纤毫私意。有少私意，便是不仁。[1]

[1] 仁者，天理之公、心德之全也。有一毫私意介乎其间，则害乎仁之全体矣。

2.64 "仁者先难后获。"有为而作，皆先获也。古人惟知为仁而已，今人皆先获也。[1]

[1] 说见《论语》。后，犹"未有义而后其君"之"后"。先难者，存心之笃而不容一念之或间，克己之力而不容一事之非礼。后获者，顺乎天理而未尝谋其私，发乎诚心而未尝计其效，此仁者之事也。或曰："智者利仁"，是亦先获也。曰：所谓利仁者，以其察之明而后行之决，盖"择善而固执之者也"，未若仁者安行乎天理之自然而已，又岂区区计功谋效者之为哉？萌计谋之私，则已非仁矣，尚何利仁之有？

2.65 有求为圣人之志，然后可与共学。学而善思，然后可与适道。思而有所得，则可与立。立而化之，则可与权。[1]

[1] 说见《论语》。学者所以学为圣人也，有志希圣，然后可与共学。学原于思，善于致思，然后能通乎道。思而有实得，然后可与立，而物欲、异端不能夺之。既立矣，又能通变而不滞，斯可与权。盖权者，随时制宜，惟变所适，又非执一者所能与也。

2.66 古之学者为①己，其终至于成物；今之学者为物，其终至于丧己。[1]

[1] 为己者，尽吾性之当然，非有预于人也。其终至于成物者，盖道本无外，人己一致，能尽己之性，则能尽物之性矣，然其成物也，亦无非尽己之事也。苟徒务外，则将陷于邪伪，反害其性矣。

2.67 君子之学必日新。日新者，日进也。不日新者必日退，未有不进而不退者。唯圣人之道无所进

---

① 为（wèi）：为了。

退，以其所造者极也。[1]

[1] 君子之学，当日进而不已。一或自止，则智日昏而行日亏矣。唯圣人理造乎极，行抵乎成，则无所进退。或曰：圣人"纯亦不已"，固未尝不日新也。曰：论其心，则固无时而自已。一念之或已，则是间断也，何以为圣人？论其进德之地，则至于神圣而极，不容有所加损也。

2.68 明道先生曰：性静者可以为学。[1]

[1]《外书》。下同。○智以静而明，行以静为主。

2.69 弘而不毅，则无规矩；毅而不弘，则隘陋。[1]

[1] 说见前。

2.70 知性善，以忠信为本，此先立其大者。[1]

[1] 学莫大于知性。真知性之本善，则知之大者。忠信以为质，然后礼义有所措。以忠信为本，则行之大者。

2.71 伊川先生曰：人安重则学坚固。[1]

[1] 躁扰轻浮，则所知者易忘，所守者易隳①。

2.72 "博学之，审问之，慎思之，明辨之，笃行之"，五者废其一，非学也。[1]

[1] 说见《中庸》。学不博，则无以备事物之理。既博矣，则不能无疑，疑则不容不问。问或疏略而不审，则无以决疑而取正。问审矣，又必反之心，思以验其实。思之而不谨，则或泛滥而不切，或穿凿而过深，则亦不足以揆②所闻之当否。思之谨矣，至于应酬事物之际，而辨其是非疑似之间者，必极其明而不容有毫厘之差焉。然知之明，行之不力，则其所已知者，犹或夺于物欲之私，而陷于自欺之域矣，故以力行终之。此五者虽有次第，实相须而进，不容阙其一焉。

2.73 张思叔请问，其论或太高，伊川不答。良久，曰："累高必自下。"[1]

---

① 隳（huī）：毁坏。
② 揆：揣度。

[1] 张绎，字思叔，程子门人也。学必有其序，不容躐等。积累而高，必自下始也。

2.74 明道先生曰：人之为学，忌先立标准。若循循不已，自有所至矣。[1]

[1] 标，帜。准，的。盖期望之地也。为学而先立标准，则必有好高躐等之患。故莫若循序而进，孳孳不已，自有所至。○朱子曰：此如"必有事焉而勿正①"之谓。观颜子喟然之叹，不于高坚瞻忽处用功，却就博文约礼上进步，则可见矣。

2.75 尹彦明见伊川后，半年方得《大学》《西铭》看。[1]

[1] 尹焞②，字彦明，程子门人也。始学之士未知向方，教之以《大学》，使其知入道之门、进学之序也。然学莫大于求仁，继之以《西铭》，所以使其知仁之体，而无私己之蔽也。然有待于半年之后

———

① 正：预期。
② 焞：tūn。

者，盖欲其厚积诚意，蠲①除气习，以为学问根本也。

2.76 有人说无心。伊川曰：无心便不是，只当云无私心。[1]

[1] 苟欲无心，则必一切绝灭思虑，槁木死灰而后可，岂理也哉！故圣贤未尝无心，特是心之所存所用者，无非本天理之公，而绝乎人欲之私耳。

2.77 谢显道见伊川，[1] **伊川曰："近日事如何？"对曰："天下何思何虑？"伊川曰："是则是有此理，贤却发得太早在。"**[2] **伊川直是会锻炼得人，说了，又道："恰好着工夫也。"**[3]

[1] 一本作"伯淳"。
[2] 至诚之道，不思而得，初何容心。然未能义精仁熟，而遽欲坐忘绝念，此"告子之不动心"，而反为心害者也。
[3] 锻炼，冶工之治金，言其善于成治人也。心无

---

① 蠲（juān）：除。

纷扰,乃进学之地,故又曰"恰好着工夫"。○朱子曰:人所患者,不能见得大体。谢氏合下便见得,只是下学之功都欠,故道"恰好着工夫"。

2.78 谢显道云:昔伯淳教诲,只管着①他言语。伯淳曰:"与贤说话,却似扶醉汉,救得一边,倒了一边。"只怕人执着一边。[1]

[1] 朱子曰:上蔡因有发于明道"玩物丧志"之一言,故其所论每每过高,如"浴沂御风""何思何虑"之类,皆是堕于一偏。

2.79 横渠先生曰:"精义入神",事豫吾内,求利吾外也。"利用安身",素利吾外,致养吾内也。[1]**"穷神知化",乃养盛自至,非思勉之能强。故崇德而外,君子未或致知也。**[2]

[1] 说见《易·系辞》。研精义理,妙以入神,知之功也。然事理素定于内,则施于外者无不顺。顺于致用,以安其身,行之功也。然所用既顺于外,则养于内者益以厚。此明内外之交养,而知行之相

---

① 着:执着,执守。

89

资也。

[2]《正蒙》。下同。○神者，妙万物而无方。化者，着①万物而有迹。穷神知化，盖穷理尽性以至于命，是则知行交养，德盛所致，非思之所能得、勉之所能至者。故君子惟尽力于精义以致其用，利用以崇其德，自崇德之外，则有所不能致其力者。故曰"过此以往，未之或知也"。

2.80 形而后有气质之性。善反之，则天地之性存焉。故气质之性，君子有弗性者焉。[1]

[1] 天命流行，赋予万物，本无非善，所谓天地之性也。气聚成形，性为气质所拘，则有纯驳偏正之异，所谓气质之性也。然人能以善道自反，则天地之性复全矣。故气质之性，君子不以为性，盖不徇乎气质之偏，必欲复其本然之善。孟子谓"性无有不善"是也。○朱子曰：天地之性专指理而言，气质之性则以理杂气而言。又曰：性譬之水，本皆清也，以净器盛之则清，以污器盛之则浊。澄治之，则本然之清未尝不在。

---

① 着：及，接触。

2.81 德不胜气，性命于气；德胜其气，性命于德。[1]穷理尽性，则性天德，命天理。气之不可变者，独死生修夭①而已。[2]

[1] 义理与气质相为消长。德不胜气，则气为之主，而性命拘于杂揉之质；德胜其气，则德为之主，而性命全乎本然之善。

[2] 穷万物之理而尽一己之性，此问学之极功也。学至于是，则查滓浑化，义理昭融，所性者即天之德，所命者即天之理，尚何气质之为累哉！独死生寿夭，则禀气有定数而不可移耳。○黄勉斋曰：穷理尽性，则不但德胜其气而已，且将性命于天矣。德以所得者而言，理以本然者而言，故性曰天德，命曰天理，一而已矣。

2.82 莫非天也，阳明胜则德性用，阴浊胜则物欲行。"领恶而全好"者，其必由学乎！[1]

[1] "领恶而全好"，见《戴记》。郑氏曰："领，犹理治也。好，善也。"人之气质不齐，要皆禀于天也。阳明而阴暗，阳清而阴浊。禀阳之多者，明

---

① 修：长寿。夭：夭折。

而不暗，故德性用；禀阴之多者，浊而不清，故物欲行。若夫领物欲之恶而不得行，全德性之好而尽其用者，其必由于学乎！所谓"虽愚必明，虽柔必强"者也。

2.83 大其心，则能体天下之物。物有未体，则心为有外。世人之心，止于见闻之狭。圣人尽性，不以见闻梏其心，其视天下，无一物非我。[1] **孟子谓尽心则知性知天，以此。天大无外，故有外之心，不足以合天心。**[2]

［1］万物一体，性本无外，苟拘于耳目之偏狭，则私意蔽固，藩篱尔汝，安能体物而不遗？惟圣人能尽此性，故心大而无外，其视物与己本无间然也。○朱子曰：体，犹体认之体，将自身入事物之中，究见其理。又曰：只是有私意，便内外扞格，只见得自身上事，凡物皆不得与己相关，便是有外之心。

［2］人能全心德之大，则知性知天矣。无一物而非天，故天大无外。人之心苟犹有外，则与天心不相似。

2.84 仲尼绝四，自始学至成德，竭两端之教也。意，有思也。必，有待也。固，不化也。我，有方也。四者有一焉，则与天地为不相似矣。[1]

[1] 意、必、固、我，盖私意见于应事接物之间，自始至终有此四者。横渠先生解"绝"、"毋"皆为禁止之意，故以此为圣人设教之道。谓自始学以至于成德，其所以克治融释者不外乎此，所谓竭两端之教也。意者，萌心之始，故曰有思。必者，期望于终，故曰有待。固者，滞于已往，故曰不化。我者，成于己私，故曰有方。○朱子曰：起于意，遂于必，留于固，而成于我。意、必常在事前，固、我常在事后。或问：四者相为终始，而曰"有一焉"，何也？曰：人之为事，亦有其初未必出于私意，而后来固执而不化者。若曰绝私意则三者皆无，则曰"绝一"斯可矣，何用更言"绝四"？以此知四者又各是一病。

2.85 上达反天理，下达徇人欲者欤！[1]

[1] 说见《论语》。反天理，则所趋日以高远；徇人欲，则所趋日以沉溺。

2.86 知①崇，天也，形而上也。通昼夜而知，其知崇矣。知及之，而不以礼性之，非己有也。故知礼成性而道义出，如天地位而易行。[1]

[1] 说见《系辞》。人能通昼夜阴阳之变，智则崇矣，所以效天也。又能守品节事物之礼，性斯成焉，所以法地也。智礼相资而成其性，道义之所从出，犹天地定位而易之理行乎两间也。○或问"知礼成性"之说。朱子曰：如"习与性成"之意。又曰：性者，我所得于天底。道义，是众人共由底。

2.87 困之进人也，为德辨，为感速。孟子谓"人有德慧术智者，常存乎疢②疾"，以此。[1]

[1]《系辞》曰："《困》，德之辨也。"辨，明也。人处患难之时，则操心危惧而无骄侈之蔽，故其见理也明。置身穷厄，而有反本之思，故其从善也敏。德慧，谓德之慧。术智，谓术之智。疢疾，灾患也。

---

① 知：同"智"。
② 疢：chèn。

2.88 言有教，动有法。昼有为，宵有得。息有养，瞬有存。[1]

[1] 非先王之法言不敢言，言有教也；非先王之德行不敢行，动有法也。"终日乾乾"，昼有为也；夜气所养，宵有得也。气之出入为息，一息而必有所养也；目之开阖为瞬，一瞬而必有所存也。此言君子无往无时而非学也。

2.89 横渠先生作《订顽》曰："乾称父，坤称母。予兹藐焉，乃混然中处。[1] 故天地之塞，吾其体；天地之帅，吾其性。[2] 民，吾同胞；物，吾与①也。[3] 大君者，吾父母宗子；其大臣，宗子之家相也。尊高年，所以长其长；慈孤弱，所以幼吾幼。圣，其合德；贤，其秀也。凡天下疲癃②残疾、惸③独鳏寡，皆吾兄弟之颠连而无告者也。[4] 于时④保之，子之翼⑤也；乐且不忧，纯乎孝者也。[5]

---

① 与：朋友，同辈。
② 癃（lóng）：疲病。
③ 惸（qióng）：没有兄弟。
④ 时：是。
⑤ 翼：恭敬。

违曰悖德,害仁曰贼,济恶者不才,其践形惟肖者也。[6] 知化则善述其事,穷神则善继其志。[7] 不愧屋漏为无忝,存心养性为匪懈。[8] 恶旨酒,崇伯①子之顾养;育英材,颍封人之锡类。[9] 不弛劳而底②豫,舜其功也;无所逃而待烹,申生其恭也。[10] 体其受而归全者,参乎!勇于从而顺令者,伯奇也。[11] 富贵福泽,将厚吾之生也;贫贱忧戚,庸③玉汝于成也。[12] 存,吾顺事;没,吾宁也。"[13](明道先生曰:"《订顽》之言,极醇无杂,秦汉以来学者所未到。"又曰:"《订顽》一篇,意极完备,乃仁之体也。[14] 学者其体此意,令有诸己,其地位已高。到此地位,自别有见处,不可穷高极远,恐于道无补也。"[15] 又曰:"《订顽》立心,便达得天德。"[16] 又曰:"游酢得《西铭》读之,即涣然不逆于心,曰:此《中庸》之理也,能求于言语之外者也。"[17] 杨中立问曰:"《西铭》言体而不及用,恐其流遂至于兼爱,何如?"伊川先生曰:"横渠立言诚有过者,乃在《正蒙》。《西

---

① 崇伯:禹之父鲧。崇为其封国,伯为其爵位。
② 底(zhǐ):致。
③ 庸:用以。

铭》之书，推理以存义，扩前圣所未发，与孟子性善、养气之论同功，岂墨氏之比哉！《西铭》明理一而分①殊，墨氏则二本而无分。[18] 分殊之蔽，私胜而失仁；无分之罪，兼爱而无义。[19] 分立而推理一，以止私胜之流，仁之方也；无别而迷兼爱，以至于无父之极，义之贼也。子比而同之，过矣。[20] 且彼欲使人推而行之，本为用也，反谓不及，不亦异乎？")[21]

又作《砭愚》曰："戏言出于思也，戏动作于谋也。发于声，见乎四支，谓非己心，不明也。欲人无己疑，不能也。[22] 过言非心也，过动非诚也。失于声，缪迷其四体，谓己当然，自诬也。欲他人己从，诬人也。[23] 或者谓出于心者，归咎为己戏；失于思者，自诬为己诚。不知戒其出汝者，归咎其不出汝者。长傲且遂非，不智孰甚焉！"[24]（横渠学堂双牖，右书《订顽》，左书《砭愚》。伊川曰："是起争端。"改《订顽》曰《西铭》，《砭愚》曰《东铭》。)[25]

[1] 朱子曰：天，阳也，以至健而位乎上，父道

---

① 分（fèn）：本分，义务。

也。地，阴也，以至顺而位乎下，母道也。人禀气于天，赋形于地，以藐然之身，混合无间，而位乎中，子道也。然不曰天地而曰乾坤者，天地其形体也，乾坤其性情也。乾者，健而无息之谓，万物之所资以始者也。坤者，顺而有常之谓，万物之所资以生者也。是乃天地之所以为天地而父母乎万物者，故指而言之。○愚按：《礼记》"仁人之事亲也如事天，事天如事亲"，此谓"孝子成身"，即《西铭》之原也。

[2] 朱子曰：乾阳坤阴，此天地之气塞乎两间，而人物之所资以为体者也，故曰"天地之塞，吾其体"。乾健坤顺，此天地之志为气之帅，而人物之所得以为性者也，故曰"天地之帅，吾其性"。深察乎此，则父乾母坤、混然中处之实可见矣。

[3] 朱子曰：人物并生于天地之间，其所资以为体者，皆天地之塞，其所得以为性者，皆天地之帅。然体有偏正之殊，故其于性也，不无明暗之异。惟人也，得其形气之正，是以其心最灵，而有以通乎性命之全体，于并生之中，又为同类而最贵焉。故曰"同胞"，则其视之也，皆如己之兄弟矣。物则得夫形气之偏，而不能通乎性命之全，故与我不同

类，而不若人之贵。然原其体性之所自，是亦本之天地而未尝不同也。故曰"吾与"，则其视之也，亦如己之侪辈矣。惟同胞也，故以天下为一家，中国为一人，如下文之云。惟吾与也，故凡有形于天地之间者，若动若植，有情无情，莫不有以若其性、遂其宜焉。此儒者之道，所以必至于参天地、赞化育，然后为功用之全，而非有所强于外也。

[4] 朱子曰：乾父坤母，而人生其中，则凡天下之人，皆天地之子矣。然继承天地，统理人物，则大君而已，故为父母之宗子；辅佐大君，纲纪众事，则大臣而已，故为宗子之家相。天下之老一也，故凡尊天下之高年者，乃所以长吾之长；天下之幼一也，故凡慈天下之孤弱者，乃所以幼吾之幼。圣人与天地合其德，是兄弟之合德乎父母者也；贤者才德过于常人，是兄弟之秀出乎等夷者也。是皆以天地之子言之，则凡天下之疲癃残疾、惸独鳏寡，非吾兄弟之无告者而何哉？

[5] 朱子曰：畏天以自保者，犹其敬亲之至也；乐天而不忧者，犹其爱亲之纯也。又曰：若论天地万物与我同体之意，固极宏大，然所论事天功夫，则自"于时保之"以下，方极亲切。

[6] 朱子曰：不循天理而循人欲者，不爱其亲而爱他人也，故谓之悖德。戕灭天理，自绝本根者，贼杀其亲，大逆无道也，故谓之贼。长恶不悛，不可教训者，世济其凶，增其恶名也，故谓之不才。若夫尽人之性，而有以充人之形，则与天地相似而不违矣，故谓之肖。

[7] 朱子曰：孝子，善继人之志，善述人之事者也。圣人知变化之道，则所行者无非天地之事矣；通神明之德，则所存者无非天地之心矣。此二者皆乐天践形之事也。又曰：化底是气，有迹可见，故为事；神底是理，无形可窥，故为志。

[8] 朱子曰：《孝经》引《诗》曰："无忝尔所生。"故事天者仰不愧，俯不怍，则不忝乎天地矣。又曰："夙夜匪懈。"故事天者存其心，养其性，则不懈乎事天矣。此二者畏天之事，而君子所以求践夫形者也。

[9] 朱子曰：好饮酒而不顾父母之养者，不孝也。故遏人欲，如禹之恶旨酒，则所以顾天之养者至矣。性者万物之一源，非有我之得私也。故育英材，如颖考叔之及庄公，则所以"永锡尔类"者广矣。

[10]朱子曰：舜尽事亲之道而瞽瞍厎豫，其功大矣。故事天者尽事天之道，而天心豫焉，则亦天之舜也。申生无所逃而待烹，其恭至矣。故事天者夭寿不贰，而修身以俟之，则亦天之申生也。

[11]朱子曰：父母全而生之，子全而归之。若曾子之启手启足，则体其所受乎亲者，而归其全也。况天之所以与我者，无一善之不备，亦全而生之也。故事天者能体其所受于天者而全归之，则亦天之曾子矣。子于父母，东西南北，唯令之从。若伯奇之履霜中野，则勇于从而顺令也。况天之所以命我者，吉凶祸福，非有人欲之私。故事天者，能勇于从而顺受其正，则亦天之伯奇矣。

[12]朱子曰：富贵福泽，所以大奉于我，而使吾之为善也轻。贫贱忧戚，所以拂乱于我，而使吾之为志也笃。天地之于人，父母之于子，其设心岂有异哉！故君子之事天也，以周公之富而不至于骄，以颜子之贫而不改其乐。其事亲也，爱之则喜而弗忘，恶之则惧而无怨，其心亦一而已矣。

[13]朱子曰：孝子之身存，则其事亲也，不违其志而已，没则安而无所愧于亲也。仁人之身存，则其事天也，不逆其理而已，没则安而无所愧于天

也。盖所谓"朝闻夕死","吾得正而毙焉"者。故张子之铭，以是终焉。

[14] 仁者本以天地万物为一体。

[15] 体认此意实为我有，所谓真知而实践之，至此则又有见于大本一原之妙矣。

[16] 普万物而无私，天德也。

[17] 游酢，字定夫，程子门人也。《中庸》推本乎天命之性，中者性之体，和者性之用，"致中和"至于"天地位，万物育"，实则原于天命之本然。《西铭》以人物之生，同禀是气以为体，同具是理以为性，虽有差等，实无二本也。今一视同仁者，亦所以尽一己之性而全天命之本然耳，此即《中庸》之理也。

[18] 本注云：老幼及人，理一也；爱无差等，本二也。○杨时，字中立，程子门人也。《西铭》以天地为父母，万物为同体，是理一也。然而贵贱、亲疏、上下各有品节之宜，是分殊也。若墨氏惑于兼爱，则泛然并施而无差等，施之父母者犹施之路人，是亲疏并立而为二本也。○或问：理一分殊，如同胞吾与、大君家相、长幼残疾，皆自有等差，是分殊处否？朱子曰：此是一直看下，更须横截

看。天气而地质，与父母固是一理，然吾之父母与天地自是有个亲疏。同胞里面便有理一分殊，吾与里面亦便有理一分殊。龟山正是疑同胞吾与为近于墨氏，不知同胞吾与各自有理一分殊在其中矣。

[19] 徒知分之殊而不知理之一，则其蔽也，为己之私胜，而失其公爱之理；徒知理之一而不知分之殊，则其过也，兼爱之情胜，而失其施爱之宜。

[20] 分立而推其理之一，则无私胜之蔽，此为仁之方，《西铭》是也；施无差等而迷于兼爱，则其极也至于无父，此害义之贼，墨氏是也。

[21]《西铭》本言理一，欲人推大公之用。因龟山有兼爱之疑，故程子又明其分之殊。盖莫非自然之理也。或曰：既言理一，又曰分殊，是理与分为二也？曰：以理推之，则并生于天地之间者，同体同性，不容以异观也。然是理也，则有品节之殊、轻重之等。所谓分也者，特是理之差等耳，非二端也。

[22] 言虽戏，必以思而出也；动虽戏，必以谋而作也。戏言发于声，戏动见乎四支，谓非本于吾心，是惑也。本于吾心而欲人之不我疑，不可得也。

[23] 言之过者，非其心之本然也；动之过者，非其诚之实然也。失于声而为过言，缪迷其四体而为过动，谓之过者，皆误而非故也。或者吝于改过，遂以为己之当然，是自诬其心也。既惮改而自诬，又欲人之从之，是诬人也。此夫子所谓"小人之过也必文"，孟子所谓"过则顺之"，"又从而为之辞"。

[24] 戏谑出于心思，乃故为也。不知所当戒，徒归咎以为戏，则长傲而慢愈滋矣。过误不出于心思，乃偶失耳，不知归咎于偶失，反自诬以为实然，则遂非而过不改矣。○学者深省乎此，则崇德辨惑、矫轻警惰之功亦大矣。然其于戏且误者，克治尚如此之严，况乎过之非戏误者，岂复留之纤芥以累其身心哉？

[25] 顽者，暴忍而不仁；愚者，昏塞而不智。《订顽》主仁而义在其中，《砭愚》主智而礼在其中。

2.90 将修己，必先厚重以自持。厚重知学，德乃进而不固矣。忠信进德，惟尚友而急贤。欲胜己者亲，无如改过之不吝。[1]

卷二　论学

[1]《文集》。下同。〇说见《论语》。君子修己之道，必以厚重为本，苟轻浮则无受道之基。然徒厚重而不知学，则德亦固滞而不进矣。然进德之道必以忠信为主，而求忠信之辅者，莫急于交胜己之贤。但或吝于改过，则无所施其责善之道，贤者亦不我亲矣。〇"学则不固"之说与本文异，此自是一义，有益学者，故取焉。此录经说，有与本文异者，放此①。

2.91　横渠先生谓范巽之曰："吾辈不及古人，病源何在？"巽之请问。先生曰："此非难悟。设此语者，盖欲学者存意之不忘，庶游心浸②熟，有一日脱然如大寐之得醒耳。"[1]

[1] 范育，字巽之。朱子曰：横渠设此语，正要学者将此题目时时自省，积久贯熟，而自得之耳。又曰：人于义理，须如所谓脱然大寐之得醒，方始是信得处。

---

① 放此：仿照此例。放，同"仿"。
② 浸：逐渐。

105

2.92 未知立心，恶思多之致疑；既知所立，恶讲治之不精。[1] 讲治之思，莫非术内，虽勤而何厌？所以急于可欲者，求立吾心于不疑之地，然后若决江河以利吾往。[2] 逊此志，"务时敏，厥修乃来"。故虽仲尼之才之美，然且敏以求之。今持不逮之资，而欲徐徐以听其自适，非所闻也。[3]

[1] 立心未定而多思致惑，则所向或移；立心既定而讲治粗疏，则所业莫进。

[2] 承上文而言。致思讲治，乃穷理之事，皆在吾学术之内，初何厌乎勤？此言讲治之贵精。然所以急于明可欲之善者，盖欲先定吾志，无所疑惑，然后能若决江河，进而不可竭。此言立心之必定。

[3] 逊，顺也。逊此志，则立心已定；务时敏，则讲学为急。如是则所修乃日见其进也。说见《尚书》。

2.93 明善为本。固执之乃立，扩充之则大，易视之则小。在人能弘之而已。[1]

[1] 明善者，为学之本。知之既明，由是固守之，则此德有立；推广之，则此德日大。苟以忽心视

之，则所见者亦浸微矣。

2.94　且只将"尊德性而道问学"为心，日自求于问学者有所背否，于德性有所懈否。此义亦是博文约礼，下学上达。以此警策一年，安得不长？[1]　**每日须求多少为益。知所亡，改得少不善，此德性上之益。**[2]　**读书求义理，编书须理会有所归着，勿徒写过，又"多识前言往行"，此问学上益也。**[3]　**勿使有俄顷闲度，逐日似此，三年庶几有进。**[4]

[1] 尊者，崇尚敬持之意。道，由也。由学问而惟恐背违，崇德性而惟恐懈怠。日以此自省，积之岁月，则内外兼进矣。尊德性则是约礼上达之事，道问学则是博文下学之事。

[2] 学者日省其身，所以增益其不知者何如，所以改治其不善者何如。以是存心，则德日新矣。

[3] 读书者，必穷其义理，不徒事章句训诂之末。编书者，必求其旨归，不徒务博洽纪录之功。多识前哲之言行，以广所知，则学日进矣。

[4] 君子之学一有间断，则此心外驰，德性日隳，问学日废矣。

2.95 为天地立心，为生民立道，为去圣继绝学，为万世开太平。[1]

[1] 天地以生生为心，圣人参赞化育，使万物各正其性命，此为天地立心也。建明义理，扶植纲常，此为生民立道也。继绝学，谓缵①述道统。开太平，如有王者起，必来取法，利泽垂于万世。学者以此立志，则所任至大而不安于小成，所存至公而不苟于近用。

2.96 载所以使学者先学礼者，只为学礼，则便除去了世俗一副当②习熟缠绕。譬之延蔓之物，解缠绕即上去。苟能除去了一副当世习，便自然脱洒也。又学礼，则可以守得定。[1]

[1] 学礼则可以消除习俗之累，又有所据依而自守。

2.97 须放心宽快，公平以求之，乃可见道。况德性自广大。《易》曰："穷神知化，德之盛也。"岂

---

① 缵（zuǎn）：继承。
② 一副当（dàng）：一套。

浅心可得？[1]

[1] 横渠《易说》。○人之德性本自广大，故必广大心求之。偏狭固滞，岂足以见道？

2.98 人多以老成则不肯下问，故终身不知。又为人以道义先觉处之，不可复谓有所不知，故亦不肯下问。从不肯问，遂生百端，欺妄人我，宁终身不知。[1]

[1] 横渠《论语说》。○言人虚骄，耻于下问，内则欺己，外则欺人，终于不知而已。

2.99 多闻不足以尽天下之故。苟以多闻而待天下之变，则道足以酬其所尝知。若劫①之不测，则遂穷矣。[1]

[1] 横渠《孟子说》。下同。○故，所以然也。酬，应也。心通乎道，则能尽夫事理之所以然，故应变而不穷；不通乎道而徒事乎记问，则见闻有限而事变无涯，卒然临之以所未尝知，则穷矣。

---

① 劫：胁迫。

2.100 为学大益，在自求变化气质。不尔，皆为人之弊，卒无所发明，不得见圣人之奥。[1]

[1] 所贵于学，正欲陶镕气质，矫正偏驳。不然，则非为己之学，亦何以推明圣人之蕴哉！〇朱子曰："宽而栗，柔而立"，"刚而无虐，简而无傲"，便是教人变化气质。

2.101 文要密察，心要洪放。[1]

[1]《语录》。下同。〇文不密察，则见理粗疏；心不洪放，则所存狭滞。

2.102 不知疑者，只是不便实作。既实作，则须有疑。必有不行处，是疑也。[1]

[1] 始学之士，知必有所不明，行必有所不通。不知疑者，是未尝实用功也。

2.103 心大则百物皆通，心小则百物皆病。[1]

[1] 心大则宽平弘远，故处己待人无往而不达；心小则偏急固陋，无所处而不为病也。

2.104 人虽有功，不及于学，心亦不宜忘。心苟不忘，则虽接人事，即是实行，莫非道也。心若忘之，则终身由之，只是俗事。[1]

[1] 人有妨废学问之功者，然心不忘乎学，则日用无非道，故曰"即是实行"。心苟忘乎学，则日用而不知，故曰"只是俗事"。实行与俗事非二事，特以所存者不同耳。

2.105 合内外，平物我，此见道之大端。[1]

[1] 合内外者，表里一致，就己而为言也。平物我者，物我一体，合人己而为言也。

2.106 既学而先有以功业为意者，于学便相害。既有意，必穿凿创意，作起事端也。德未成而先以功业为事，是代大匠斫，希不伤手也。[1]

[1] 功业，立言、立事皆是也。为学而先志于功业，则穿凿创造，必害于道矣。

2.107 窃尝病孔孟既没，诸儒嚣然，不知反约穷源，勇于苟作，持不逮之资，而急知后世。明者一览，如见肺肝然，多见其不知量也。方且创艾①其弊，默养吾诚。顾所患日力不足，而未果他为也。[1]

[1] 不知反约穷源，故浮浅而无实。默养吾诚，则反约穷源之事也。

2.108　学未至而好语变者，必知终有患。盖变不可轻议，若骤然语变，则知操术已不正。[1]

[1] 变者，非常行之道，盖权宜之事也。自非见理明、制义精者，不足以与此。苟学未至而轻于语变，则知其学术之源已不正，终必流于邪谲。

2.109　凡事蔽，盖不见底，只是不求益。[1] 有人不肯言其道义所得、所至，不得见底，又非"于吾言无所不说"。[2]

[1] 行己无隐，则是非善恶有所取正，庶可以增益其所未知、所未能。苟固为蔽覆，恐人之知，是则非求益者也。

① 创艾（yì）：惩治。

[2]人不肯言其知之所得、行之所至,使人不可得而见者。盖苟安自足,恐人之非己,又非若颜子之如愚,于圣言无所不说者之比也。

2.110 耳目役于外,揽外事者,其实是自堕,不肯自治,只言短长,不能反躬者也。[1]

[1]急于自治,何暇务外?厚于反躬,何暇议人?

2.111 学者大不宜志小、气轻。志小则易足,易足则无由进;气轻则以未知为已知、未学为已学。[1]

[1]志小则易于自足,故怠惰而无新功;气轻则易于自大,故虚诞而无实得。

新编儒林典要

近思録集解

下

［宋］朱熹 吕祖谦 编
［宋］叶采 集解
何益鑫 郎嘉晨 导读 整理

卷三　致知 凡七十八条

此卷论致知。知之至，而后有以行之。自首段至二十二段，总论致知之方。然致知莫大于读书，二十三段至三十三段，总论读书之法。三十四段以后，乃分论读书之法，而以书之先后为序。始于《大学》，使知为学之规模次序，而后继之以《论》《孟》《诗》《书》。义理充足于中，则可探大本一原之妙，故继之以《中庸》。达乎本原，则可以穷神知化，故继之以《易》。理之明，义之精，而达乎造化之蕴，则可以识圣人之大用，故继之以《春秋》。明乎《春秋》之用，则可推以观史，而辨其是非得失之致矣。横渠《易说》以下，则仍《语录》之序，而《周官》之义因以具焉。

3.1　伊川先生《答朱长文书》曰：心通乎道，然后能辨是非，如持权衡以较轻重，孟子所谓"知

言"是也。[1] 心不通于道，而较古人之是非，犹不持权衡而酌轻重，竭其目力，劳其心智，虽使时中，亦古人所谓"亿则屡中"，君子不贵也。[2]

[1] 道者，事物当然之理。通，晓达也。"知言"者，天下之言，无不究明其理而识其是非之所以然。
[2]《文集》。下同。○时中，谓有时而中之。亿，以意揣度也。揣度而中，则非明理之致矣。说见《论语》。

3.2 伊川先生《答门人》曰：孔孟之门，岂皆贤哲？固多众人。以众人观圣贤，弗识者多矣。惟其不敢信己而信其师，是故求而后得。今诸君于颐言，才不合则置不复思，所以终异也。不可便放下，更且思之，致知之方也。

3.3 伊川先生《答横渠先生》曰：所论大概，有苦心极力之象，而无宽裕温厚之气。非明睿所照，而考索至此，故意屡偏，而言多窒，小出入时有之。[1] 更愿完养思虑，涵泳义理，他日自当条畅。[2]

[1] 本注云：明所照者，如目所睹，纤微尽识之矣。考索至者，如揣料于物，约见仿佛尔，能无

差乎？

[2] 苦思强索，则易至于凿而不足以达于理。涵泳深厚，则明睿自生。

3.4 "欲知得与不得，于心气上验之。**思虑有得，中心悦豫，沛然有裕者，实得也。思虑有得，心气劳耗者，实未得也，强揣度耳。**"[1] 尝有人言："比因学道，思虑心虚。"曰："人之血气固有虚实。疾病之来，圣贤所不免。然未闻自古圣贤因学而致心疾者。"[2]

[1] 学固原于思，然所贵从容厌饫而自得，不可劳心极虑而强通。

[2]《遗书》。下同。

3.5 今日杂信鬼怪异说者，只是不先烛理。若于事上一一理会，则有甚尽期？须只于学上理会。[1]

[1] 讲学则理明，而怪妖不足以惑之矣。

3.6 学原于思。[1]

[1] 学以明理为先，善思则明睿生，而物理可格。

3.7 所谓"日月至焉"与久而不息者，所见规模虽略相似，其意味气象迥别。[1] 须潜心默识，玩索久之，庶几自得。学者不学圣人则已，欲学之，须熟玩味圣人之气象。不可只于名上理会，如此只是讲论文字。[2]

[1] 学者于仁，或日或月而至焉，方其至之时，其视夫三月不违者，所造所见亦无以异，但其意味气象，则浅深厚薄迥然不同。

[2] 潜玩圣贤意象，庶养之厚而得之深。若徒考论文义，则末矣。

3.8 问："忠信进德之事，固可勉强，然致知甚难。"[1] 伊川先生曰："学者固当勉强，然须是知了方行得。若不知，只是觑却尧，学他行事，无尧许多聪明睿智，怎生得如他'动容周旋中礼'？[2] 如子所言，是笃信而固守之，非固有之也。[3] 未致知，便欲诚意，是躐等也。勉强行者，安能持久？[4] 除非烛理明，自然乐循理。性本善，循理而行，是顺理事，本亦不难。但为人不知，旋安排着，便道难也。[5] 知有多少般数，煞有深浅。学者

须是真知，才知得是，便泰然行将去也。[6] 某年二十时，解释经义与今无异。然思今日，觉得意味与少时自别。"[7]

［1］忠信进德，力行也。谓行可以强而进，知不可以强而至。

［2］学者当以致知为先，苟明有所不至，徒规规然①学尧之行事，其可得乎？

［3］固守者，勉强而坚执；固有者，从容而自得。

［4］忠信，即诚意之事。"欲诚其意者，先致其知。"知有未至，而勉强以为忠信，其能久乎？

［5］见理明，则真知而实信之，自然乐于循理。盖人性本善，顺理而行，宜无待于勉强。惟于理有未知，或知有未尽，临事布置，故觉其难。

［6］真知者，知之至也。真知其是，则顺而行之，莫能遏矣。

［7］此可见先生致知之功，进德之实。而圣经之旨要，必玩味积久，乃能真知，而亦不徒在于解释文义而已。

---

① 规规然：经营貌。

3.9 "凡一物上有一理，须是穷致其理。穷理亦多端：或读书讲明义理，或论古今人物别其是非，或应接事物而处其当。皆穷理也。"[1] 或问："格物须物物格之，还只格一物而万理皆知？"曰："怎得便会贯通？若只格一物便通众理，虽颜子亦不敢如此道。须是今日格一件，明日又格一件，积习既多，然后脱然自有贯通处。"[2] 又曰："所务于穷理者，非道尽穷了天下万物之理，又不道是穷得一理便到。只要积累多后，自然见去。"[3]

[1] 三者穷理之目，当随遇而究竟。然读书讲明义理，尤为要切，而观人处事之准则，要亦于书而得之。

[2] 朱子曰：程子说格物曰："格，至也。格物而至于物，则物理尽。"意句俱到①，不可移易。"天生烝民，有物有则。"物者，形也；则者，理也。人具是物而不能明其物之理，则无以顺性命之正，而处事物之当，故必即是物以求之。知求其理矣，而不至乎物之极，则事之理有未穷，而吾之知亦未尽，故必至其极而后已。

---

① 意句俱到：禅宗语，指心意、文句两方面都很周到。

[3] 朱子曰：今人务博者却要尽穷天下之理，务约者又谓反身而诚，则天下之物无不在我，此皆不是。唯程子积累贯通之说为妙。

3.10　"思曰睿。"思虑久后，睿自然生。[1] 若于一事上思未得，且别换一事思之，不可专守着这一事。盖人之知识，于这里蔽着，虽强思亦不通也。[2]

[1] 说见《尚书》。睿，通微也。人心虚灵，本然明德，致思穷理，久自通微。

[2] 致知之道，弗明弗措。然人心亦有偏暗处，当且置之，庶不滞于一隅。

3.11　问："人有志于学，然知识蔽固，力量不至，则如之何？"曰："只是致知。若智识明，则力量自进。"[1]

[1] 真知事理之当然，则自有不容已者。

3.12　问："观物察己，还因见物反求诸身否？"曰："不必如此说。物我一理，才明彼即晓此，此合内外之道也。"[1] 又问："致知先求之四端，如何？"曰："求之情性，固是切于身。然一草一木皆有理，须是察。"[2] 又曰："自一身之中，以至万物之理，但理会得多，相次①自然豁然有觉处。"[3]

[1] 天下无二理，物之理即吾心之理也。因见物而反求诸身，则是以物我为二致。

[2] 四端，说见《孟子》。理散于万物，而实会于吾心，皆所当察也。

[3] 按：上段曰"积习既多，然后脱然自有贯通处"，又曰"积累多后，自然见去"，又曰"理会得多，自然豁然有觉处"。再三言之，惟欲学者随事穷格，积习既多，于天下事物，各有以见其当然之则，一旦融会贯通，表里洞彻，则觉斯道之大原，全吾心之本体，物既格而知且至矣。其在孔门，则颜子卓然之后，曾子一唯之时乎！或者厌夫观理之烦，而遽希一贯之妙，或专滞于文义之末，而终昧上达之旨，皆不足有见于是道也。

3.13 "思曰睿，睿作圣。"致思如掘井，初有浑

---

① 相次：渐次。

水，久后稍引动得清者出来。人思虑始皆溷[①]浊，久自明快。[1]

[1] 致思则能通乎理，故明睿生。充其睿则可以入圣域，故睿作圣。然致思之始，疑虑方生，所以溷浊。致思之久，疑虑既消，自然明快。此由思而生睿也。

3.14 问："如何是'近思'？"曰："以类而推。"[1]

[1] 思虑泛远而不循序渐进，则劳心而无得。即吾所知者以类推之，则心路易通而思有条理，是谓"近思"。〇朱子曰：若是真个劈初头理会得一件分晓透彻，便逐件如此理会去，相次亦不难。又曰：从已理会得处推将去，便不隔越。若远去寻讨，则不切己。

3.15 学者先要会疑。[1]

[1] 朱子曰：书始读未知有疑，其次渐有疑，又其

---

① 溷（hùn）：污浊。

次节节有疑。过了此一番后，疑渐渐释，以至融会贯通，都无可疑，方始是学。

3.16 横渠先生《答范巽之》曰：所访物怪神奸，此非难语，顾语未必信耳。[1] **孟子所论知性、知天，学至于知天，则物所从出，当源源自见。知所从出，则物之当有当无，莫不心谕，亦不待语而后知。**[2] **诸公所论，但守之不失，不为异端所劫，进进不已，则物怪不须辩，异端不必攻，不逾期年，吾道胜矣。**[3] **若欲委之无穷，付之以不可知，则学为疑挠，智为物昏，交来无间，卒无以自存，而溺于怪妄必矣。**[4]

[1] 物异为怪，神妖为奸。见理未明，自不能无疑，虽得于人言，亦未必信。

[2] 天者，物理之所自出。知天则通乎幽明之故，察乎事物之原，而妖异之所由兴，皆可识矣。

[3] 学者知有未至，且坚守正论，不为邪妄所夺，又能进于学而不已，则怪异不必攻辩，将自识破。

[4]《文集》。下同。○不能坚守正论，内怀疑端，外为邪蔽，久则所惑愈深矣。

3.17 子贡谓："夫子之言性与天道，不可得而闻。"既言"夫子之言"，则是居常①语之矣。圣门学者以仁为己任，不以苟知为得，必以了悟为闻，因有是说。[1]

[1] 性者，人心禀赋之理；天道者，造化流行之妙。以仁为己任，盖期于实体而自得也。苟知者徒闻其说，了悟者深达其理。然则后之学者，高谈性天而实非领会者，可以自省矣。

3.18 义理之学，亦须深沉[1]，方有造，非浅易轻浮之可得也。[2]

[1] 一作"玩"。
[2] 朱子曰：圣人言语，一重又一重，须入深去看，方有得，若只见皮肤，便有差错。

3.19 学不能推究事理，只是心粗。至如颜子未至于圣人处，犹是心粗。[1]

[1] 颜子不能不违仁于三月之后者，是其察理犹或

---

① 居常：平常，日常。

有一毫之未精，故所存犹或有一毫之间断。

3.20 "博学于文"者，只要得"习坎""心亨"。盖人经历险阻艰难，然后其心亨通。[1]

[1] 下上《坎》为"习坎"，卦当重险，而象辞曰"维心亨"。人之博学穷理，始多龃龉，积习既久，自然心通。

3.21 义理有疑，则濯去旧见，以来新意。[1] **心中有所开，即便札记。不思则还塞之矣。**[2] **更须得朋友之助，一日间朋友论着，则一日间意思差别。须日日如此讲论，久则自觉进也。**[3]

[1] 心有所疑而滞于旧见，则偏执固吝，新意何从而生，旧疑何自而释？

[2] 疑义有所通，随即札记，则已得者可以不忘，未得者可以有进。不记则思不起，犹山径之蹊，间不用则茅塞之矣。

[3] 按：此段及"焞到问为学之方"一段，泉州本皆系卷末，而旧本则此段在第二十一，尹问一段在三十三。今考此卷编辑之意，则二段乃总论致知，

不当在卷末无疑也。但旧本此段不全载,"心中有所开"以下云云,恐是后来欲添足此数语,传者误成重出耳。又详此段已是专论读书之法,不当在廿一。疑当时欲移在尹问之后,故并录之耳。今不敢轻改,姑从旧本,而添入"心中有所开"数语。

3.22 凡致思到说不得处,始复审思明辨,乃为善学也。若告子则到说不得处遂已,更不复求。[1]

[1] 横渠《孟子说》。○思之其说似穷,然后更加审思明辨之功,则其穷者通而所得者深也。若告子不得于言,不复求之于心,固执偏见而不求至当,此孟子所深病也。○此以上总论致知之方,以下乃专论求之于书者,详是卷首。

3.23 伊川先生曰:凡看文字,先须晓其文义,然后可求其意。未有文义不晓而见意者也。[1]

[1]《遗书》。下同。

3.24 学者要自得。《六经》浩渺,乍来难尽晓。且见得路径后,各自立得一个门庭,归而求之可矣。[1]

[1] 识路径则知趋向，立门庭则有规模，得于师友者如此，然后归而求之可矣。

3.25 "凡解文字，但易①其心，自见理。理只是人理，甚分明，如一条平坦底道路。《诗》曰：'周道如砥，其直如矢。'此之谓也。"[1] 或曰："圣人之言，恐不可以浅近看他。"曰："圣人之言，自有近处，自有深远处。如近处怎生强要凿教②深远得？[2] 扬子曰：'圣人之言远如天，贤人之言近如地。'颐与改之曰：圣人之言，其远如天，其近如地。"[3]

[1] 理本平直，苟以崎岖委曲之意求之，乃失之凿。诗见《小雅·大东篇》。

[2] 圣人之道，远近精粗无所不备，故圣人之言道，亦无所不至。如"食毋求饱，居毋求安"，是其近者；如一贯之旨，性天之言，是其远者。固无非道也，又岂容尽求其深远而过为穿凿耶？

[3] 其远者，虽子贡犹未易得而闻；其近者，虽鄙

---

① 易：平易。
② 教（jiāo）：使。

夫可得而竭也。〇或曰：圣人之言，包蓄无所不尽，语近而不遗乎远，语远而不遗乎近，故曰"其远如天，其近如地"，非但高远而已。愚按：此段本欲人平心以观书，不可妄生穿凿。又谓圣人之言，自有远处，自有近处，如此则谓"语近而不遗乎远"者，意自不同也。前说为是。

3.26 **学者不泥文义者，又全背却远去；理会文义者，又滞泥不通。如子濯孺子为将之事，孟子只取其不背师之意，人须就上面理会事君之道如何也。又如万章问舜完廪①、浚井事，孟子只答他大意。人须要理会浚井如何出得来，完廪又怎生下得来，若此之学，徒费心力。**

3.27 凡观书不可以相类泥其义，不尔，则字字相梗。当观其文势上下之意，如"充实之谓美"与《诗》之美不同。[1]

[1] 充实之美在己，《诗》之称美在人。如此之类，岂可泥为一义？

———————

① 完廪：修缮米仓。

3.28 问:"莹中尝爱《文中子》'或问学《易》,子曰终日乾乾可也',此语最尽。文王所以圣,亦只是个不已。"[1] 先生曰:"凡说经义,如只管节节推上去,可知是尽。夫'终日乾乾',未尽得《易》,据此一句,只做得九三使。若谓乾乾是不已,不已又是道,渐渐推去,自然是尽,只是理不如此。"[2]

[1] 陈忠肃公瓘①,字莹中。子曰者,文中子答或人之问。谓"乾乾不息",此语最为尽《易》之道。

[2] 学经者要当周遍精密,各穷其旨归,而后能通经。苟但借其一语,谓足以盖一经之旨,岂治经之道?盖好高求约之病。

3.29 "'子在川上曰:逝者如斯夫!'言道之体如此,这里须是自见得。"[1] 张绎曰:"此便是无穷。"先生曰:"固是道无穷,然怎生一个'无穷'便道了得他?"[2]

[1] 朱子曰:天地之化,往者过,来者续,无一息

---

① 瓘:guàn。

之停，乃道体之本然也。然其可指而易见者，莫如川流。故于此发以示人，欲学者时时省察，而无毫发之间断也。

［2］朱子曰：固是无穷，须见所以无穷，始得。

3.30 今人不会读书。如"诵《诗》三百，授之以政，不达。使于四方，不能专对。虽多，亦奚以为?"须是未读《诗》时不达于政，不能专对，既读《诗》后便达于政，能专对四方，始是读《诗》。[1]"人而不为《周南》《召南》，其犹正墙面。"须是未读《诗》时如面墙，到读了后便不面墙，方是有验。[2] 大抵读书只此便是法。如读《论语》，旧时未读是这个人，及读了，后来又只是这个人，便是不曾读也。[3]

［1］说见《论语》。朱子曰：专，独也。《诗》本人情，该物理，可以验风俗之盛衰，见政治之得失，其言温厚和平，长于风谕，故诵之者必达于政而能专对也。

［2］同上。朱子曰：为，犹学也。《周南》《召南》所言，皆修身、齐家之事。正墙面，言即其至近之

地，而一物无所见，一步不可行也。

[3] 读书之法，但反诸己，验其实得，致其实用，变化气质，必有日新之功。

3.31　凡看文字，如七年、一世、百年之事，皆当思其如何作为，乃有益。[1]

[1]《论语》：子曰："善人教民七年，亦可以即戎矣。"又曰："如有王者，必世而后仁。"又曰："善人为邦百年，可以胜残去杀矣。"观圣贤治效迟速浅深之殊，要必究其规模之略、施为之方，乃于己有益。此致知之法也。

3.32　凡解经，不同无害，但紧要处不可不同尔。[1]

[1]《外书》。○紧要，谓纲领也。

3.33　焞初到，问为学之方。先生曰：公要知为学，须是读书。书不必多看，要知其约。多看而不知其约，书肆耳。[1] 颐缘少时读书贪多，如今多忘了。须是将圣人言语玩味，入心记着，然后力去行之，自有所得。[2]

[1] 此言徒贪多而不知其要，则是畜书之肆而已。
[2] 又言徒贪多而无玩习之功，则所学者非我有也。玩味而不忘，而又力行其所知，则所得为实得。○以上总论读书之法，以下乃分论读书之法。

3.34 初学入德之门，无如《大学》，其他莫如《语》《孟》。[1]

[1]《遗书》。下同。○朱子曰：《大学》规模虽大，然首尾该备而纲领可寻，节目分明而工夫有序，无非切于学者之日用。又曰：不先乎《大学》，无以提挈纲领而尽《论》《孟》之精微；不参之《论》《孟》，无以融会贯通而极《中庸》之归趣。

3.35 学者先须读《论》《孟》。穷得《语》《孟》，自有要约处，以此观他经甚省力。《论》《孟》如丈尺权衡相似，以此去量度事物，自然见得长短轻重。[1]

[1]《语》《孟》之书，尤切于学者身心日用之常，得其要领，则易于推明他经，而可以权度事物矣。

3.36 读《论语》者，但将诸弟子问处，便作己问，将圣人答处，便作今日耳闻，自然有得。若能于《论》《孟》中深求玩味，将来涵养成甚生①气质！[1]

[1] 甚生，犹非常也。

3.37 凡看《语》《孟》，且须熟玩味，将圣人之言语切己，不可只作一场话说。人只看得此二书切己，终身尽多也。[1]

[1] 终身尽多，谓一生受用不尽。

3.38 《论语》有读了后全无事者，有读了后其中得一两句喜者，有读了后知好之者，有读了后不知手之舞之、足之蹈之者。[1]

[1] 全无事者，全无所得。朱子曰：有得一二句喜者，这一二句喜处便是入头处。从此着实理会去，将久自解。倏然悟时，圣贤格言自是句句好。

---

① 甚生：怎生，如何。

3.39 学者当以《论语》《孟子》为本。《论语》《孟子》既治，则六经可不治而明矣。[1] 读书者当观圣人所以作经之意，与圣人所以用心，与圣人所以至圣人，而吾之所以未至者，所以未得者。[2] 句句而求之，昼诵而味之，中夜而思之，平其心，易①其气，阙其疑，则圣人之意见矣。[3]

[1] 不治而明，言易明也。

[2] 未至，以所行言；未得，以所知言。

[3] 句句而求则察之密，昼味夜思则思之熟。然平心易气而不失于凿，有疑则阙而不强其通，如是则圣人之意可得而见矣。

3.40 读《论语》《孟子》而不知道，所谓"虽多，亦奚以为"。[1]

[1]《语》《孟》极圣贤之渊源，为斯道之统会，体用兼明，精粗毕备。读之而不通于道，则章句训诂而已，虽博而何益？

---

① 易：平易。

3.41 《论语》《孟子》只剩读着①，便自意足。学者须是玩味。若以语言解着，意便不足。某始作二书文字，既而思之，又似剩②。只有些先儒错会处，却待与整理过。[1]

[1] 外书。下同。

3.42 问："且将《语》《孟》紧要处看，如何？"伊川曰："固是好。然若有得，终不浃洽。盖吾道非如释氏，一见了便从空寂去。"[1]

[1] 朱子曰：此是程子答吕晋伯问。后来晋伯终身坐此病，说得孤单，入禅学去。学者读书，须逐一去理会，便通贯浃洽。

3.43 "兴于《诗》"者，吟咏情性，涵畅道德之中而歆动③之，有"吾与点"之气象。[1] 又云："兴于《诗》"，是兴起人善意。汪洋浩大，皆是此意。[2]

---

① 只剩读着：只须读，不必做其他多余的事。
② 剩：圣贤之意尚有剩余，不能完全包括在注释之中。
③ 歆动：触动。

[1]《诗》大抵出于人情之真，感化之自然者。学者于《诗》吟哦讽咏，其情性涵养条畅，于道德自然有感动兴起之意。此即曾点浴沂咏归之气象。

[2]《遗书》。诗人之词，宽平忠厚，故有兴起人汪洋浩大之意。

3.44 谢显道云："明道先生善言《诗》。他又浑①不曾章解句释，但优游玩味，吟哦上下，便使人有得处。'瞻彼日月，悠悠我思。道之云远，曷云能来？'思之切矣。终曰：'百尔君子，不知德行。不忮不求，何用不臧？'归于正也。"[1] 又云："伯淳常谈诗，并不下一字训诂。有时只转却一两字，点掇地念过，便教人省悟。"又曰："古人所以贵亲炙之也。"[2]

[1] 朱子曰：读《诗》之法，只是熟读涵泳，自然和气从胸中流出，其妙处不可得而言。不待安排说，只平读着，意自足。

[2]《外书》。下同。○点掇，犹沾缀、拈掇也。意如上章。亲炙，亲近而熏炙之也。

————

① 浑：全。

3.45 明道先生曰：学者不可以不看《诗》，看《诗》，便使人长一格价①。[1]

[1] 观《诗》则使人兴起感发，便自然有进。

3.46 "不以文害辞。"文，文字之文。举一字则是文，成句是辞。《诗》为解一字不行，却迁就他说，如"有周不显"，自是作文当如此。[1]

[1] 详见《孟子》。《诗·大雅·文王篇》曰"有周不显"，言周家岂不显乎？盖言其显也。苟真谓之不显，则是以文害辞。

3.47 看《书》须要见二帝三王之道。如二《典》，即求尧所以治民、舜所以事君。[1]

[1]《遗书》。下同。

3.48 《中庸》之书，是孔门传授，成于子思、孟子。其书虽是杂记，更不分精粗，一衮②说了。今人语道，多说高便遗却卑，说本便遗却末。[1]

---

① 长一格价：提升一层价值。
② 一衮：混在一道。

[1]《中庸》，子思所述而传之孟子者也。其言天命之性，则推之于修道之教。言中和，则极之于天地位、万物育。言政而本之于达德、达道。言治天下国家，则合之于诚。小大并举，费隐兼该。盖是道之大，体用相涵，本末一贯，元不相离。说本而遗其末，则亦陷于空虚，而未达天下之大本矣。

3.49 伊川先生《易传序》曰：易，变易也，随时变易以从道也。[1] 其为书也，广大悉备，将以顺性命之理，通幽明之故，尽事物之情，而示"开物成务"之道也。圣人之忧患后世，可谓至矣。[2] 去古虽远，遗经尚存。然而前儒失意以传言，后学诵言而忘味，自秦而下，盖无传矣。予生千载之后，悼斯文之湮晦，将俾后人沿流而求源，此传所以作也。[3] "《易》有圣人之道四焉：以言者尚其辞，以动者尚其变，以制器者尚其象，以卜筮者尚其占。"吉凶消长之理、进退存亡之道，备于辞。推辞考卦，可以知变。象与占在其中矣。[4] "君子居则观其象而玩其辞，动则观其变而玩其占。"得于辞不达其意者有矣，未有不得于辞而能通其意者也。[5] 至微者理也，至著者象也，体用一源，显微无间。

"观会通以行其典礼",则辞无所不备。[6] 故善学者求言必自近,易于近者,非知言者也。予所传者辞也,由辞以得意,则在乎人焉。[7]

[1] 阴阳变易而生万化,圣人象之而画卦爻,使人体卦爻之变易,而随时以从道也。○或问:易即道也,何以言变易以从道?朱子曰:易之所以变易,固皆理之当然。圣人作《易》,因象明理,教人以变易从道之方耳。如《乾》初则潜、二则见之类是也。

[2] 故,所以然也。开物者,使其知之明;成务者,使其行之就也。

[3] 沿流而求源,谓因言以求其意也。

[4] 尚,尊用之也。辞者,圣人所系之辞。变者,阴阳老少之变。象者,天、地、山、泽、雷、风、水、火之类是也。占者,吉、凶、悔、吝、厉、无咎之类是也。辞者,言之则也,故以言者尚其辞。变者,动之时也,故以动者尚其变。象事知器,故制器者尚其象。占事知来,故卜筮者尚其占。然辞、变、象、占,虽各有尚,而吉凶、消长、进退、存亡,《易》之大用皆具于辞。故变推辞而可

知，象与占皆不外乎辞也。

[5] 玩，厌习也，不止于观而已。盖卦之象可观，而辞之理则无穷，故必玩习其辞；爻之变可观，而占之义则无穷，故必玩习其占。平居而观象玩辞，则各尽乎卦之理；临事而观变玩占，则各尽乎爻之用。然象与变、占，皆具于辞，故必由辞以通其意。

[6] 朱子曰：自理而观，则理为体，象为用，而理中有象，是一源也；自象而观，则象为显，理为微，象中有理，是无间也。又曰：会以理之所聚而言，通以事之所宜而言，其实一也。又曰：众理会处，便有许多难易窒碍，必于其中得其通处，乃可行耳。典礼者，典常之礼。

[7]《文集》。下同。○道无远近之间，然观书者必由粗以达于精，即显以推其微，本民彝日用之常，而极于穷神知化之妙，不可忽乎近而徒务乎高远也。

3.50 伊川先生《答张闳中书》曰：《易传》未传，自量精力未衰，尚觊有少进尔。来书云"《易》之义本起于数"，则非也。有理而后有象，有象而后有数。《易》因象以明理，由象以知数。得其义，则象、数在其中矣。[1] 必欲穷象之隐微，尽数之毫忽，乃寻流逐末，术家之所尚，非儒者之所务也。[2]

[1] 本注云：理无形也，故因象以明理。理既见乎辞矣，则可由辞以观象。故曰：得其义，则象、数在其中矣。○张闳中，见《程氏门人录》。"易有太极"，形而上之理也。"是生两仪"，而后象与数形焉。此作《易》之本也。《易》之理寓于象，象必有数。知其理，则象与数皆在其中。此学《易》之要也。

[2] 理者，象数之本也。不务求其本，而徒欲穷其末，如京房、郭璞之流是也。

3.51　知时识势，学《易》之大方也。[1]

[1]《易传》。下同。○《夬卦》九二《象》传。方，犹术也。时有盛衰，势有强弱。学《易》者当随其时势，惟变所适，惟道之从也。

3.52　《大畜》初、二，乾体刚健而不足以进，

四、五阴柔而能止。时之盛衰、势之强弱,学《易》者所宜深识也。[1]

[1]《乾》下《艮》上为《大畜》。初与二虽刚健而不足以进者,以畜之时不利于进,初、二俱位乎下,势又不能进也。四与五虽阴柔而能止乎健者,以畜之时在于止,四、五位据乎上,势又足以为止也。

3.53 诸卦二、五虽不当位,多以中为美;三、四虽当位,或以不中为过。中常重于正也。盖中则不违于正,正不必中也。天下之理莫善于中,于九二、六五可见。[1]

[1]《震卦》六五《传》。二者内卦之中,五者外卦之中,皆中也。三为内卦之上,四为外卦之下,皆不中也。六爻之位,初、三、五为阳,二、四、上为阴。以阳爻居阳位、阴爻居阴位为当位,反此者为不当位。当位者正也,不当位者非正也。《坤》六五非正也,而曰"黄裳元吉";《泰》九二非正也,而曰"得尚于中行"。盖以中为美也。《蛊》之三、四皆正也,而三则"有悔",四则"往吝";

《既济》之三、四皆正也，而三则有三年之惫，四则有终日之戒。盖以不中为慊也。正者，天下之定理；中者，时措之宜也。正者有时而失其中，中则随时而得其正者也。故中之义重于正。

3.54 问："胡先生解九四作太子，恐不是卦义。"先生云："亦不妨，只看如何用。当储贰①则做储贰使。九四近君，便作储贰亦不害。但不要拘一，若执一事，则三百八十四爻，只作得三百八十四件事便休了。"[1]

[1]《遗书》。下同。○胡瑗，字翼之，号安定先生。五为君位，四近君，亦可以为储贰。然《易》本无拘，惟其所遇，皆可用占。

3.55 "看《易》且要知时。凡六爻，人人有用，圣人自有圣人用，贤人自有贤人用，众人自有众人用，学者自有学者用，君有君用，臣有臣用，无所不通。"因问："《坤卦》是臣之事，人君有用处否？"先生曰："是何无用？如'厚德载物'，人君

① 储贰：储副，太子。

安可不用？"

3.56 《易》中只是言反复、往来、上下。[1]

[1] 反复，如《复》《姤》之类。往来，如《贲》《无妄》之类。上下，如《咸》《恒》之类。皆阴阳变易之道，而《易》之所以为《易》也。

3.57 作《易》，自天地幽明，至于昆虫草木微物，无不合。[1]

[1]《外书》。下同。○《易》无不该、无不合者，理之根极，本一贯也。

3.58 今时人看《易》，皆不识得《易》是何物，只就上穿凿。若念得不熟，与就上添一德，亦不觉多；就上减一德，亦不觉少。譬如不识此兀子①，若减一只脚，亦不知是少；若添一只，亦不知是多。若识，则自添减不得也。[1]

[1] 学者当体此意，使于卦象辞义，皆的然见其不

---

① 兀子：小凳子。

可易，而后为得也。

3.59 游定夫问伊川"阴阳不测之谓神"。伊川曰：贤是疑了问，是拣难底问？[1]

[1] 游氏或未之深思，特以此语艰深而率尔请问。故伊川不答，而直攻其心，欲使反己而致思也。

3.60 伊川以《易传》示门人，曰：只说得七分，后人更须自体究。[1]

[1] 义理无穷，圣贤之心亦无穷，学者不可以不自勉。

3.61 伊川先生《春秋传序》曰：天之生民，必有出类之才，起而君长之。治之而争夺息，导之而生养遂，教之而伦理明。然后人道立，天道成，地道平。[1] 二帝而上，圣贤世出，随时有作。顺乎风气之宜，不先天以开人，各因时而立政。[2] 暨①乎三王迭兴，三重②既备。子丑寅之建正，忠质文之更

---

① 暨：至。
② 重（zhòng）：重要的事。

尚，人道备矣，天运周矣。[3] 圣王既不复作，有天下者，虽欲仿古之迹，亦私意妄为而已。事之缪，秦至以建亥为正；道之悖，汉专以智力①持世。岂复知先王之道也?[4] 夫子当周之末，以圣人不复作也，顺天应时之治不复有也，于是作《春秋》，为百王不易之大法。所谓"考诸三王而不谬，建诸天地而不悖，质诸鬼神而无疑，百世以俟圣人而不惑"者也。[5] 先儒之传曰："游、夏不能赞一辞。"辞不待赞也，言不能与于斯耳。斯道也，惟颜子尝闻之矣："行夏之时，乘殷之辂②，服周之冕，乐则《韶》舞。"此其准的也。[6] 后世以史视《春秋》，谓褒善贬恶而已，至于经世之大法，则不知也。《春秋》大义数十，其义虽大，炳如日星，乃易见也。惟其微辞隐义，时措从宜者，为难知也。或抑或纵，或与或夺，或进或退，或微或显，而得乎义理之安、文质之中、宽猛之宜、是非之公，乃制事之权衡、揆道之模范也。[7] 夫观百物然后识化工之神，聚众材然后知作室之用。于一事一义，而

---

① 智力：智谋与武力。
② 辂：lù。

欲窥圣人之用心，非上智不能也。故学《春秋》者，必优游涵泳，默识心通，然后能造其微也。[8]后王知《春秋》之义，则虽德非禹汤，尚可以法三代之治。自秦而下，其学不传。予悼夫圣人之志不明于后世也，故作《传》以明之。俾后之人，通其文而求其义，得其意而法其用，则三代可复也。是《传》也，虽未能极圣人之蕴奥，庶几学者得其门而入矣。[9]

[1] 天生烝民，必有司牧为之制节，而后争夺息；导之播植佃渔，而后生养遂；示之五品，教之孝悌忠信，而后伦理明。三者具矣，故建极秉彝而人道立，五气顺布而天道成，山川奠位而地道平。

[2] 以大圣人之资，岂不能一旦而尽兴天下之利？而必待相继而始备者，盖圣人之所为，惟其时而已。

[3]《中庸》曰："王天下有三重焉。"郑氏曰："三重，谓三王之礼。"天开于子，地辟于丑，人生于寅。周正建子为天统，商正建丑为地统，夏正建寅为人统，而天运周矣。夏尚忠，商尚质，周尚文，而人道备矣。

[4] 三代而下，王者之迹熄，时君虽欲仿而为之，亦皆无所考证，不过用其私意妄为而已。子、丑、寅建正，盖本三才以更始。秦至以亥月为岁首，自谓水德，欲以胜周。忠、质、文更尚，皆本仁义以致用。汉专以智力把持天下，故谓"汉家自有制度"。盖极言世变之不复近古。

[5] 夫子因鲁史作《春秋》，寓经世之大法，所以上承将坠之绪，下开无穷之治也。故考诸前圣而无差缪，参诸天地而无违悖，验诸鬼神之幽而无所疑，待乎百世之远而无所惑。盖天地鬼神同此理，前圣后圣同此心。

[6] 圣人之辞，本无待于赞助。然游、夏擅文学之科，而"不能赞一辞"者，以见其微权奥旨，非圣人不能与于此也。颜子克己复礼，以至三月不违，其于道也庶几矣，故四代礼乐独得与闻。其说夏时，谓夏以斗柄初昏建寅之月为岁首，得乎人时之正、始事之宜者也。辂，古之木车也，殷车曰大辂。《左传》曰"大辂越席，昭其俭也"，盖适于用而辨于等，故不厌其质也。冕，祭冠也。《周礼》有五冕，其制始备，盖尊首饰而严祀事，故不厌其华也。《韶》舞，舜乐，盖尽善

尽美者也。○或问：颜子尝闻《春秋》大法，何也？朱子曰：不是孔子将《春秋》大法向颜子说。盖三代制作大备矣，不可复作，告以四代礼乐，只是集百王不易之大法。其作《春秋》，善者则取之，恶者则诛之，要亦明圣王之大法而已，故伊川引以为据耳。

[7]《春秋》大义，在尊君而卑臣，贵仁义而贱功利，正中国而外夷狄之类，其义虽大，炳如日星也。其难见者，盖在于微辞隐义，各以其时措从宜者，非深明乎时中者，未易窥也。或有功而抑，或有罪而宥，或功未就而予，或罪未着而夺，或尊而退之，或卑而进之，或婉其辞，或章其实，要皆得乎义理之安，而各当其则。文质之中，而不华不俚；宽猛之宜，而无过与不及；是非之公，而无有作好作恶。揆，度也。权衡者，酌一时之轻重。模范者，立万世之轨则。○朱子曰：《春秋》大义，如"成宋乱"、"宋灾故"之类，乃是圣人直著诛贬，自是分明。如胡氏谓书"晋侯"为以常情待晋襄，书"秦人"为以王事责秦穆之类，却恐未必如此。所谓"微辞隐义，时措从宜者，为难知"，政谓此也。

[8] 圣人精义入神，泛应曲当，未可以一端窥测。故学《春秋》者，必优游而不迫，涵泳而有余，心悟自得，庶能深造微奥。

[9]《文集》。○通其文而后能明其义，得其意而后能法其用。

3.62　《诗》《书》，载道之文；《春秋》，圣人之用。《诗》《书》如药方，《春秋》如用药治病。圣人之用，全在此书，所谓"不如载之行事深切著明"者也。[1] **有重叠言者，如征伐、盟会之类。盖欲成书，势须如此。不可事事各求异义，但一字有异，或上下文异，则义须别。**[2]

[1] 道非无用，用无非道。然《诗》《书》即道而推于用，主道而言，故曰"载道之文"；《春秋》即用以明道，主用而言，故曰"圣人之用"。《诗》《书》如药方，固可以治病；《春秋》如因病用药，是非得失尤为深切著明者也。

[2]《遗书》。下同。

3.63　五经之有《春秋》，犹法律之有断例也。律

令唯言其法，至于断例，则始见其法之用也。[1]

[1] 律令者，立法以应事。断例者，因事成用法。

3.64 学《春秋》亦善。一句是一事，是非便见于此，此亦穷理之要。然他经岂不可以穷理？但他经论其义，《春秋》因其行事，是非较著，故穷理为要。[1] 尝语学者，且先读《论语》《孟子》，更读一经，然后看《春秋》。先识得个义理，方可看《春秋》。[2]《春秋》以何为准？无如"中庸"。欲知中庸，无如权，须是时而为中。若以手足胼胝①、闭户不出二者之间取中，便不是中。若当手足胼胝，则于此为中；当闭户不出，则于此为中。[3] 权之为言，秤锤之义也。何物为权？义也，时也。只是说得到义，义以上更难说，在人自看如何。[4]

[1] 较，判别也。《春秋》一句为一事，故是非易决，又考其事迹，而是非易明，故于穷理为要。
[2] 更读一经，如下文所论《中庸》。《春秋》虽于穷理为要，然又须义理通明，然后能察人事得失之机，识圣人裁制之权。

① 胼（pián）胝（zhī）：厚皮，老茧。

［3］《春秋》之权衡，即《中庸》之时中也。若于禹、颜之间取中，则当洪水之时不躬乎胼胝之劳，在陋巷之时不安乎箪瓢之乐，皆失乎时中矣。

［4］义者，所以处时措之宜，所谓权也。义以上则圣人之妙用，未易以言尽也。

3.65　《春秋》，传为按，经为断。[1]

［1］本注：程子又云：某年二十时看《春秋》，黄聱①隅问某如何看。某答曰：以传考经之事迹，以经别传之真伪。

3.66　凡读史，不徒要记事迹，须要识其治乱、安危、兴废、存亡之理。且如读《高帝纪》，便须识得汉家四百年终始治乱当如何。是亦学也。[1]

［1］观高祖宽大长者，能用三杰，则知汉所以得天下。观其入关除秦苛法，则知汉所以立四百年基业。观伪游云梦，则知诸侯王次第而叛。观系萧相国狱，则知汉之大臣多不保终。如此之类，皆致知之方也。

---

　　① 聱：áo。

3.67 先生每读史到一半,便掩卷思量,料其成败,然后却看。有不合处,又更精思,其间多有幸而成,不幸而败。今人只见成者便以为是,败者便以为非,不知成者煞有不是,败者煞有是底。

3.68 读史须见圣贤所存治乱之机,贤人君子出处进退,便是格物。[1]

[1] 机,谓治忽①动于几微者。

3.69 元祐中,客有见伊川者,几案间无他书,惟印行《唐鉴》一部。先生曰:近方见此书。三代以后,无此议论。[1]

[1]《外书》。〇范祖禹,字淳夫。按:《外书》又云:范淳夫尝与伊川论唐事,及为《唐鉴》,尽用先生之说。先生谓门人曰:淳夫乃能相信如此。

3.70 横渠先生曰:《序卦》不可谓非圣人之缊。今欲安置一物,犹求审处,况圣人之于《易》?其间虽无极至精义,大概皆有意思。观圣人之书,须

---

① 治忽:治理与忽怠。

遍布细密如是。大匠岂以一斧可知哉?[1]

[1] 横渠《易说》。

3.71　《天官》之职，须襟怀洪大，方看得。盖其规模至大，若不得此心，欲事事上致曲穷究，凑合此心如是之大，必不能得也。[1] **释氏锱铢天地，可谓至大。然不尝为大，则为事不得。若畀之一钱，则必乱矣。**[2] **又曰：太宰之职难看，盖无许大心胸包罗，记得此，复忘彼。其混混天下之事，当如捕龙蛇、搏虎豹，用心力看方可。其他五官便易看，止一职也。**[3]

[1] 周建六官，而天官冢宰统理邦国内外之政，小大之事无所不总。若非心量广大，何以包举四海，综理百职？今无此心量，但欲每事委曲穷究，必不能周悉通贯之矣。

[2] 释氏论性极广大，然不可以理事。其体用不相涉也如此。

[3]《语录》。下同。

3.72　古人能知《诗》者唯孟子，为其"以意逆

志"也。夫诗人之志至平易，不必为艰险求之。今以艰险求《诗》，则已丧其本心，何由见诗人之志？[1]诗人之情性温厚，平易老成，本平地上道着言语。今须以崎岖求之，先其心已狭隘了，则无由见得。诗人之情本乐易，只为时事拂着他乐易之性，故以《诗》道其志。[2]

[1] 人情不相远，以己之意，迎彼之志，是为得之。《诗》以感遇而发于人情之自然，本为平易。今以艰险之心求《诗》，则已失吾心之自然矣，而何以见诗人之心？

[2] 诗人情性温厚而无刻薄，平易而无艰险，老成而无轻躁。若以崎岖狭隘之心，安能见诗人宽平广大之意？

3.73 **《尚书》难看，盖难得胸臆如此之大。只欲解义，则无难也。**[1]

[1] 朱子曰：他书却有次第，《尚书》只合下便大。如《尧典》"克明俊德，以亲九族"，至"黎民于变时雍"，展开是大小大！分命羲和，"定四时成岁"，便是心中包一个三百六十五度四分度之一底

天，方见得恁地。若不得一个大底心胸，如何看得？

3.74 读书少，则无由考校得义精。盖书以维持此心。一时放下，则一时德性有懈。读书则此心常在，不读书则终看义理不见。[1]

[1] 读书不多，则见义不精。然读书者，又所以维持此心，使无放逸也。故读书则心存，心存则理得。

3.75 书须成诵。精思多在夜中，或静坐得之。不记则思不起。但通贯得大原后，书亦易记。[1] **所以观书者，释己之疑，明己之未达。每见每知新益，则学进矣。于不疑处有疑，方是进矣。**[2]

[1] 朱子曰：书须成诵，少间不知不觉，自然触发晓得。盖一段文义横在心下，自是放不得，必晓得而后已。今人所以记不得，思不去，心下若存若忘，皆不精不熟之故也。又曰：横渠作《正蒙》时，或夜里默坐彻晓。他直是恁地勇，方做得。

［2］每见是书而每知新益，则学进矣。然学固足以释疑，而学亦贵于有疑。盖疑则能思，思则能得。于无疑而有疑，则察理密矣。

3.76 六经须循环理会，义理尽无穷。待自家长得一格，则又见得别。

3.77 如《中庸》文字辈，直须句句理会过，使其言互相发明。

3.78 《春秋》之书，在古无有，乃仲尼所自作，惟孟子能知之。非理明义精，殆未可学。先儒未及此而治之，故其说多凿。[1]

［1］孟子论《春秋》，皆发明圣人之大旨，举《春秋》之纲领。后人未及于理明义精，而揣摩臆决，故其说多凿。

卷四 存养 凡七十条

此卷论存养。盖穷格之虽至，而涵养之不足，则其知将日昏，而亦何以为力行之地哉？故存养之功，实贯乎知行，而此卷之编，列乎二者之间也。

4.1 或问："圣可学乎？"濂溪先生曰："可。""有要乎？"曰："有。"请问焉。曰："一为要。一者，无欲也。无欲则静虚动直。静虚则明，明则通；动直则公，公则溥。明通公溥，庶矣乎！"[1]

[1]《通书》。○一者，纯一而不杂也。湛然无欲，心乃纯一。静而所存者一，人欲消尽，故虚。虚则生明，而能通天下之理。动而所存者一，天理流行，故直。直则大公，而能周天下之务。动静惟

一，明通公溥，庶几作圣之功用。○朱子曰：此章之旨最为要切，学者能深玩而力行之，则有以知无极之真、两仪四象之本，皆不外乎此心，而日用间自无别用力处矣。

4.2 伊川先生曰：阳始生甚微，安静而后能长。故《复》之《象》曰："先王以至日闭关。"[1]

[1]《易传》。下同。○朱子曰：一阳初复，阳气甚微，不可劳动，故当安静以养微阳。如人善端方萌，正欲静以养之，方能盛大。愚谓：天人之气，流通无间。至日闭关，财成①辅相之道于是见矣。

4.3 动息节宣，以养生也；饮食衣服，以养形也；威仪行义，以养德也；推己及物，以养人也。[1]

[1]《颐卦》传。威仪见于容貌，行义著于事业。

4.4 "慎言语"以养其德，"节饮食"以养其体。事之至近而所系至大者，莫过于言语、饮食也。[1]

---

① 财成：裁度成就。财，同"裁"。

[1]《颐卦·象》传。言语不谨则败德,饮食无度则败身。

4.5 "震惊百里,不丧匕鬯①。"临大震惧,能安而不自失者,唯诚敬而已。此处震之道也。[1]

[1]《震卦·象》传。匕以载鼎实。鬯,秬酒也。雷震惊百里,可谓震矣。而奉祀者不失其匕鬯,诚敬尽于祀事,则虽震而不为惊也。是知君子当大患难、大恐惧,处之安而不自失者,惟存诚笃至,中有所主,则威震不足以动之矣。

4.6 人之所以不能安其止者,动于欲也。欲牵于前而求其止,不可得也。故艮之道,当"艮其背"。所见者在前,而背乃背之,是所不见也。止于所不见,则无欲以乱其心,而止乃安。[1]**"不获其身",不见其身也,谓忘我也,无我则止矣。不能无我,无可止之道。**[2]**"行其庭,不见其人",庭除之间至近也,在背则虽至近不见,谓不交于物也。**[3]**外物不接,内欲不萌,如是而止,乃得止之道,于止为**

———————
① 鬯:chàng。

"无咎"也。[4]

[1]《艮卦·象》传。不见可欲，则心不乱。然非屏视听也，盖不牵于欲，则无私邪之见耳。朱子曰：即非礼勿视、听、言、动之意。

[2] 朱子曰：外既无非礼之视、听、言、动，则内自不见有私己之欲矣。

[3] 不交于物，非绝物也，亦谓中有所主，不诱于外物之交也。朱子曰："奸声乱色，不留聪明；淫乐慝①礼，不接心术；惰慢邪僻之气，不设于身体"是也。

[4] 内欲不萌，"不获其身"也；外物不接，"不见其人"也。人己两忘，内外各定，如是动静之间各得其所止，何咎之有？

4.7 明道先生曰：若不能存养，只是说话。[1]

[1]《遗书》。下同。○徒事问辩而不加存养，口耳之学也。

4.8 圣贤千言万语，只是欲人将已放之心，约之

---

① 慝（tè）：污秽。

使反复入身来，自能寻向上去，"下学而上达"也。[1]

[1] 圣贤垂训多端，求其旨归，则不过欲存此心而已。心不外驰，则学问日进于高明矣。○朱子曰：孟子求放心，乃开示要切之言。程子又发明之，曲尽其旨。学者宜服膺而勿失也。

4.9 李籲问："每常遇事，即能知操存之意，无事时如何存养得熟？"曰："古之人，耳之于乐，目之于礼，左右起居，盘、盂、几、杖，有铭有戒，动息皆有所养。今皆废此，独有理义之养心耳。但存此涵养意，久则自熟矣。'敬以直内'，是涵养意。"[1]

[1] 李籲，字端伯，程子门人也。义理养心，本兼动静，但此答"无事时如何存养得熟"，故曰"但存涵养意，久则自熟"。敬则心存于中，无所越逸，即涵养之意。

4.10 吕与叔尝言患思虑多，不能驱除。曰：此正如破屋中御寇，东面一人来未逐得，西面又一人至矣，左右前后，驱逐不暇。盖其四面空疏，盗固易入，无缘作得主定。又如虚器入水，水自然入。若以一器实之以水，置之水中，水何能入来？盖中有主则实，实则外患不能入，自然无事。[1]

[1] 诚存则邪自闲①矣。

4.11 邢和叔言：吾曹常须爱养精力。精力稍不足则倦，所临事皆勉强而无诚意。接宾客语言尚可见，况临大事乎？[1]

[1] 邢恕，字和叔。

4.12 明道先生曰：学者全体此心。学虽未尽，若事物之来，不可不应，但随分限应之，虽不中，不远矣。[1]

[1] 体，犹体干。全体，谓全主宰，以为应酬之本。心存而理得，虽有不中于理，亦不远矣。

4.13 "居处恭，执事敬，与人忠"，此是彻上彻

---

① 闲：防御，防止。

下语。圣人元无二语。[1]

[1] 说见《论语》。恭者，敬之形于外者也。平居之时，斋庄严肃，俨然于容貌而已。及夫执事而敬主于事，与人而忠推于人。自始学以至成德皆不外此，但有勉强与安行之异耳。

4.14 伊川先生曰：学者须敬守此心，不可急迫。当栽培深厚，涵泳于其间，然后可以自得。但急迫求之，只是私己，终不足以达道。[1]

[1] 养心莫善于持敬。然不可执持太迫，反成私意，于道却有碍。

4.15 明道先生曰："思无邪"、"毋不敬"，只此二句循而行之，安得有差？有差者，皆由不敬、不正也。[1]

[1]《诗·鲁颂》曰："思无邪。"《曲礼》曰："毋不敬。"心存乎中而邪念不作，则见之所行自无差失。○朱子曰："思无邪"是心正意诚，"毋不敬"是正心诚意。

4.16 今学者敬而不自得，又不安者，只是心生，[1] 亦是太以敬来做事得重，此"恭而无礼则劳"也。恭者，私为恭之恭也。礼者，非体之礼，是自然底道理也。只恭而不为自然底道理，故不自在也。须是"恭而安"。[2] 今容貌必端、言语必正者，非是道独善其身，要人道如何，只是天理合如此。本无私意，只是个循理而已。[3]

[1] 持敬而无自得之意，又为之不安者，但存心未熟之故。

[2] 作意太过，勉强以为恭，而不知礼本自然，是以劳而不安也。私为恭者，作意以为恭，而非其公行者也。非体之礼，谓非升降揖逊之仪、铺筵设几之文，盖自然安顺之理。

[3] 私意，谓矫饰作为之意。循理则顺乎自然，尽乎当然，何不安之有？

4.17 今志于义理而心不安乐者，何也？此则正是剩一个助之长。虽则心"操之则存，舍之则亡"，然而持之太甚，便是"必有事焉"而正之也。亦须且恁去，[1] 如此者只是德孤。"德不孤，必有邻"，到德盛后，自无窒碍，"左右逢其原"也。[2]

[1] 有志问学而作意太迫，则有助长欲速之患。朱子曰：正，预期也。《春秋传》曰"战不正胜"是也。说见《孟子》。

[2] 孤，谓寡特而无辅也。涵养未充，义理单薄，故无自得之意。及德盛而不孤，则胸中无滞碍，左右逢其原，沛然有余裕，又何不安乐之有？

4.18 "敬而无失"，便是"喜怒哀乐未发谓之中"。敬不可谓中，但敬而无失，即所以中也。[1]

[1] 此言静而主敬。事物未交，心主乎敬，不偏不倚，即所谓"未发之中"。敬非中，敬所以养其中也。

4.19 司马子微尝作坐忘论，是所谓坐驰也。[1]

[1] 司马承祯，字子微，唐天宝中，隐居天台之赤城，尝著论八篇，言清净无为、坐忘遗照之道。按：程子又曰：有忘之心，乃是驰也。

4.20 伯淳昔在长安仓中闲坐，见长廊柱，以意数之已，尚不疑。再数之，不合，不免令人一一声言数之，乃与初数者无差。则知越着心把捉，越不定。[1]

[1] 着意把捉，则心已为之动，故愈差。

4.21 人心作主不定，正如一个翻车，流转动摇，无须臾停。所感万端，若不做一个主，怎生奈何！张天祺昔尝言："自约数年，自上着床，便不得思量事。"不思量事后，须强把他这心来制缚，亦须寄寓在一个形象，皆非自然。君实自谓："吾得术矣，只管念个'中'字。"此又为"中"所系缚，且"中"亦何形象？[1] 有人胸中常若有两人焉：欲为善，如有恶以为之间①；欲为不善，又若有羞恶之心者。本无二人，此正交战之验也。持其志，使气不能乱，此大可验。要之，圣贤必不害心疾。[2]

[1] 张戬，字天祺。欲强绝思虑，然心无安顿处。司马温公欲寓此心于"中"字，亦未免有所系着。朱子曰：譬如人家不自作主，却请别人来作主。
[2] 此言应事处有善恶交战之患，亦是心无所主故

---

① 间（jiàn）：非难，毁谤。

也。苟能持守其志，不为气所胜，则所主者定，何有纷纭？

4.22 明道先生曰：某写字时甚敬，非是要字好，只此是学。[1]

[1] 笃于持敬，无往非学。

4.23 伊川先生曰：圣人不记事，所以常记得。今人忘事，以其记事。不能记事，处事不精，皆出于养之不完固。[1]

[1] 圣人无心记事，故其心虚明，自然常记。今人着心强记，故其心纷扰，愈不能记。然记事不能与处事不精，二者又皆出于所养不厚，则明德日昏，故已往者不能记，方来者不能察也。

4.24 明道先生在澶州日，修桥少一长梁，曾博求之民间。后因出入，见林木之佳者，必起计度之心。因语以戒学者：心不可有①一事。[1]

① 有：滞留，系累。

[1] 或问：凡事须思而后通？朱子曰：事如何不思？但事过则不留于心可也。

4.25 伊川先生曰：入道莫如敬，未有能致知而不在敬者。[1]**今人主心不定，视心如寇贼而不可制，不是事累心，乃是心累事。当知天下无一物是合少得者，不可恶也。**[2]

[1] 非敬，则心昏杂，理有不能察，而知有不能至。
[2] 事至当应，初何为累？顾心无所主，不能定应，反累事耳。

4.26 人只有一个天理，却不能存得，更做甚人也！[1]

[1] 人之所以灵于万物者，特以全其天理而已。

4.27 人多思虑，不能自宁，只是做他心主不定。要作得心主定，惟是止于事，"为人君，止于仁"之类。如舜之诛四凶，四凶已作恶，舜从而诛之，舜何与焉？[1]**人不止于事，只是揽他事，不能使物**

各付物。物各付物，则是役物；为物所役，则是役于物。"**有物必有则**"，须是止于事。[2]

［1］止者，事物当然之则，如《大学》"为人君，止于仁"之类。人之应事能止所当止，则亦无思虑纷扰之患矣。舜诛四凶，恶在四凶，自应窜殛①，舜何与哉？

［2］以上并伊川语。○应事而不止其所当止，是以一己之私智揽他事，而不能物各付物者也。所谓"物各付物"者，物来而应，不过其则；物往而化，不滞其迹。是则役物而不为物所役。

4.28 不能动人，只是诚不至。于事厌倦，皆是无诚处。[1]

［1］诚实恳至，则人无不感。遇事有一毫厌倦之意，则是不诚。

4.29 静后见万物自然皆有春意。[1]

［1］明道先生诗曰："万物静观皆自得，四时佳兴

---

① 窜：流放。殛（jí）：诛杀。

与人同。"胸中躁扰,讵识此意?

4.30 孔子言仁,只说"出门如见大宾,使民如承大祭"。看其气象,便须"心广体胖","动容周旋中礼"自然。惟慎独便是守之之法。[1]

[1] 胖,安舒也。"仲弓问仁,子曰:'出门如见大宾,使民如承大祭。'"无非敬谨之意。然玩其气象,则必心无隐慝而广大宽平,体无怠肆而安和舒泰,充其至则动容周旋自然中礼者也。学者守之,则唯在谨独①。盖隐微之中常存敬谨之意,则出门、使民之际,乃能及此。

4.31 圣人"修己以敬","以安百姓","笃恭而天下平"。惟上下一于恭敬,则天地自位,万物自育,气无不和,四灵何有不至?此"体信""达顺"之道,[1] 聪明睿智皆由是出,以此事天飨②帝。[2]

---

① 谨独:即"慎独"。南宋人因避孝宗赵昚(同"慎")讳,改称"谨独"。
② 飨(xiǎng):祭献。

[1]"子路问君子。子曰:'修己以敬。'曰:'如斯而已乎?'曰:'修己以安百姓。'"《中庸》曰:"君子笃恭而天下平。"自其敬以修己,充而广之,则政理清明而百姓安,风化广被而天下平。盖惟上下孚感,一于恭敬,举无乖争凌犯之风,和气熏蒸,自然阴阳顺轨,万物遂宜。《礼运》曰:"凤凰、麒麟皆在郊薮,龟、龙在宫沼。"所谓四灵毕至也。又曰:"体信以达顺。"朱子曰:"信是实理,顺是和气。体信是无一毫之伪,达顺是发而皆中节,无一物不得其所。"

[2] 敬则心专静而不昏,故明睿生,推此敬可以事天飨帝。天以理言,故曰"事",动静语默无非事也。帝以主宰言,故曰"飨",如郊祀之类。○朱子曰:"聪明睿智皆由是出",非程子实因持敬而见其效,何以语及此?

4.32 存养熟后,泰然行将去,便有进。[1]

[1] 所养厚,而行有余力。

4.33 不愧屋漏,则心安而体舒。[1]

[1] 屋漏者，室之西北隅，谓隐暗之地也。隐暗之地自反无愧，则心安体舒。此谨独之效。

4.34 心要在腔子里。[1] **只外面有些隙罅①，便走了。**

[1] 腔子，犹所谓神明之舍。在腔子里，谓心不外驰也。

4.35 人心常要活，则周流无穷，而不滞于一隅。[1]

[1] 心常存，则常活。盖随事应酬，心常在我，无将无迎，故常活而不滞。

4.36 明道先生曰："天地设位，而易行乎其中"，只是敬也。敬则无间断。[1]

[1] 朱子曰：天地亦是有个主宰，方始恁地变易无穷。就人心言之，惟敬，然后流行不息。敬才间断，便是不诚无物也。

---

① 罅（xià）：隙缝。

4.37 "毋不敬"，可以"对越上帝"。

4.38 敬胜百邪。[1]

[1] 朱子曰：学者常提醒此心，如日之升，群邪自息。

4.39 "敬以直内，义以方外"，仁也。[1] 若以敬直内，则便不直矣。"必有事焉而勿正"，则直也。[2]

[1] 敬立则内直，义形则外方。由内达外，生理条直，而无私欲邪枉之累，则心德全矣。

[2]《文言》曰"敬以直内"，而不曰"以敬直内"，盖有意于以之而直内，则此心已有所偏倚而非直矣。"必有事焉而勿正"者，敬所当为，而无期必计效之意也。

4.40 涵养吾一。[1]

[1] 心存则不二。

4.41 "子在川上曰：'逝者如斯夫！不舍昼

夜。'"自汉以来儒者，皆不识此义。此见圣人之心"纯亦不已"也。"纯亦不已"，天德也。有天德便可语王道，其要只在慎独。[1]

[1]朱子曰：圣人见川流之不息，叹逝者之如斯。原其所以然，乃天命流行不息之体，惟圣人之心默契乎此，故有感焉。于此可见圣人"纯亦不已"之心矣。又曰：有天德则纯是天理，无私意间断，便做得王道。又曰：学者谨独所以为不已，少有不谨，则人欲乘之，便间断也。

4.42 "不有躬，无攸利。"不立己，后虽向好事，犹为化物。不得以天下万物挠己，己立后，自能了当得天下万物。[1]

[1]《蒙卦》六三爻辞。己未能自立，则心无所主，虽为善事，犹为逐物而动。若能自立，则应酬在我，物皆听命，何挠之有？

4.43 伊川先生曰：学者患心虑纷乱，不能宁静，此则天下公病。学者只要立个心，此上头尽有商量。[1]

[1] 朱子曰：学者不先立个心，恰似作室无基址。今求此心，正为要立基址，得此心有个存主处，为学便有归着，可以用功。

4.44 闲邪则诚自存，不是外面捉一个诚将来存着。今人外面役役于不善，于不善中寻个善来存着，如此则岂有入善之理？只是闲邪则诚自存。[1]**故孟子言性善皆由内出，只为诚便存，闲邪更着甚工夫？但惟是动容貌、整思虑，则自然生敬。**[2]**敬只是主一也。主一则既不之东，又不之西，如是则只是中；既不之此，又不之彼，如是则只是内。存此则自然天理明。学者须是将"敬以直内"涵养此意，直内是本。**[3]

[1] 闲邪之意，即是诚也。苟役心于邪妄，而暂欲存其诚，则亦无可存之理。

[2] 孟子言性善，如孩提之爱亲敬兄，如见赤子入井而有怵惕恻隐之心，如四端之发无非自然由中而出。盖实心非外铄，操之则存矣。所谓"闲邪"者，亦不过外肃其容貌，内齐其思虑，则敬自然生，邪自然息。

[3] 敬者心主乎一，无放逸也。静而主乎一，则寂然不动，不散之东西，常在中也；动而主乎一，则知止有定，不滞乎彼此，常在内也。常存此心，则天理自明。〇本注：尹彦明曰：敬有甚形影？只收敛身心，便是主一。且如人到神祠中致敬时，其心收敛，更着不得毫发事，非主一而何？

4.45 闲邪则固一矣，然主一则不消言闲邪。[1] **有以一为难见，不可下工夫，如何？一者无他，只是整齐严肃，则心便一。一则自是无非僻之干**①。**此意但涵养久之，则天理自然明。**[2]

[1] 闲其邪思，其心固一矣。然心既主一，则自无私邪之念，不必闲也。

[2] 外整齐而内严肃，则心自一，理自明。

4.46 有言："未感时，知何所寓？"曰："'操则存，舍则亡，出入无时，莫知其乡②**。'更怎生寻所寓？只是有操而已。操之之道，'敬以直**

---

① 干：干犯。
② 乡（xiāng）：处所。

内'也。"[1]

[1] 人心无常，亦惟操之则存。学者实用力而有见于斯，则真得所以存心之要，而不患于"出入无时，莫知其乡"矣。

4.47 敬则自虚静。不可把虚静唤做敬。[1]

[1] 朱子曰：周子说主静，正是要人静定其心，自作主宰。程子又恐人只管求静，遂与事物不交涉，却说个"敬"，云"敬则自虚静"。

4.48 学者先务，固在心志。然有谓欲屏去闻见知思，则是"绝圣弃智"。有欲屏去思虑，患其纷乱，则须坐禅入定。如明鉴在此，万物毕照，是鉴之常，难为使之不照。人心不能不交感万物，难为使之不思虑。[1] 若欲免此，惟是心有主。如何为主？敬而已矣。有主则虚，虚谓邪不能入；无主则实，实谓物来夺之。[2] 大凡人心不可二用，用于一事，则他事更不能入者，事为之主也。事为之主，尚无思虑纷扰之患，若主于敬，又焉有此患乎！[3] 所谓敬者，主一之谓敬；所谓一者，无适之谓一。且欲

涵泳主一之义，不一则二三矣。至于不敢欺，不敢慢，"尚不愧于屋漏"，皆是敬之事也。[4]

[1] 绝圣者黜其聪明，弃智者屏其知虑。老氏之"绝圣弃智"，释氏之坐禅入定，皆绝天理、害人心之教也。

[2] 免此，谓有思虑而无纷乱。林用中《主一铭》云："有主则虚，神守其都；无主则实，鬼阚①其室。"○或问：程子言"有主则实"，又曰"有主则虚"，何也？朱子曰：此只是有主于中，外邪不能入。自其有主于中言之，则谓之实；自其外邪不入言之，则谓之虚。

[3] 主敬，则自不为事物纷扰。

[4] 主一、无适者，心常主乎我而无他适也。盖若动若静，此心常存，一而不二，所谓敬也。不欺不慢，不愧屋漏，皆戒惧谨独之意。此意常存，所主自一。○朱子曰：程子有功于后学，最是拈出"敬"字有力。敬则此心不放，事事从此做去。又曰：无适者，只是持守得定、不驰骛走作之意耳。无适即是主一，主一即是敬，展转相解。非无适之

---

① 阚（kàn）：望。

外别有主一，主一之外又别有敬也。

4.49 "严威俨恪"，非敬之道。但致敬须自此入。[1]

[1] 敬存于中，"严威俨恪"著于外者，然未有外貌弛慢而心能敬。

4.50 舜孳孳为善，若未接物，如何为善？只是主于敬，便是为善也。以此观之，圣人之道，不是但默然无言。[1]

[1] 孳孳者，亹亹①不倦之意。圣人为善固无间断，然方其未接物之时，但有主敬而已，是即善之本也。不是但默然无言，谓其静而有所存也。静而有存，故善。

4.51 问："人之燕居，形体怠惰，心不慢，可否？"曰："安有箕踞而心不慢者？昔吕与叔六月中来缑氏②，闲居中，某尝窥之，必见其俨然危坐，

---

① 亹（wěi）亹：勤勉不倦。
② 缑（gōu）氏：宋代县名，属河南府。

可谓敦笃矣。学者须恭敬，但不可令拘迫，拘迫则难久。"[1]

[1] 盘坐曰箕，蹲跱①曰踞。箕踞乃敖惰之所形见。学者始须庄敬持守，积久自然安舒。

4.52 "思虑虽多，果出于正，亦无害否？"曰："且如在宗庙则主敬，朝廷主庄，军旅主严，此是也。如发不以时，纷然无度，虽正亦邪。"[1]

[1] 敬存于执事，庄示于等威，严施于法制，皆发于心而见于事者。发之而当，则无害也。苟发不以时，或杂然而发，或过而无节，其事虽正，亦是邪念。

4.53 苏季明问："喜怒哀乐未发之前求中，可否？"曰："不可。既思于喜怒哀乐未发之前求之，又却是思也。既思即是已发，[1] 才发便谓之和，不可谓之中也。"[2] 又问："吕学士言当求于喜怒哀乐未发之前，如何？"曰："若言存养于喜怒哀乐未发之前，则可；若言求中于喜怒哀乐未发之前，则不

---

① 跱（zhì）：止。

可。"[3]又问:"学者于喜怒哀乐发时,固当勉强裁抑。于未发之前,当如何用功?"曰:"于喜怒哀乐未发之前,更怎生求?只平日涵养便是。涵养久,则喜怒哀乐发自中节。"[4]曰:"当中之时,耳无闻,目无见否?"曰:"虽耳无闻,目无见,然见闻之理在,始得。[5]贤且说静时如何。"曰:"谓之无物则不可,然自有知觉处。"[6]曰:"既有知觉,却是动也,怎生言静?人说'《复》,其见天地之心',皆以谓至静能见天地之心,非也。《复》之卦下面一画,便是动也,安得谓之静?"[7]或曰:"莫是于动上求静否?"曰:"固是。然最难。释氏多言定,圣人便言止。如'为人君止于仁,为人臣止于敬'之类是也。《易》之《艮》言止之义曰:'艮其止,止其所也。'人多不能止。盖人万物皆备,遇事时,各因其心之所重者,更互而出。才见得这事重,便有这事出。若能物各付物,便自不出来也。"[8]或曰:"先生于喜怒哀乐未发之前,下动字,下静字?"曰:"谓之静则可,然静中须有物始得,这里便是难处。学者莫若且先理会得敬,能敬则知此矣。"[9]或曰:"敬何以用功?"曰:"莫若主一。"季明曰:"昞尝患思虑不定,或思一事未了，他事如麻又生，如何？"曰："不可，此不诚之本也。须是习，习能专一时便好。不拘思虑与应事，皆要求一。"[10]

[1] 本注云：思与喜怒哀乐一般。

[2] 苏昞，字季明，张、程门人也。"喜怒哀乐未发谓之中，发而皆中节谓之和。"方其未发，此心湛然无所偏倚，故谓之中。一念才生，便属已发之和矣。

[3] 吕学士，与叔也。喜怒哀乐未发之前可以涵养，是中。若有意于求之，则不得谓之未发。

[4] 未发之前不容着力用功，但有操存涵养而已。

[5] 朱子曰：喜怒哀乐未发之时，虽是耳无闻，目无见，然须是常有个主宰操持底在这里始得，不是一向①空寂了。

[6] 朱子曰："无物"字，恐当作"有物"字。

[7] 复者，动之端也。故天地之心于此可见。

[8] 此段问答皆论喜怒哀乐未发之中。此条问者乃转就动处言也。"止其所"者，动中其则而不迁也。若心有所重，则因重而迁。物各付物，而我无预

① 一向：从来，一直。

焉，则止其所止而心不外驰矣。

［9］朱子曰：静中有物者，只是敬则常惺惺在这里。又曰：静中有物，只是知觉不昧。或问：伊川云"才有知觉，便是动"。曰：若云知寒觉暖，便是知觉已动。今未曾着于事物，但有知觉在，何妨其为静？不成静坐便只是瞌睡！

［10］心不专一，则言动皆无实，故曰"不诚之本"。犹学弈者一心以为鸿鹄将至，则非诚于学弈也。思虑者动于心，应事者见于言行，皆不可不主于一。

4.54 人于梦寐间，亦可以卜自家所学之浅深。如梦寐颠倒，即是心志不定，操存不固。[1]

［1］朱子曰：魂与魄交而成寐，心在其间，依旧能思虑，所以做出梦。若心神安定，梦寐亦不至颠倒。

4.55 问："人心所系着之事果善，夜梦见之，莫不害否？"曰："虽是善事，心亦是动。凡事有兆朕入梦者却无害，舍此皆是妄动。[1] **人心须要定，使**

185

他思时方思，乃是。今人都由心。"曰："心谁使之?"曰："以心使心则可。人心自由，便放去也。"[2]

[1] 吉凶云为之兆见于梦者，则此心之神、应感之理，却不为害。苟无故而梦，皆心妄动。

[2] 人心操之则在我，放而不知求，则任其所之。以心使心，非二心也，体用而言之耳。

4.56 "持其志，无暴其气"，内外交相养也。[1]

[1] "持其志"者，有所守于中；"无暴其气"者，无所纵于外。然中有所守则气自完，外无所纵则志愈固，故曰"交相养"。

4.57 问："'出辞气'，莫是于言语上用工夫否?"曰："须是养乎中，自然言语顺理。若是慎言语，不妄发，此却可着力。"[1]

[1] 曾子曰："出辞气，斯远鄙倍矣。"中有所养而后发于外者，不悖。至若谨言语，此亦学者所可用力，但不可专于言语上用工。

4.58 先生谓绎曰:"吾受气甚薄,三十而浸盛,四十、五十而后完。今生七十二年矣,校其筋骨,于盛年无损也。"绎曰:"先生岂以受气之薄,而厚为保生邪?"夫子默然,曰:"吾以忘生徇欲为深耻。"[1]

[1] 张南轩曰:若他人养生要康强,只是利。伊川说出来,纯是天理。

4.59 大率把捉不定,皆是不仁。[1]

[1]《外书》。下同。○仁者,心存乎中,纯乎天理者也。把捉不定,则此心外驰,理不胜欲,皆是不仁。

4.60 伊川先生曰:致知在所养,养知莫过于寡欲二字。[1]

[1] 外无物欲之挠,则心境清;内有涵养之素,则明睿生。

4.61 心定者,其言重以舒;不定者,其言轻以疾。[1]

[1] 心专而静，则言不妄发，发必审确而和缓。浮躁者反是。

4.62 明道先生曰：人有四百四病①，皆不由自家，则是心须教由自家。[1]

[1] 只有此心操之在我，不可任其所之也。

4.63 谢显道从明道先生于扶沟，明道一日谓之曰："尔辈在此相从，只是学颢言语，故其学心口不相应，盍若行之？"请问焉。曰："且静坐。"伊川每见人静坐，便叹其善学。[1]

[1] 心以静而定，理以静而明。朱子曰：静坐则收拾得精神定，道理方有凑泊处。

4.64 横渠先生曰：始学之要，当知"三月不违"与"日月至焉"内外宾主之辨，使心意勉勉循循而不能已。过此，几非在我者。[1]

[1]《文集》。〇仁，犹人之安宅也。居之三月而

---

① 四百四病：佛家以地、水、火、风为四大，一大不调，各有一百〇一种病，四大不调，共有四百〇四种病。

不违者，是在内而为主也，其违也暂而已。"日月至焉"者，是在外而为宾也，其至也暂而已。过此，谓"三月不违"以上大而化之之事，非可以勉强而至矣，故曰"非在我者"。○朱子曰：不违仁者，仁在内而为主，然其未熟，亦有时而出于外；"日月至焉"者，仁在外而为宾，虽有时入于内，而不能久也。愚按：前说则是己不违乎仁，后说则是仁不违乎己，虽似不同，其实则一也。

4.65 心清时少，乱时常多。其清时，视明听聪，四体不待羁束而自然恭谨。其乱时，反是。如此何也？盖用心未熟，客虑多而常心少也，习俗之心未去，而实心未完也。[1] **人又要得刚，太柔则入于不立。亦有人生无喜怒者，则又要得刚。刚则守得定不回，进道勇敢。载则比他人自是勇处多。**[2]

[1] 心者，耳目四肢之主。天君①澄肃，则视明听聪，四肢自然从令。若存心于道者未熟，则客虑足以胜其本心，习俗足以夺其诚意。○朱子曰：横渠大段用功夫来，说得更精切。又曰：客虑是泛泛底

① 天君：指心。以其为人体诸器官之主宰，故名。

思虑，习俗之心是从来习染偏胜之心，实心是义理之心。

[2]《语录》。下同。〇刚则守之固，行之决，故足以进于道。柔懦委靡，必不能有立矣。

4.66 戏谑不惟害事，志亦为气所流。不戏谑亦是持气之一端。[1]

[1] 朱子曰：横渠学力绝人，尤勇于改过，独以戏为无伤。一日忽曰："凡人之过，犹有出于不知而为之者，至戏则皆有心为之也，其为害尤甚。"遂作《东铭》。

4.67 正心之始，当以己心为严师。凡所动作，则知所惧。如此一二年守得牢固，则自然心正矣。[1]

[1] 视心如严师，则知所敬畏，而邪僻之念不作。

4.68 定，然后始有光明。若常移易不定，何求光明？《易》大抵以艮为止，止乃光明，故《大学》"定"而至于"能虑"。人心多则无由光明。[1]

[1]《易说》。下同。〇此心静定而明生焉。水之

止者可鉴，而流水不可鉴，亦是理也。

4.69 "动静不失其时，其道光明。"学者必时其动静，则其道乃不蔽昧而明白。今人从学之久，不见进长，正以莫识动静。见他人扰扰，非关己事，而所修亦废。由圣学观之，冥冥悠悠，以是终身，谓之光明，可乎?[1]

[1]《艮卦·象》辞。动静各有其时，然学者多失于不当动而动，因循废学，终何光明之有？

4.70 敦笃虚静者，仁之本。不轻妄，则是敦厚也；无所系阁昏塞，则是虚静也。此难以顿悟。苟知之，须久于道，实体之，方知其味。夫仁亦在乎熟之而已。[1]

[1]《孟子说》。○阁，闭碍也。言动轻妄而不敦笃，则此心外驰，非仁也。有所系阁昏塞而不虚静，则此心罔觉，非仁也。然必存心之久，实体于己，然后能深知其味。

卷五　克治 凡四十一条

此卷论力行。盖穷理既明，涵养既厚，及推于行己之间，尤当尽其克治之力也。

5.1 濂溪先生曰：君子乾乾不息于诚，然必"惩忿窒欲""迁善改过"而后至。《乾》之用，其善是，《损》《益》之大，莫是过。圣人之旨深哉！[1]"吉、凶、悔、吝生乎动。"噫！吉一而已，动可不慎乎？[2]

［1］重《乾》相继，故九三曰"君子终日乾乾"。言君子体乾，健而又健，至诚不息，此用《乾》之善者也。山泽为《损》，激于忿，象山之高，必惩创之，溺于欲，象泽之深，必窒塞之，此用《损》之大者也。风雷为《益》，迁善，象风之烈，则德

日长，改过，象雷之迅，则恶日消，此用《益》之大者也。○朱子曰：乾乾不息者，体也；去恶进善者，用也。无体则用无以行，无用则体无所措，故以三卦合而言之。或曰"其"字亦是"莫"字。

[2]《通书》。○动而得则吉，失则凶，悔则过失而自咎，吝则私小而可羞。四者，一善而三恶，动其可不谨乎？

5.2 濂溪先生曰：孟子曰："养心莫善于寡欲。"予谓养心不止于寡而存耳。盖寡焉以至于无，无则诚立明通。诚立，贤也；明通，圣也。[1]

[1]《遗文》。○朱子曰：诚立谓实体安固，明通则实用流行。立，如"三十而立"之"立"。通则不惑、知命而乡①乎耳顺矣。○或问：孟子与周子之言果有以异乎？曰：孟子所谓"欲"者，以耳、目、口、鼻、四肢之欲，人所不能无，然多而无节则为心害。周子则指心之流于欲者，是则不可有也。所指有浅深之不同，然由孟子之寡欲，则可以尽周子之无欲矣。

---

① 乡：同"向"。

5.3 伊川先生曰：颜渊问克己复礼之目，夫子曰："非礼勿视，非礼勿听，非礼勿言，非礼勿动。"四者身之用也，由乎中而应乎外，制于外所以养其中也。[1] 颜渊"请事斯语"，所以进于圣人。后之学圣人者，宜服膺而勿失也。因箴以自警。[2]《视箴》曰："心兮本虚，应物无迹。操之有要，视为之则。蔽交于前，其中则迁。制之于外，以安其内。克己复礼，久而诚矣。"[3]《听箴》曰："人有秉彝，本乎天性。知诱物化，遂亡其正。卓彼先觉，知止有定。闲邪存诚，非礼勿听。"[4]《言箴》曰："人心之动，因言以宣。发禁躁妄，内斯静专。矧①是枢机，兴戎出好。吉凶荣辱，惟其所召。伤易则诞，伤烦则支。己肆物忤，出悖来违。非法不道，钦哉训辞。"[5]《动箴》曰："哲人知几，诚之于思。志士厉行，守之于为。顺理则裕，从欲惟危。造次克念，战兢自持。习与性成，圣贤同归。"[6]

[1] 朱子曰："由乎中而应乎外"，谓视听言动乃此心之形见处。"制乎外所以养其中"，谓就视听言动上克治也。上二句言其理，下二句是工夫。

---

① 矧（shěn）：况。

［2］或问：明知其不当视而自接乎目，明知其不当听而自接乎耳，则将如何？朱子曰：视与见异，听与闻异。非礼之色虽过乎目，在我不可有视之之心；非礼之声虽过乎耳，在我不可有听之之心。

［3］人心虚灵，应感出入，无迹可执。操存之要，莫先谨视，则犹节也。苟物欲之蔽交乎吾前，惑于所见，中必移矣。惟能制之于外，目不妄视，则神识泰定，内斯以安。久而诚，则实理流行，动容周旋中礼矣。

［4］人秉五常之性，本无不善。惟知识诱于外而忘返，物欲化其内而莫觉，由是所禀之正，日以丧矣。诱者化之初，化者诱之极也。知止者，知其所当止也；有定者，得其所当止也。闲邪于外，所以存诚于中也。

［5］躁，轻肆也。妄，虚缪也。言语之发，禁其轻肆则内静定矣，禁其虚缪则内专一矣。枢，扉臼也。机，弩牙也。户之阖辟，射之中否，皆由之发。言乃吾身之枢机，故一言之恶或至于兴师，一言之善或可以合好。得则有吉有荣，失则有凶有辱。躁而伤于易，则诞肆而不审；妄而伤于烦，则支离而远实。肆，纵情也。肆己者，必忤物，躁之

致也。悖，乖理也。悖而出者，必悖而反，妄之致也。

[6]《文集》。○朱子曰：思是动之微，为是动之著；思是动于内，为是动于外。○明哲之人，知其几微，故于所思而诚之，一念之动不敢妄也。立志之士，勉励其行，故于所为而守之，一事之动不敢忽也。顺理而动则安裕，从欲而动则危殆，守于为也。造次俄顷而克念不忘，战兢恐惧而自持不失，诚于思也。习谓修于己，性谓得于天。习与性合，则全其本然之善，而与圣贤一矣。

5.4 《复》之初九曰："不远复，无祗①悔，元吉。"《传》曰："阳，君子之道，故复为反善之义。初，复之最先者也，是不远而复也。[1] 失而后有复，不失则何复之有？唯失之不远而复，则不至于悔，大善而吉也。[2] 颜子无形显之过，夫子谓其庶几，乃'无祗悔'也。过既未形而改，何悔之有？[3] 既未能不勉而中、所欲不逾矩，是有过也。然其明而刚，故一有不善，未尝不知；既知，未尝

---

① 祗（zhǐ）：抵，至。

不遽改，故不至于悔，乃'不远复'也。学问之道无他也，唯其知不善，则速改以从善而已。"[4]

[1] 阳往为《剥》，阳来为《复》。《复卦》乃善之返，初爻乃《复》之先。过而先复，是不远而复也。

[2] 人必有所失，而后有所复。既有失，则不能无悔。惟未远而复，故不至于悔，乃元吉也。

[3] 有过而知之敏、改之速，不待其形显，故无悔也。

[4] 《易传》。下同。〇不待勉强而中乎道，从心所欲而不过乎则，是圣人之事，无过之可改者也。颜子未能及是，故不免于有过。然其明也，故过而必知；其刚也，故知而即改。

5.5 《晋》之上九："晋其角，维用伐邑。厉，吉无咎，贞吝。"《传》曰："人之自治，刚极则守道愈固，进极则迁善愈速。如上九者，以之自治，则虽伤于厉，而吉且无咎也。严厉非安和之道，而于自治则有功也。[1] **虽自治有功，然非中和之德，故于贞正之道为可吝也。"**[2]

[1] 以阳居上，刚之极也。在《晋》之终，进之极也。刚进之极，动则为过，惟可用之以自伐其邑。伐邑，内自治也。以是自治，则守道固而迁善速。虽过于严厉，吉且无咎。

[2] 刚进之极，有乖中和，终为疵吝。

5.6 损者，损过而就中，损浮末而就本实也。天下之害，无不由末之胜也。峻宇雕墙，本于宫室；酒池肉林，本于饮食；淫酷残忍，本于刑罚；穷兵黩武，本于征讨。凡人欲之过者，皆本于奉养。其流之远，则为害矣。先王制其本者，天理也；后人流于末者，人欲也。《损》之义，损人欲以复天理而已。[1]

[1]《损卦》象传。天下之事，其本皆出于天理，民生日用之常，治道之不可废者。其末流则末胜本，华胜质，人欲胜天理，其害有不胜言者矣。故《损》之为用，亦惟损过以就中，损浮末而就本实，损人欲以复天理耳。

5.7 《夬》九五曰："苋陆①夬夬②，中行无咎。"《象》曰："中行无咎，中未光也。"《传》曰："夫人心正意诚，乃能极中正之道，而充实光辉。若心有所比，以义之不可而决之，虽行于外，不失其中正之义，可以无咎，然于中道未得为光大也。盖人心一有所欲，则离道矣。夫子于此，示人之意深矣。"[1]

[1] 九五与上六比，心有所昵，未必能正。特以义不可，而勉勉决去之意，亦未必诚也。但九五中正，故所行犹不失中正之义，仅可无咎。然心有所比，不能无欲，其于中行之道，未得为光大。圣人发此示人，欲使人正心诚意，无一毫系累，乃能尽中正之道，充实而有光辉也。

5.8 方说而止，节之义也。[1]

[1]《节卦·象》传。《兑》下《坎》上为《节》。兑，说也。坎，险也。见险则止矣。人惟说则易流，方说而能止，是节之义也。

---

① 苋（xiàn）陆：今称马齿苋。
② 夬（guài）夬：决而又决。

5.9 《节》之九二，不正之节也。以刚中正为节，如惩忿窒欲、损过抑有余是也。不正之节，如啬节于用、懦节于行是也。[1]

[1] 九二以刚居柔，在《节卦》是为不正之节也。惩忿窒欲、损过抑有余者，节其过以就中，此刚中正之节也。节于用而为吝啬，则于用有不足；节于行而为柔懦，则于行有不足。此不正之节，九二是也。

5.10 人而无克、伐、怨、欲，惟仁者能之。有之而能制其情不行焉，斯亦难能也，谓之仁则未可也。此原宪之问，夫子答以知其为难，而不知其为仁。此圣人开示之深也。[1]

[1]《经说》。〇克，忮①害；伐，骄矜；怨，忿恨；欲，贪欲。四者皆生于人心之私也。天理流行，自无四者之累，则仁矣。四者有于中而能力制于外，则亦可谓之难能，然私欲之根未除，故未可谓之仁。〇朱子曰：克己为仁者，从根源上便斩截了，更不复萌。不行者，但禁制其末，不行于外

---

① 忮（zhì）：害。

耳。若其本则着于心，而未能去也。

5.11 明道先生曰：义理与客气常相胜，只看消长分数多少，为君子小人之别。义理所得渐多，则自然知得客气消散得渐少。消尽者是大贤。[1]

[1]《遗书》。下同。○义理者，性命之本然。客气者，形气之使然。

5.12 或谓人莫不知和柔宽缓，然临事则反至于暴厉。曰：只是志不胜气，气反动其心也。[1]

[1] 学以立志为本，而后气质可变化。

5.13 人不能祛思虑，只是吝。吝故无浩然之气。[1]

[1] 吝，则为私意小智所缠绕，而无浩然正大之气。

5.14 治怒为难，治惧亦难。克己可以治怒，明理可以治惧。[1]

[1] 怒，气盛则不能自遏；惧，气怯则不能自立。

故治之皆难。然己私既克,则一朝之忿有所不作矣;物理既明,则非理之惧有所不动矣。

5.15 尧夫解"他山之石,可以攻玉":玉者温润之物,若将两块玉来相磨,必磨不成。须是得他个粗砺底物,方磨得出。譬如君子与小人处,为小人侵陵①,则修省畏避,动心忍性,增益预防,如此便道理出来。[1]

[1] 邵康节先生名雍,字尧夫,解《诗·小雅·鹤鸣篇》。君子与小人处,为小人所侵陵,则修省其身者必谨,畏避小人者必严,动心而不敢苟安,忍性而不敢轻发,增益其所不能,预防其所未至。如此,则德日进而理日明矣。

5.16 目畏尖物,此事不得放过,便与克下。室中率②置尖物,须以理胜他。尖必不刺人也,何畏之有?[1]

[1] 人有目畏尖物者,明道教以室中率置尖物,习

---

① 侵陵:侵犯欺凌。
② 率:常。

见既熟，则不复畏之矣。克己之功，类当如是。

5.17 明道先生曰：责上责下，而中自恕己，岂可任职分？[1]

[1]专务责人而不知责己，是舍己职分而忧人之忧者也。

5.18 "舍己从人"，最为难事。己者，我之所有，虽痛舍之，犹惧守己者固，而从人者轻也。[1]

[1]朱子曰：此程子为学者言。若圣人分上，则不如此也。

5.19 "九德"最好。[1]

[1]皋陶曰："亦行有九德：宽而栗，柔而立，愿而恭，乱而敬，扰而毅，直而温，简而廉，刚而塞，强而义。"宽弘而庄栗，则宽不至于弛。和柔而卓立，则柔不至于懦。愿而恭，则朴愿而不专尚乎质。乱，治也。乱而敬，则整治而不徒事乎文。盖恭著于外，敬守于中也。驯扰而毅，则扰不至于随。劲直而温，则直不至于讦。简大者或规矩之不

203

立，今有廉隅，则简不至于疏。刚者或伤于果断，今塞实而笃厚，则刚不至于虐。强力者或徇血气之勇，今有勇而义，则强不至于暴。盖游气纷扰，万有不齐，其生人也，有气禀之拘。自非圣人至清至厚、至中至正，浑然天理，无所偏杂，盖自中人以下，未有不滞于一偏者。惟能就其气质之偏，穷理克己，矫揉以归于正，则偏者可全矣。是知学问之道在唐虞之际，其论德已如是之密矣。

5.20 饥食渴饮，冬裘夏葛，若致些私吝心在，便是废天职。[1]

[1] 食饮衣服，各有当然之则，是天赋之职分也。有一毫私己贪吝之意，即是废天职。

5.21 猎，自谓今无此好。周茂叔曰："何言之易也？但此心潜隐未发，一日萌动，复如前矣。"后十二年因见，果知未也。[1]

[1] 本注云：明道年十六七时好田猎，十二年暮归，在田野间见田猎者，不觉有喜心。〇周子用功之深，故知不可易言。程子治心之密，故能随寓加

察。在学者，警省克治之力，尤不可以不勉也。

5.22 伊川先生曰：**大抵人有身，便有自私之理，宜其与道难一**。[1]

[1] 人有耳、目、鼻、口、四肢，自然有私己之欲。惟能克己，然后合天理之公。

5.23 **罪己责躬不可无，然亦不当长留在心胸为悔**。[1]

[1] 有过自责，乃羞恶之心。然已往之失长留愧怍，应酬之间反为系累。

5.24 **所欲不必沉溺，只有所向，便是欲**。[1]

[1] 一念外驰，所向既差，即是欲也。

5.25 明道先生曰：**子路亦百世之师**。[1]

[1] 本注云：人告之以有过则喜。○闻过而喜，则好善也诚，改过也速。子路以兼人之勇而用之于迁善改过，其进德也庸可既乎？是足为百世师矣。

5.26 "人语言紧急,莫是气不定否?"曰:"此亦当习,习到言语自然缓时,便是气质变也。学至气质变,方是有功。"

5.27 问:"'不迁怒,不贰过',何也?《语录》有怒甲不迁乙之说,是否?"伊川先生曰:"是。"曰:"若此则甚易,何待颜子而后能?"曰:"只被说得粗了,诸君便道易,此莫是最难。须是理会得因何不迁怒。[1] 如舜之诛四凶,怒在四凶,舜何与焉?盖因是人有可怒之事而怒之,圣人之心本无怒也。譬如明镜,好物来时便见是好,恶物来时便见是恶,镜何尝有好恶也?[2] 世之人固有怒于室而色于市。且如怒一人,对那人说话能无怒色否?有能怒一人,而不怒别人者,能忍得如此,已是煞知义理。若圣人因物而未尝有怒,此莫是甚难。[3] '君子役物,小人役于物。'今见可喜可怒之事,自家着一分陪奉他,此亦劳矣。圣人之心如止水。"[4]

[1]怒甲而不迁其怒于乙,概而观之,则禀性和平者若皆可能。然以身验其实,而求其所以不迁怒之由,则非此心至虚至明,喜怒各因乎物,举无一毫

之私意者，殆未易勉强而能也。○朱子曰：颜子见得道理透，故怒于甲者，虽欲迁于乙，亦不可得而迁也。

［2］圣人之心，因事有当怒者而怒之，是怒因物而生，不自我而作也，又岂有之于己耶？譬明镜照物，妍媸在物，镜未尝自有妍媸也。

［3］怒气易发而难制。世固有怒于其室而作色于市人者，其迁怒也甚矣。有能自禁持怒此人，而不以余怒加辞色于他人者，已不易得。况夫物各付物，而喜怒不有于我者，岂非甚难者耶？

［4］役物者，我常定；役于物者，逐物而往。圣人之心常湛然如止水，无有一毫作好作恶①。

5.28 人之视最先，非礼而视，则所谓开目便错了。次听、次言、次动，有先后之序。人能克己，则心广体胖，仰不愧，俯不怍，其乐可知。有息则馁矣。[1]

［1］《外书》。下同。○身心无私欲之累，自然安舒。俯仰无所愧怍，自然悦乐。少有间断，则自视

---

① 作好（hào）作恶（wù）：有所作为地好恶。

欿①矣。○朱子曰：此数语极有味。又曰：当初亦知是好语，谩②录于此，今看来直是恁地好。

5.29 圣人责己感也处多，责人应也处少。[1]

[1] 圣人所谓厚于责己而薄于责人者，非若后世欲为长厚之意。盖有感而后有应，责人之应而不自反其感之之道，则是薄于本而厚望于末，无是理也。

5.30 谢子与伊川别一年，往见之。伊川曰："相别一年，做得甚工夫？"谢曰："也只去个矜③字。"曰："何故？"曰："子细检点得来，病痛尽在这里。若按伏得这个罪过，方有向进处。"伊川点头，因语在坐同志者曰："此人为学，切问近思者也。"[1]

[1] 按：胡文定公问上蔡："矜字罪过，何故恁地大？"谢曰："今人做事，只管要夸耀别人耳目，浑不关自家受用事。有底人食前方丈，便向人前吃，

---

① 欿（kǎn）然：不自满足。
② 谩：姑且。
③ 矜：骄矜，自夸。

只蔬食菜羹，却去房里吃。为甚恁地？"愚谓：充谢子为己之学，则一切外物皆不足以动其心矣。

5.31 思叔诟詈[1]仆夫，伊川曰："何不'动心忍性'？"思叔惭谢。[1]

[1] 朱子曰："动心忍性"，谓竦动其心，坚忍其性。然所谓性者，亦指气禀而言耳。说见《孟子》。

5.32 "见贤"便"思齐"，有为者亦若是。"见不贤而内自省"，盖莫不在己。[1]

[1] 说见《论语》。见人有善，即思自勉，则谁不可及？见人不善，唯当自省，亦无非反己之地。

5.33 横渠先生曰：湛一，气之本；攻取，气之欲。口腹于饮食，鼻舌于臭味，皆攻取之性也。知德者属[2]厌而已，不以嗜欲累其心，不以小害大、末丧本焉尔。[1]

[1] 《正蒙》。下同。〇湛而不动，一而不杂者，

---

① 诟（gòu）詈（lì）：辱骂。
② 属：zhǔ。

气之本体也。饮食臭味之嗜，而营求攻取于外者，气之动于欲者也。攻取之性，即气质之性。属，足也。属厌，犹饫足也。君子知德之本，故凡饮食臭味才取足而已，不以嗜好之末而累此心之本也。孟子所谓"无以口腹之害为心害"，"毋以小害大、贱害贵"是也。

5.34 纤恶必除，善斯成性矣；察恶未尽，虽善必粗矣。[1]

[1] 成性者，全其本然之天。

5.35 恶不仁，故不善未尝不知。徒好仁而不恶不仁，则习不察、行不著。[1]是故徒善未必尽义，徒是未必尽仁。好仁而恶不仁，然后尽仁义之道。[2]

[1] 人能恶不仁，则其察已也精，有不善必知之矣。苟徒知仁之可好，而不知不仁之可恶，则所习者或未之察，所行者或未之明，虽有好仁之心，而卒陷于不仁而莫之觉矣。

[2] 徒好仁而不恶不仁，则虽有向善之意而无断制之明，故曰"未必尽义"。徒恶不仁而不好仁，则

虽有去非之意而无乐善之诚,故曰"未必尽仁"。

5.36 责己者,当知无天下国家皆非之理。故学至于"不尤人",学之至也。[1]

[1] 处世有乖违,岂在人者皆非、在我者皆是?以此存心,则惟务尽己,不必咎人矣。

5.37 有潜心于道,忽忽为他虑引去者,此气也。旧习缠绕,未能脱洒,毕竟无益,但乐于旧习耳。[1]**古人欲得朋友与琴瑟、简编,常使心在于此。惟圣人知朋友之取益为多,故乐得朋友之来。**[2]

[1] 旧习未除,志不胜气,则心虑纷杂。
[2] 横渠《论语说》。○朋友有讲习责善之益,琴瑟有调适情性之用,简编有前言往行之识①。朝夕于是,则心有所养,而习俗放僻之念不作矣。然三者之中,朋友之益尤多,故"有朋自远方来",所以乐也。

① 识(zhì):记。

5.38 矫轻警惰。[1]

[1]《语录》。下同。○轻则浮躁，惰则弛慢，二者为学之大患。然轻者必惰，虽二病而实相因。其进锐者其退速，轻与惰之谓也。

5.39 "仁之难成久矣，人人失其所好。"盖人人有利欲之心，与学正相背驰，故学者要寡欲。[1]

[1] 仁者天理之公，利欲者人心之私，故背驰。

5.40 君子不必避他人之言，以为太柔太弱。至于瞻视亦有节：视有上下，视高则气高，视下则心柔。故视国君者，不离绅带之中。学者先须去其客气。其为人刚行①，终不肯进，"堂堂乎张也，难与并为仁矣"。[1] 盖目者人之所常用，且心常托之，视之上下，且试之，己之敬傲，必见于视。所以欲下其视者，欲柔其心也。柔其心，则听言敬且信。[2] 人之有朋友，不为燕安，所以辅佐其仁。今之朋友，择其善柔以相与，拍肩执袂以为气合，一言不合，怒气相加。朋友之际，欲其相下不倦，故

---

① 行（hàng）：刚强。

于朋友之间，主其敬者，日相亲与，得效最速。[3]仲尼尝曰："吾见其居于位也，与先生并行也，非求益者，欲速成者。"则学者先须温柔，温柔则可以进学。[4]诗曰："温温恭人，惟德之基。"盖其所益之多。[5]

[1]学者当去轻傲之气，存恭谨之心。刚行，粗暴也。其为人粗暴，必不肯逊志务学，而亦终不能深造于道。子张气貌高亢，而无收敛诚实之意，故曾子以为"难与并为仁"。

[2]心之神寓于目，故目视高下，而心之敬傲可见。心柔者听人之言，必敬且信，而不敢忽慢矣。

[3]始则气轻而苟于求合，终则负气而不肯相下，若是者，其果有益于己乎？故朋友之间以谦恭为主，则其相亲之意无厌，相观之效尤速。

[4]阙党童子，居则当位，行则与先生并，盖轻傲而不循礼。故夫子以为非能求益者，但欲速于成人而已。故学者当以和顺为先，则谦虚恭谨，有以为进学之地。

[5]《诗·大雅·抑篇》。温和恭敬，为德之本。

5.41 世学不讲，男女从幼便骄惰坏了，到长益凶狠。只为未尝为子弟之事，则于其亲已有物我，不肯屈下。病根常在，又随所居而长，至死只依旧。为子弟，则不能安洒扫应对；在朋友，则不能下朋友；有官长，则不能下官长；为宰相，则不能下天下之贤。甚则至于徇私意，义理都丧，也只为病根不去，随所居所接而长。人须一事事消了病，则义理常胜。[1]

[1] 后世小学既废，父母爱逾于礼，恣之骄惰，而莫为禁止。病根既立，随寓随长，卒至尽失其良心，盖有自来。学者所当察其病源，力加克治，则旧习日消，而道心日长矣。

卷六　家道 凡二十二条

此卷论齐家。盖克己之功既至，则施之家，而家可齐矣。

6.1　伊川先生曰：弟子之职，力有余则学文。不修其职而学，非为己之学也。[1]

[1]《经解》。○说见《论语》。为弟为子者，其职在于孝悌而已。行之有余力，而后可学《诗》《书》六艺之文。职有未尽而急于学文，则是徒欲人之观美，非为己之学也。

6.2　孟子曰："事亲若曾子，可也。"未尝以曾子之孝为有余也。盖子之身所能为者，皆所当为也。[1]

[1]《易传》。下同。○《师卦》六二传。可者，仅足而无余之称。竭其所当为，无过外也。

6.3　"干^①母之蛊，不可贞。"子之于母，当以柔巽辅导之，使得于义。不顺而致败蛊，则子之罪也。[1]**从容将顺，岂无道乎？若伸己刚阳之道，遽然矫拂则伤恩，所害大矣，亦安能入乎？在乎屈己下意，巽顺将承，使之身正事治而已。刚阳之臣事柔弱之君，义亦相近。**[2]

[1]《蛊卦》九二传。干，治也。蛊，事之弊也。人子事亲，皆当以承顺为主，使事得于理而已。然妇人柔暗，有难以遽晓，尤当以柔巽行之，比之事父又有间矣。但为矫拂，而反害其所治之事，则子之过也。

[2]以强直之资，遽为矫拂，内则伤恩，而有害天伦之重；外则败事，而卒废干蛊之功。刚阳之臣事柔弱之君，若孟子于齐宣王、诸葛孔明于蜀后主是也。

---

① 干：gàn。

6.4 《蛊》之九三，以阳处刚而不中，刚之过也，故"小有悔"。然在《巽》体，不为无顺。顺，事亲之本也。又居得正，故"无大咎"。然有小悔，已非善事亲也。[1]

[1] 九爻阳而三位刚，位又不中，刚过乎中者也。事亲而过刚，不能无悔矣。然《蛊》之下卦为《巽》，巽者顺也。又阳爻居阳位，居得其正，则亦不至大过，故"无大咎"也。但谓之小悔，则于事亲之道已非尽善者矣。

6.5 正伦理，笃恩义，家人之道也。[1]

[1]《家人卦·彖》传。正伦理则尊卑之分明，笃恩义则上下之情合。二者并行，而后处家之道得矣。然必以正伦理为先，未有伦理不正而恩义可笃者也。

6.6 人之处家，在骨肉父子之间，大率以情胜礼，以恩夺义。惟刚立之人，则能不以私爱失其正理，故《家人卦》大要以刚为善。[1]

[1]《家人卦》六二传。相亲附，犹骨之于肉。

6.7 《家人》上九爻辞，谓治家当有威严，而夫子又复戒云：当先严其身也。威严不先行于己，则人怨而不服。[1]

[1] 上九："威如，终吉。"《象》曰："威如之吉，反身之谓也。"所贵治家之威者，非徒绳治之严，盖必正己为本，使在我持身谨严而无少纵弛，则家人自然有所严惮而不敢逾越，有所观感而率归于正。凡御下之道皆然。齐家本于修身，则尤为切近。

6.8 《归妹》九二守其幽贞，未失夫妇常正之道。世人以嫘①狎为常，故以贞静为变常，不知乃常久之道也。[1]

[1] 正静乃相处可久之道，嫘狎则玩侮乖离所自生。

6.9 世人多慎于择婿，而忽于择妇。其实婿易见，妇难知。所系甚重，岂可忽哉？[1]

---

① 嫘（xiè）：同"亵"。

[1]《遗书》。下同。

6.10 人无父母，生日当倍悲痛，更安忍置酒张乐以为乐？若具庆者，可矣。[1]

[1] 具庆，谓父母俱存。

6.11 问："《行①状》云：'尽性至命，必本于孝弟。'不识孝弟何以能尽性至命也？"曰："后人便将性命别作一般说了。性命、孝弟，只是一统底事，就孝弟中便可尽性至命。[1] 如洒扫应对与尽性至命，亦是一统②底事，无有本末，无有精粗，却被后来人言性命者，别作一般高远说。故举孝弟，是于人切近者言之。[2] 然今时非无孝弟之人，而不能尽性至命者，由之而不知也。"[3]

[1] 伊川先生所作《明道先生行状》。孝弟者，人道之本，百行之原，仁民爱物皆由是推之。人能尽孝弟之道，扩而充之至于极致，则可以尽性至命矣。〇朱子曰：此与"孝弟也者，其为仁之本与"

---

① 行（xìng）：事迹。
② 一统：一齐，同时。

一意。又曰：若是圣人，如舜之孝、王季之友，便是尽性至命事。

[2] 天下无理外之事，亦无事外之理。即其末而本已存，即其粗而精实具，本末、精粗非二致也。

[3] 今之孝弟者，未必能尽性至命。盖行不著，习不察，故亦不能扩充之，以抵作圣之极功。

6.12 问："第五伦视其子之疾与兄子之疾不同，自谓之私，如何？"曰："不待安寝与不安寝，只不起与十起，便是私也。父子之爱本是公，才着些心做，便是私也。"[1] 又问："视己子与兄子有间否？"曰："圣人立法，曰'兄弟之子犹子也'，是欲视之犹子也。"[2] 又问："天性自有轻重，疑若有间①然？"曰："只为今人以私心看了。孔子曰：'父子之道，天性也。'此只就孝上说，故言父子天性。若君臣、兄弟、宾主、朋友之类，亦岂不是天性？只为今人小看却，不推其本所由来故尔。己之子与兄之子，所争②几何？是同出于父者也。只为

---

① 间（jiàn）：差别。
② 争：差。

兄弟异形，故以兄弟为手足。人多以异形故，亲己之子异于兄弟之子，甚不是也。"又问："孔子以公冶长不及南容，故以兄之子妻南容，以己之子妻公冶长。何也？"曰："此亦以己之私心看圣人也。凡人避嫌者，皆内不足也。圣人至公，何更避嫌？凡嫁女，各量其才而求配。或兄之子不甚美，必择其相称者为之配；己之子美，必择其才美者为之配。岂更避嫌邪？若孔子事，或是年不相若，或时有先后，皆不可知。以孔子为避嫌，则大不是。如避嫌事，贤者且不为，况圣人乎？"[3]

[1]《后汉·第五伦传》："或问伦曰：'公有私乎？'对曰：'吾兄子尝病，一夜十起，退而安寝。吾子有疾，虽不省视，而竟夕不眠。若是者，岂可谓无私乎？'"人知安寝与不眠为私爱其子，而不知十起与不起亦私意也。盖事事物物各有自然之理，不容安排。父子之爱天性，今子疾不视，而十起于兄子，岂人情哉？着意安排，即是私矣。

[2] 视兄弟之子亦如己子。

[3] 圣人所为，至公无私，安行乎天理，何嫌之可避？凡人避嫌者，皆内有不足而不能自信者也。

6.13 问:"孀妇于理似不可取,如何?"曰:"然。凡取,以配身也。若取失节者以配身,是己失节也。"[1] 又问:"或有孤孀贫穷无托者,可再嫁否?"曰:"只是后世怕寒饿死,故有是说。然饿死事极小,失节事极大。"[2]

[1] 妇人从一而终者也,再嫁为失节。

[2] 饿死事极小,"所恶有甚于死"也。

6.14 病卧于床,委之庸医,比之不慈不孝。事亲者亦不可不知医。[1]

[1]《外书》。下同。

6.15 程子葬父,使周恭叔主客。客欲酒,恭叔以告。先生曰:勿陷人于恶。[1]

[1] 周行己,字恭叔。临丧饮酒,非礼也。

6.16 买乳婢,多不得已。我不能自乳,必使人。然食①己子而杀人之子,非道。必不得已,用二子

---

① 食(sì):喂养。

乳食三子，足备他虞①。或乳母病且死，则不为害，又不为己子杀人之子，但有所费。若不幸致误其子，害孰大焉？[1]

[1]"幼吾幼以及人之幼"，其虑之周盖如此。

6.17 先公太中②讳珦③，字伯温。前后五得任子，以均诸父子孙。嫁遣孤女，必尽其力。所得俸钱，分赡亲戚之贫者。伯母刘氏寡居，公奉养甚至。其女之夫死，公迎从女兄④以归，教养其子，均于子侄。既而女兄之女又寡，公惧女兄之悲思，又取甥女以归，嫁之。时小官禄薄，克己为义，人以为难。[1] 公慈恕而刚断，平居与幼贱处，惟恐有伤其意。至于犯义理，则不假⑤也。左右使令之人，无日不察其饥饱寒燠⑥。娶侯氏。侯夫人事舅姑以孝谨称，与先公相待如宾客。先公赖其内助，礼敬尤

① 虞：忧患。
② 太中：太中大夫。
③ 珦：xiàng。
④ 从（zòng）女兄：堂姊。
⑤ 假：宽贷。
⑥ 燠（yù）：暖。

至。而夫人谦顺自牧，虽小事未尝专，必禀而后行。仁恕宽厚，抚爱诸庶，不异己出。从叔幼孤，夫人存视，常均己子。治家有法，不严而整。不喜笞扑奴婢，视小臧获如儿女。[2] 诸子或加呵责，必戒之曰："贵贱虽殊，人则一也。汝如是大时，能为此事否？"先公凡有所怒，必为之宽解。唯诸儿有过，则不掩也。常曰："子之所以不肖者，由母蔽其过，而父不知也。"夫人男子六人，所存惟二，其爱慈可谓至矣，然于教之之道，不少假也。才数岁，行而或踣①，家人走前扶抱，恐其惊啼，夫人未尝不呵责曰："汝若安徐，宁至踣乎！"饮食常置之坐侧。常食絮羹②，即叱止之，曰："幼求称欲，长当何如？"[3] 虽使令辈，不得以恶言骂之。故颐兄弟平生于饮食衣服无所择，不能恶言骂人，非性然也，教之使然也。与人争忿，虽直不右③，曰："患其不能屈，不患其不能伸。"及稍长，常使从善师友游。虽居贫，或欲延客，则喜而为之具。夫人七八岁时，诵古诗曰："女子不夜出，夜出秉明

---

① 踣（fù）：同"仆"，向前跌倒。
② 絮（chù）羹：给羹加调料。
③ 右：袒护。

烛。"自是日暮则不复出房合。既长，好文而不为辞章。见世之妇女以文章笔札传于人者，则深以为非。[4]

[1] 任子，谓保任使之入仕。诸父，谓从父也。
[2] 男仆曰臧，女仆曰获。
[3] 絮羹，调羹也。礼不絮羹，为其详于味也。
[4]《文集》。

6.18 横渠先生尝曰：事亲奉祭，岂可使人为之？[1]

[1]《行状》。○使人代为，孝敬之心安在？

6.19 舜之事亲，有不悦者，为父顽母嚚①，不近人情。若中人之性，其爱恶略无害理，姑必顺之。[1] 亲之故旧所喜者，当极力招致，以悦其亲。凡于父母宾客之奉，必极力营办，亦不计家之有无。然为养，又须使不知其勉强劳苦。苟使见其为不易，则亦不安矣。[2]

[1] 事亲以顺为主，非甚不得已者，固不可轻为矫

---

① 嚚（yín）：愚昧。

拂也。

[2]横渠《记说》。○所谓养志者也。

6.20 **《斯干》诗言："兄及弟矣，式①相好②矣，无相犹矣。"言兄弟宜相好，不要厮学。犹，似也。人情大抵患在施之不见报则辍，故恩不能终。不要相学，已施之而已。**[1]

[1]《诗说》。下同。○兄弟友爱尽其在我，不可视报以为施。兄友而弟不恭，不可学弟而废其友；弟恭而兄不友，不可学兄而废其恭。

6.21 "人不为《周南》《召南》，其犹正墙面而立。"常深思此言，诚是。不从此行，甚隔着事，向前推不去。盖至亲至近，莫甚于此，故须从此始。[1]

[1]"宜其家人，而后可以教国人。"不然，"犹正墙面"，隔碍而不可通行也。

---

① 式：语助词。
② 好（hào）：和好。

6.22 婢仆始至，本怀勉勉敬心。若到①所提掇更谨，则加谨。慢则弃其本心，便习以成性。故仕者入治朝则德日进，入乱朝则德日退，只观在上者有可学无可学耳。[1]

［1］《语录》。○提掇，谓提起警策之也。

① 若到：如若至于。

卷七　出处 凡三十九条

此卷论出处之道。盖身既修，家既齐，则可以仕矣。然去就取舍，惟义之从，所当审处也。

7.1　伊川先生曰：贤者在下，岂可自进以求于君？苟自求之，必无能信用之理。古之人所以必待人君致敬尽礼而后往者，非欲自为尊大，盖其尊德乐道之心不如是，不足与有为也。[1]

[1]《易传》。下同。○《蒙卦·彖》传。贤者之进，将以行其道也。自非人君有好贤之诚心，则谏不行、言不听，岂足以有为哉？

7.2 君子之需时也，安静自守。志虽有须，而恬然若将终身焉，乃能用常也。虽不进而志动者，不能安其常也。[1]

[1]《需卦》初九《象》传。静退以待时，而终至于失常者，盖其身虽退而志则动也。

7.3 《比》："吉，原筮，元永贞，无咎。"《传》曰："人相亲比，必有其道。苟非其道，则有悔咎。故必推原占决，其可比者而比之。所比得元永贞，则无咎。元，谓有君长之道；永，谓可以常久；贞，谓得正道。上之比下，必有此三者；下之从上，必求此三者，则无咎也。"[1]

[1] 群然相比而非得所主，苟焉为比而非可久，邪媚求比而不由正，皆不能无咎者也。

7.4 《履》之初九曰："素履，往无咎。"《传》曰："夫人不能自安于贫贱之素，则其进也，乃贪躁而动，求去乎贫贱耳，非欲有为也。既得其进，骄溢必矣，故往则有咎。[1] 贤者则安履其素，其处也乐，其进也将有为也，故得其进，则有为而无不善。[2] 若欲贵之心与行道之心交战于中，岂能安履其素乎？"[3]

[1] 小人志在富贵，故得志则骄溢。
[2] 贤者素其位而行。穷而在下，初无贫贱之忧；达而在上，将遂行道之志。以是而进，何咎之有？
[3] 欲贵之心胜，则必不能安行素位，而亦卒无可行之道矣。

7.5 大人于否之时，守其正节，不杂乱于小人之群类，身虽否而道之亨也。故曰："大人否亨。"不以道而身亨，乃道否也。[1]

[1]《否卦》六二传。身之否亨由乎时，道之否亨由乎我。大人者，身有否而道无否也。盖否之时，小人群集，君子不入其党，身则否矣。然直道而行，无所挠屈，道则亨也。

7.6 人之所随，得正则远邪，从非则失是，无两从之理。《随》之六二，苟系初，则失五矣，故《象》曰"弗兼与也"，所以戒人从正当专一也。[1]

[1]《随》六二与九五为正应，然下比初九，苟随

私昵，必失正应。

7.7 君子所贲[①]，世俗所羞；世俗所贵，君子所贱。故曰："贲其趾，舍车而徒。"[1]

[1]君子所贵者，行义也；世俗所贵者，势位也。《贲》之初九，所贲在下，故为趾、为徒行。世俗以失势位为羞，君子以得行谊为荣。

7.8《蛊》之上九曰："不事王侯，高尚其事。"《象》曰："不事王侯，志可则也。"《传》曰："士之自高尚，亦非一道。有怀抱道德，不偶于时而高洁自守者；[1]有知止足之道，退而自保者；[2]有量能度分，安于不求知者；[3]有清介自守，不屑天下之事，独洁其身者。[4]所处虽有得失小大之殊，皆自高尚其事者也。《象》所谓'志可则'者，进退合道者也。"[5]

[1]伊尹耕于莘野，太公钓于渭滨之时是也。

[2]张良、疏广之类是也。

[3]徐孺子、申屠蟠之类是也。

---

① 贲（bì）：修饰。

[4] 严陵、周党之类是也。

[5] 四者虽处心有小大，处义有得失，要皆能高尚其事者。若《蛊》上九阳刚之才，超然斯世之表，《象》谓其"志可则"者，盖指怀抱道德、进退合义者言也。

7.9 遯者，阴之始长，君子知微，固当深戒。而圣人之意，未便遽已也，故有"与时行""小利贞"之教。[1] 圣贤之于天下，虽知道之将废，岂肯坐视其乱而不救？必区区致力于未极之间，强此之衰，艰彼之进，图其暂安。苟得为之，孔孟之所屑为也，王允、谢安之于汉、晋是也。[2]

[1]《艮》下《乾》上为《遯》。二阴初长，固所当戒。然乾刚在上，九五、六二中正而应，君子于此犹可与时消息，不一于遯，虽未能大正，尚幸其小有可正也。

[2] 强此之衰，扶君子之道未尽消；艰彼之进，抑小人之道未骤长。

7.10 《明夷》初九，事未显而处甚艰，非见几之明不能也。如是，则世俗孰不疑怪？然君子不以世俗之见怪，而迟疑其行也。若俟众人尽识，则伤已及而不能去矣。[1]

[1]《离》下《坤》上，《明夷》。离，明。坤，地也。明入地中，伤明也。初九伤犹未显，而爻之象曰"君子于行，三日不食"，盖知几而去之速，处人之所难而不疑也。楚王戊不设醴酒，而穆生去之，曰："不去，楚人将钳我于市。"当时虽申公之贤，犹以为过。其后申公受胥靡①之辱，至是，欲去而不得矣。

7.11 《晋》之初六，在下而始进，岂遽能深见信于上？苟上未见信，则当安中自守，雍容宽裕，无急于求上之信也。苟欲信之心切，非汲汲以失其守，则悻悻②以伤于义矣，故曰："晋如摧如，贞吉，罔孚，裕无咎。"[1] 然圣人又恐后之人不达宽裕之义，居位者废职失守以为裕，故特云"初六裕则无咎"者，始进未受命当职任故也。若有官守，

① 胥靡：一种刑罚，用绳索牵联刑徒，使之劳作。胥，相。靡，随。
② 悻（xìng）悻：怨怒。

不信于上而失其职，一日不可居也。[2] **然事非一概，久速唯时，亦容有为之兆者。**[3]

[1] 在下则势疏，始进则交浅。上未见信，惟当安于守正，宽以待人，岂可求其信也？求信之急，则必汲汲以失其贞正之守。求信愈急，人愈不信，则必悻悻以伤其事上之义。《晋》之初六，未敢必于进也。进而后退，得正则吉，未敢必人之信也。宽裕以待之，则无咎。

[2] 卦之初为无位，《晋》之始未当职任，故宽裕以待，其自信可也。苟有官守而不见信于上，必将废职失守，急去可也，岂容宽裕以处之哉？

[3] 兆，几微之见。君子知几，则可久可速，不失其时矣。

7.12 不正而合，未有久而不离者也。合以正道，自无终睽①之理。故贤者顺理而安行，智者知几而固守。[1]

[1]《睽卦》六三传。贤者顺是理之当然，安而行之；智者知其几之必然，固而守之。皆谓必以正道

---

① 睽：乖违，别离。

而后合者。

7.13 君子当困穷之时，既尽其防虑之道而不得免，则命也。当推致其命，以遂其志。知命之当然也，则穷塞祸患不以动其心，行吾义而已。[1] 苟不知命，则恐惧于险难，陨获于穷厄，所守亡矣，安能遂其为善之志乎？[2]

[1]《困卦·象》曰："君子以致命遂志。"推致其命，知其当然而不可免，则无所挠惧，而能遂其为义之志矣。盖命者，出乎气数而不可易；义者，在我裁制而不可违。彼已定之祸福，虽忧惧而何益？行吾义而已。

[2] 陨获，犹颠陟①也。

7.14 寒士之妻、弱国之臣，各安其正而已。苟择势而从，则恶之大者，不容于世矣。[1]

[1]《困卦》九四传。

---

① 陟（jī）：坠落。

7.15 《井》之九三，渫①治而不见食，乃人有才智而不见用，以不得行为忧恻也。盖刚而不中，故切于施为，异乎"用之则行，舍之则藏"者矣。[1]

[1] 九三阳刚而处下卦之上，在井则已渫治而可食矣。然而无得于五，故不见食。爻位刚而不中，切于施为，故忧恻。异乎圣贤视用舍为行藏，泰然不以累其心者矣。

7.16 《革》之六二，中正则无偏蔽，文明则尽事理，应上则得权势，体顺则无违悖。时可矣，位得矣，才足矣，处革之至善者也。必待上下之信，故"巳日乃革之"也。[1] 如二之才德，当进行其道，则吉而无咎也。不进，则失可为之时，为有咎也。[2]

[1] 六二居中得正；下卦为《离》，故曰文明；二与五应，故曰应上；爻位皆柔，故曰体顺。时当变革则时可矣，居中应上则位得矣，文明体顺则才足矣，是处革之至善者。然必待上下尽信而后革，故

---

① 渫（xiè）：除去污泥。

辞曰"巳日乃革之",谨之至也。

[2] 革固不可遽,然当其时,处其位,有其才,岂容自已?故辞曰"征吉,无咎"。

7.17 鼎之有实,乃人之有才业也,当慎所趋向。不慎所往,则亦陷于非义。故曰:"鼎有实,慎所之也。"[1]

[1] 抱负才业,急于有为,每不暇谨择所向,则反为才业累矣,如荀彧之类是也。

7.18 士之处高位,则有拯而无随。在下位,则有当拯,有当随,有拯之不得而后随。[1]

[1]《艮》卦六二传。在上位者,当以正君定国为己任,故有拯而无随。在下位者,职守所在,是当拯也;职所不及,是当随也。又有拯之不得而后随者,如孔子尝从大夫之列,故请讨陈恒,然不在其位,则亦随之而已。

7.19 "君子思不出其位。"位者,所处之分也。万事各有其所,得其所,则止而安。若当行而止,

当速而久，或过或不及，皆出其位也。况逾分非据乎？[1]

[1]《艮卦·象》传。位者，所处当然之分也。处之不逾其分，是不出其位也。所谓止者，当其分而已。苟当行而止，当速而久，或过或不及，皆为出位，而非得其止者也。况逾越常分，据非所据者，乃出位之尤者也。

7.20 人之止，难于久终，故节或移于晚，守或失于终，事或废于久，人之所同患也。《艮》之上九，敦厚于终，止道之至善也。故曰："敦艮吉。"[1]

[1] 人之止，易于暂而难于久，易于始而难于终。《艮》之上九，止之终也。止道愈厚，是以吉也。

7.21 《中孚》之初九曰："虞吉。"《象》曰："志未变也。"《传》曰：当信之始，志未有所从，而虞度所信，则得其正，是以吉也。志有所从，则是变动，虞之不得其正矣。[1]

[1] 处卦之初，未有所从，则中无私系，虞度所信，得其正矣。苟志有所系，则好恶成于中，是非

变于外，所度者牵于私意，安能得其正哉？

7.22 贤者惟知义而已，命在其中。中人以下，乃以命处义，[1]**如言"求之有道，得之有命，是求无益于得"，知命之不可求，故自处以不求。**[2]**若贤者则求之以道，得之以义，不必言命。**[3]

[1] 命者，穷达夭寿，出于气质，有必然之数。义者，是非可否，本乎天理，有当然之宜。贤者惟知义之当然，命固在其中矣。中人以下，于义未能真知而安行，然知命之已定，则亦不敢越义以妄求，故曰"以命处义"。

[2] 孟子所谓"求之有道"，谓不可以苟求也；"得之有命"，谓不可以幸得也；"是求无益于得"者，谓得非可以求而遂也。此言要亦为中人以下者设尔。

[3]《遗书》。下同。○求之必以道，不枉道以求之也。得之必以义，不非义而受之也。所求所得，惟道与义而已，命何足道哉？○愚谓：命虽定于事物之先，实显于事物之后。义虽因事物而有，实著于应酬之时。如去就辞受之间，要决于义也，而后

命从之以显。苟应事之时，欲以命决之，其可乎？故君子求之道义而已，命不必言也。

7.23 人之于患难，只有一个处置，尽人谋之后，却须泰然处之。有人遇一事，则心心念念不肯舍，毕竟何益？若不会处置了放下，便是"无义无命"也。[1]

[1] 人遇患难，但当审所以处之之道，所谓义也。若夫处置之后在己无阙，则亦安之而已，成败利钝亦无如之何，所谓命也。或遇事而不能处，是无义也；或处置了而不能放下，是无命也。

7.24 门人有居太学而欲归应乡举者，问其故，曰："蔡人尠①习《戴记》，决科②之利也。"先生曰："汝之是心，已不可入于尧舜之道矣。[1] 夫子贡之高识，曷尝规规于货利哉？特于丰约之间，不能无留情耳。且贫富有命，彼乃留情于其间，多见其不信道也。故圣人谓之'不受命'。有志于道者，

---

① 尠：同"鲜"。
② 决科：通过射策来决定科第。后泛指参加科举考试。

要当去此心而后可语也。"[2]

[1] 尟，甚少也。得失有命，妄起计度之私，是利心也，故不可入尧舜之道。

[2] 说见《论语》。谓不能安受乎天命，而有心于贫富也。

7.25 人苟有"朝闻道，夕死可矣"之志，则不肯一日安于所不安也。何止一日？须臾不能。如曾子易箦①，须要如此乃安。[1] 人不能若此者，只为不见实理。实理者，实见得是，实见得非。[2] 凡实理得之于心自别。若耳闻口道者，心实不见。若见得，必不肯安于所不安。人之一身，尽有所不肯为，及至他事又不然。若士者，虽杀之，使为穿窬②，必不为，其他事未必然。至如执卷者③，莫不知说礼义。又如王公大人，皆能言轩冕外物。及其临利害，则不知就义理，却就富贵。如此者只是说得，不实见。及其蹈水火，则人皆避之，是实见得。须是有"见不善如探汤"之心，则自然别。昔

---

① 易箦（zé）：更换竹席。
② 穿窬：凿洞翻墙，为偷盗之事。窬，同"逾"。
③ 执卷者：读书人。

曾经伤于虎者，他人语虎，则虽三尺童子，皆知虎之可畏，终不似曾经伤者，神色慑惧，至诚畏之，是实见得也。[3] **得之于心，是谓有德，不待勉强。然学者则须勉强。古人有捐躯陨命者，若不实见得，则乌能如此？须是实见得生不重于义、生不安于死也。故有"杀身成仁"，只是成就一个是而已。**[4]

[1] 朱子曰：道者，事物当然之理。苟得闻之，则生顺死安，无复遗恨矣。

[2] 朱子曰：实理与实见不同，恐记录漏字。愚谓：本以人心见处而言，惟实见是非之理，然后为实理。盖理无不实，但见有未实耳。

[3] 此一节反复推明实见之理，最为亲切。学者要亦察理之明，立志之刚，知行并进，豁然有悟，然后所见为实见。充其所见，死生利害皆不足以移之矣。

[4] 心有实见，而后谓之有德，此则不待勉强。学者实见有所未尽，则亦勉而行之可也。

7.26 孟子辨舜、跖之分，只在义、利之间。言间

者，谓相去不甚远，所争毫末尔。义与利，只是个公与私也。才出义，便以利言也。只那计较，便是为有利害。若无利害，何用计较？利害者，天下之常情也。人皆知趋利而避害，圣人则更不论利害，惟看义当为不当为，便是命在其中也。[1]

[1] 张南轩曰：无所为而为之者，义也；有所为而为之者，利也。愚谓：义之与利，始于毫厘之差，实则霄壤之判。有心于计较利害者，即是人欲之私，有所为而为者也；不论利害，惟义所在者，即是天理之公，无所为而为者也。圣人惟义之从，固不论利害，况义如是，则命亦当如是，又何趋避之有？

7.27 大凡儒者，未敢望深造于道，且只得所存正，分别善恶，识廉耻。如此等人多，亦须渐好。

7.28 赵景平问："'子罕言利'，所谓利者，何利？"曰："不独财利之利，凡有利心，便不可。如作一事，须寻自家稳便处，皆利心也。圣人以义为利，义安处便为利。[1]如释氏之学，皆本于利，故便不是。"[2]

[1] 圣人处义，不计其利。然事当乎义，处之而安，乃所以为利也。

[2] 释氏恶死，则欲无生，恶物欲乱心，则绝灭人伦。推其本心，惟欲利己而已，是贼义之大者。

7.29 问："邢恕久从先生，想都无知识，后来极狼狈。"先生曰："谓之全无知则不可，只是义理不能胜利欲之心，便至如此。"[1]

[1] 邢恕事，见《国史》及《语录》。

7.30 谢湜①自蜀之京师，过洛而见程子。子曰："尔将何之？"曰："将试教官。"子弗答。湜曰："何如？"子曰："吾尝买婢，欲试之，其母怒而弗许，曰：'吾女非可试者也。'今尔求为人师而试之，必为此媪笑也。"湜遂不行。

7.31 先生在讲筵，不曾请俸。诸公遂牒户部，问不支俸钱。户部索前任历子，先生云："某起自草

---

① 湜：shí。

莱，无前任历子。"[1]遂令户部自为出券历。又不为妻求封，范纯甫问其故，先生曰："某当时起自草莱，三辞然后受命，岂有今日乃为妻求封之理？"问："今人陈乞恩例，义当然否？人皆以为本分，不为害。"先生曰："只为而今士大夫道得个'乞'字惯，却动不动又是'乞'也。"问："陈乞封父祖如何？"先生曰："此事体又别。"再三请益，但云："其说甚长，待别时说。"[2]

[1]先生元祐初，以大臣荐，除校书郎，三辞不听。除崇政殿说书，未几除侍讲。本注云：旧例，初入京官时，用下状出给料钱①历。先生不请，意谓朝廷起我，便当"廪人继粟，庖人继肉"也。

[2]封亲与封妻，事体不同。显荣其亲，亦人子之至情，谓之不当求则不可，谓之当求，则先生特召，与常人异，故难为言也。○或云：若是应举得官，便只当以常调自处，虽陈乞封荫可也？朱子曰：此自今常人言之，如此可也。然朝廷待士却不当如此。伊川所以难言之也，但云"其说甚长"，其意谓要当从科举法都变了，乃为正耳。

① 料钱：俸钱，宋制有茶料、食料之类。

7.32 汉策贤良，犹是人举之。如公孙弘者，犹强起之乃就对。[1] 至如后世贤良，乃自求举尔。若果有曰"我心只望廷对，欲直言天下事"，则亦可尚已。若志在富贵，则得志便骄纵，失志则便放旷与悲愁而已。

[1] 武帝初即位，招贤良文学之士。是时，公孙弘以贤良征为博士，使匈奴，还报，不合意，乃移病免归。元光五年，复征贤良文学，菑川国复推上弘，弘谢曰："前已尝西，用①不能罢，愿更选。"国人固推弘。

7.33 伊川先生曰：人多说某不教人习举业，某何尝不教人习举业也？人若不习举业而望及第，却是责天理而不修人事。但举业既可以及第即已，若更去上面尽力求必得之道，是惑也。

7.34 问："家贫亲老，应举求仕，不免有得失之累，何修②可以免此？"伊川先生曰："此只是志不胜

---

① 用：因为。
② 修：修治。

气。若志胜,自无此累。家贫亲老,须用禄仕,然'得之不得为有命'"。曰:"在己固可,为亲奈何?"曰:"为己、为亲,也只是一事。若不得,其如命何?孔子曰:'不知命,无以为君子。'人苟不知命,见患难必避,遇得丧必动,见利必趋,其何以为君子?"

7.35 或谓科举事业夺人之功,是不然。且一月之中,十日为举业,余日足可为学。然人不志于此,必志于彼。故科举之事,不患妨功,惟患夺志。[1]

[1]《外书》。○夺志则根本废矣,故妨功之患小,夺志之患大。○朱子曰:科举亦不害为学。但今人把心不定,所以为害。才以得失为心,理会文字,意思都别了。又曰:科举特一事耳。自家工夫到后,那边自轻。

7.36 横渠先生曰:世禄之荣,王者所以录有功、尊有德,爱之、厚之,示恩遇之不穷也。为人后者,所宜乐职劝功,以服勤事任,长廉远利,以似述世风①。而近代公卿子孙,方且下比布衣,工声

① 似述世风:继承遵循先世遗风。似,同"嗣"。

病，售有司。不知求仕非义，而反羞循理为无能；不知荫袭为荣，而反以虚名为善继。诚何心哉！[1]

[1]《文集》。○声病，诗律有四声八病，今进士诗赋之学是也。求仕非义，谓投牒觅举之类。循理，谓服勤事任、似述世风者也。

7.37 不资其力而利其有，则能忘人之势。[1]

[1]《孟子说》。○人之歆动乎势位者，皆有待于彼也。惟不藉其力而利其所有，则己自重而彼自轻。

7.38 人多言安于贫贱，其实只是计穷、力屈、才短，不能营画耳。若稍动得，恐未肯安之。须是诚知义理之乐于利欲也，乃能。[1]

[1]《语录》。下同。○朱子曰：人须是读书洞见此理，知得不求富贵只是本分，求着便是罪过。不惟不可有求之之迹，亦不可萌求之之心。愚谓：真知义理之可乐，然后富贵不足动其心。

7.39 天下事大患只是畏人非笑。不养车马、食粗

衣恶、居贫贱,皆恐人非笑。不知当生则生,当死则死;今日万钟,明日弃之;今日富贵,明日饥饿。亦不恤,"惟义所在"。[1]

[1] 义之所在,则死生去就有所不顾,况夫怀龌龊之见,畏人非笑而耻居贫贱,岂有大丈夫之气哉?

卷八　治体 凡二十五条

此卷论治道。盖明乎出处之义，则于治道之纲领不可不素讲明之。一旦得时行道，则举而措之耳。

8.1 濂溪先生曰：治天下有本，身之谓也；治天下有则，家之谓也。[1] 本必端，端本，诚心而已矣；则必善，善则，和亲而已矣。[2] 家难而天下易，家亲而天下疏也。[3] 家人离，必起于妇人，故《睽》次《家人》，以"二女同居"而"志不同行"也。[4] 尧所以厘降二女于妫汭①：舜可禅乎？吾兹试矣。是治天下观于家，[5] 治家观身而已矣。身

---

① 妫：guī。汭：ruì。

端，心诚之谓也。诚心，复其不善之动而已矣。[6]不善之动，妄也。妄复，则无妄矣。无妄，则诚焉。[7]故《无妄》次《复》，而曰"先王以茂对时，育万物"，深哉！[8]

[1] 朱子曰：则，谓物之可视以为法者，犹俗言则例、则样是也。

[2] 朱子曰：心不诚则身不可正，亲不和则家不可齐。○以上总论治天下者，其本在身，其则在家也。

[3] 朱子曰：亲者难处，疏者易裁。然不先其难，亦未有能其易者也。

[4] 朱子曰：《睽》次《家人》，《易》卦之序。"二女"以下，《睽·象传》文。二女，谓《睽卦》《兑》下《离》上，《兑》少女，《离》中女也。阴柔之性，外和说而内猜嫌，故同居而异志。

[5] 朱子曰：厘，理也。降，下也。妫，水名。汭，水北，舜所居也。尧理治，下嫁二女于舜，将以试舜而授之天下也。○以上论善则在和亲之道。

[6] 朱子曰：不善之动息于外，则善心之生于内者，无不实矣。

251

[7] 程子曰：无妄之谓诚。

[8]《通书》。○茂，笃实盛发之意。对，犹配也，谓配天时以育物。朱子曰：《无妄》次《复》，亦卦之序。"先王"以下，引《无妄卦·大象》，以明对时育物，惟至诚者能之，而赞其旨之深也。○以上论端本在诚心之道。

8.2 明道先生言于神宗曰：得天理之正，极人伦之至者，尧舜之道也；用其私心，依仁义之偏者，霸者之事也。[1] **王道如砥，本乎人情，出乎礼义，若履大路而行，无复回曲。霸者崎岖反侧于曲径之中，而卒不可与入尧舜之道。**[2] **故诚心而王，则王矣；假之而霸，则霸矣。二者其道不同，在审其初而已。《易》所谓"差若毫厘，缪以千里"者，其初不可不审也。**[3] **惟陛下稽先圣之言，察人事之理，知尧舜之道备于己，反身而诚之，推之以及四海，则万世幸甚。**[4]

[1] 熙宁二年，先生以大臣荐，召除太子中允权监察御史里行。上疏首言王霸之事，有天理人欲之分、纲常纯驳之辨。

［2］王道本乎人情之公，出乎礼义之正，平易正直而无回邪委曲之行。崎岖，艰险。反侧，不安之意。径，委曲小路也。

［3］王者修己爱民，正中国，攘夷狄，无非以诚心而行乎天理。霸者假尊王攘夷、救灾讨叛之名义，以号令天下而自尊大耳。其道虽霄壤之不侔①，然其初但根于一念之公私诚伪而已。○朱子曰：宣帝杂王霸，元不识王霸，只是以宽慈唤做王，严酷唤做霸。自古论王霸，至明道先生此札，无余蕴矣。

［4］《文集》。下同。

8.3 伊川先生曰：当世之务，所尤先者有三：一曰立志，二曰责任，三曰求贤。今虽纳嘉谋，陈善算，非君志先立，其能听而用之乎？君欲用之，非责任宰辅，其孰承而行之乎？君相协心，非贤者任职，其能施于天下乎？此三者，本也；制于事者，用也。三者之中，复以立志为本。所谓立志者，至诚一心，以道自任，以圣人之训为可必信、先王之治为可必行，不狃滞于近规，不迁惑于众口，必期

---

① 侔：相等。

致天下如三代之世也。[1]

[1] 立志笃实而远大，则不胶于浅近，不惑于流俗。

8.4 《比》①之九五曰："显比，王用三驱，失前禽。"《传》曰："人君比天下之道，当显明其比道而已。如诚意以待物，恕己以及人，发政施仁，使天下蒙其惠泽，是人君亲比天下之道也。如是，天下孰不亲比于上?[1] 若乃暴②其小仁，违道干誉，欲以求下之比，其道亦已狭矣，其能得天下之比乎?[2] 王者显明其比道，天下自然来比。来者抚之，固不煦煦然求比于物。若田之三驱，禽之去者从而不追，来者则取之也。此王道之大，所以其民皞皞而莫知为之者也。[3] 非唯人君比天下之道如此，大率人之相比莫不然。以臣于君言之，竭其忠诚，致其才力，乃显其比君之道也。用之与否，在君而已。不可阿谀逢迎，求其比己也。在朋友亦然，修身诚意以待之。亲己与否，在人而已。不可

① 比：bì。
② 暴（pù）：显示。

巧言令色，曲从苟合，以求人之比己也。于乡党、亲戚，于众人，莫不皆然，'三驱，失前禽'之义也。"[4]

[1] 积诚实之意以待物，推爱己之心以及人，发政施仁，公平正大，群心自然豫附，人君显比天下之道也。

[2] 暴小惠以市私恩，违正道以干虚誉，以是求比，则非显比矣。

[3] 煦煦，日出微温之貌。《礼》"天子不合围"，盖蒐①田之时，围于三面，前开一路，来者取之，去者不追。亦犹王者显明比道，初不执小惠以求人之比也。皞皞，广大自得之意。

[4]《易传》。下同。

8.5 古之时，公卿大夫而下，位各称其德，终身居之，得其分也。位未称德，则君举而进之。士修其学，学至而君求之。皆非有预于己也。农工商贾，勤其事而所享有限。故皆有定志，而天下之心可一。后世自庶士至于公卿，日志于尊荣；农工商

① 蒐（sōu）：田猎。

贾，日志于富侈。亿兆之心，交骛于利，天下纷然，如之何其可一也？欲其不乱，难矣！[1]

[1]《履卦·象》曰："君子以辨上下，定民志。"上之人不度其德而制爵位，则庶士以至公卿日志于尊荣；不明其分而立品节，则农工商贾日志于富侈。贵贱竞趋，而心欲无穷，此乱之所由生也。

8.6　《泰》之九二曰："包荒，用冯①河。"《传》曰："人情安肆，则政舒缓，而法度废弛，庶事无节。治之之道，必有包含荒秽之量，则其施为，宽裕详密，弊革事理，而人安之。若无含弘之度，有忿疾之心，则无深远之虑，有暴扰之患。深弊未去，而近患已生矣，故在'包荒'也。[1] 自古泰治之世，必渐至于衰替，盖由狃习安逸，因循而然。自非刚断之君、英烈之辅，不能挺特奋发，以革其弊也，故曰'用冯河'。[2] 或疑上云'包荒'，则是包含宽容，此云'用冯河'，则是奋发改革，似相反也。不知以含容之量，施刚果之用，乃圣贤之为也。"[3]

[1] 当泰之盛，上下安肆，政令舒缓而不振，法度

---

① 冯：píng。

废弛而不立，庶事泛溢而无节，未可以亟正骤起之也。必有包含荒秽之量，而后见于施为者，宽裕而不迫，详密而不疏，不迫不疏，则弊可革，事可理，而人且安之矣。或者见其百度弛慢，不能含忍，而遽怀忿疾之心，则不暇详密，何有深远之虑？不能宽裕，宁免暴扰之忧？无深远之虑，则深弊未易革；有暴扰之忧，则近患已生矣。

[2] 治泰之道，虽不容峻迫，然人情玩肆，因循苟且，渐已陵夷。苟非一人刚断，宰辅英烈，则亦未能挺特自立奋发有为，而作新积弊也。无舟渡河曰冯，谓必用冯河之勇也。

[3] 有含容之量，则刚果不至于疏迫；有刚果之用，则含容不至于委靡。二者相资，而后治泰之道可成也。

8.7 **《观》："盥而不荐，有孚颙若①。"《传》曰："君子居上，为天下之表仪。必极其庄敬，如始盥之初，勿使诚意少散，如既荐之后，则天下莫不尽其孚诚，颙然瞻仰之矣。"**[1]

---

① 颙（yóng）若：仰望貌。

[1]盥者，祭祀之始，盥洗之时也。荐者，献腥献熟之时也。方盥之始，人心精纯严肃。既荐之后，则礼仪繁缛，人心渐散。故为人上者，必外庄内敬，常如始盥之时，则天下之人莫不诚信其上，颙颙然仰望之矣。

8.8 **凡天下至于一国一家，至于万事，所以不和合者，皆由有间也。无间，则合矣。以至天地之生、万物之成，皆合而后能遂。凡未合者，皆为间也。若君臣、父子、亲戚、朋友之间，有离贰怨隙者，盖谗邪间于其间也。去其间隔而合之，则无不和且治矣。噬嗑①者，治天下之大用也。**[1]

[1]《噬嗑卦》传。天地有间，则气不通，而生化莫遂；人伦有间，则情不通，而恩义日睽。"颐中有物曰噬嗑"，噬而合之，所以去间也，有治天下之大用焉。

8.9 《大畜》之六五曰："豮②豕之牙，吉。"

---

① 噬：咬。嗑（hé）：合。
② 豮（fén）：将猪去势。

《传》曰："物有总摄，事有机会，圣人操得其要，则视亿兆之心犹一心。道①之斯行，止之则戢②，故不劳而治，其用若'豮豕之牙'也。"[1] 豕，刚躁之物。若强制其牙，则用力劳而不能止；若豮去其势，则牙虽存而刚躁自止。君子法豮豕之义，知天下之恶不可以力制也，则察其机，持其要，塞绝其本原，故不假刑法严峻，而恶自止也。且如止盗，民有欲心，见利则动。苟不知教，而迫于饥寒，虽刑杀日施，其能胜亿兆利欲之心乎？圣人则知所以止之之道，不尚威刑而修政教，使之有农桑之业，知廉耻之道，'虽赏之不窃'矣。"[2]

[1] 得其要会，则视繁犹简，令行而禁止矣。

[2] 圣人所以制强暴者，盖亦察其机要而治其本原，则人自服矣。如所谓止盗之法是也。非若后世权谋之术，执其要害以御人之谓也。

8.10 《解》："利西南，无所往，其来复吉。有攸往，夙吉。"《传》曰："西南，坤方。坤之体广大

---

① 道：同"导"。
② 戢（jí）：止。

平易。当天下之难方解，人始离艰苦，不可复以烦苛严急治之，要济以宽大简易，乃其宜也。[1]既解其难而安平无事矣，是'无所往'也。则当修复治道，正纪纲，明法度，进复先代明王之治，是'来复'也，谓反正理也。自古圣王救难定乱，其始未暇遽为也；既安定，则为可久可继之治。自汉以下，乱既除，则不复有为，姑随时维持而已，故不能成善治，盖不知'来复'之义也。[2]'有攸往，夙吉'，谓尚有当解之事，则早为之乃吉也。当解而未尽者，不早去，则将复盛；事之复生者，不早为，则将渐大，故夙则吉也。"[3]

[1] 文王八卦方位，坤居西南维，故西南为坤。大难初解，与民休息之意。

[2] 大难既解，虽已安平而无所事，然兴废举坠，修复治道，以为久安长治之计者，不容苟且而遂已也。

[3] 张柬之等不杀武三思，及其势复盛，乃欲除之，则亦晚矣。

8.11 夫"有物必有则"，父止于慈，子止于孝，

君止于仁，臣止于敬，万物庶事，莫不各有其所。得其所则安，失其所则悖。圣人所以能使天下顺治，非能为物作则也，惟止之各于其所而已。[1]

[1]《艮卦·象》传。事物各有天然之则，圣人非能为物作则，但处之各当其则而已。

8.12 《兑》，说①**而能贞，是以上顺天理，下应人心，说道之至正、至善者也。**[1] **若夫"违道以干**②**百姓之誉"者，苟说之道，违道不顺天，干誉非应人，苟取一时之说耳，非君子之正道。君子之道，其说于民，如天地之施，感之于心，而说服无斁**③**。**[2]

[1]《兑卦·彖》曰："说以利贞，是以顺乎天而应乎人。"
[2] 道出于天，违道则非顺天矣；誉出于人，干誉则非应人矣。

---

① 说：通"悦"，下同。
② 干：求。
③ 斁（yì）：厌倦。

8.13 天下之事，不进则退，无一定之理。济之终，不进而止矣，无常止也，衰乱至矣，盖其道已穷极也。圣人至此奈何？曰：唯圣人为能通其变于未穷，不使至于极，尧舜是也，故有终而无乱。[1]

[1]《既济·象》曰："终止则乱，其道穷也。"盛止必衰者，天下之常势；有盛无衰者，圣人之常道。常人苟安于既济，乃衰乱之所由生；圣人通变于未穷，故有终而无乱。《易大传》曰"尧舜氏作，通其变，使民不倦"是也。

8.14 为民立君，所以养之也。养民之道，在爱其力。民力足则生养遂，生养遂则教化行而风俗美，故为政以民力为重也。《春秋》凡用民力必书。其所兴作，不时害义，固为罪也。虽时且义必书，见劳民为重事也。后之人君知此义，则知慎重于民力矣。[1] 然有用民力之大而不书者，为教之意深矣。僖公修泮①宫、复闷②宫，非不用民力也，然而不书。二者，复古兴废之大事，为国之先务，如是而

---

① 泮：bàn。
② 闷：bì。

用民，乃所当用也。人君知此义，知为政之先后轻重矣。[2]

[1]《春秋》书不时者，如隐公七年"夏城中丘"之类；书时者，如桓十六年冬"城向"之类；书不义者，如庄二十三年"丹桓宫楹"之类；书义者，如庄元年"筑王姬之馆"之类。

[2]《经说》。下同。○泮，半也。诸侯之学，乡射之宫，其东西南方有水，形如半璧，以其半于天子之辟廱①，故曰泮宫也。閟，闭也，幽阴之义。宫，庙也。毛氏曰："先妣姜嫄之庙。"孟仲子曰："是禖②宫也。"泮宫者，所以教育贤材；閟宫者，所以尊事祖先。二者皆为国之先务，以是而用民力，故无议焉。

8.15 治身、齐家以至平天下者，治之道也。建立治纲，分正百职，顺天时以制事，至于创制立度，尽天下之事者，治之法也。圣人治天下之道，唯此二端而已。[1]

---

① 辟廱（yōng）：天子所设的大学。
② 禖（méi）：天子求子之祭。

263

[1] 道者治之本，法者治之具，不可偏废。然亦必本之立，而后其具可举也。

8.16 明道先生曰：先王之世以道治天下，后世只是以法把持天下。[1]

[1]《遗书》。下同。○先王治天下以仁义为主，法固在其中。后世惟持法令以控制天下，而法亦非先王之法矣。

8.17 为政须要有纪纲文章。"先有司"、乡官读法、平价、谨权量，皆不可阙也。[1] 人各亲其亲，然后能不独亲其亲。[2] 仲弓曰："焉知贤才而举之？"子曰："举尔所知。尔所不知，人其舍诸？"便见仲弓与圣人用心之大小。推此义，则一心可以丧邦，一心可以兴邦，只在公私之间尔。[3]

[1] 大曰纲，小曰纪。文章，谓文法章程也。有司，众职也。必先正有司，而后考其成，会其要。乡官，如党正、族师、闾胥、比长之属。读法，如州长于正月之吉①及岁时祭祀，"各属其州之民而

---

① 吉：每月初一。

读法，以考其德行、道艺而劝之，以纠其过恶而戒之"是也。平价，如"贾师各掌其次之货贿之治，辨其物而均平之，展其成而奠其贾"之类是也。权五：铢、两、斤、钧、石也。量五：龠①、合②、升、斗、斛也。

[2] 使人各亲其亲，则亲亲之道公于天下。

[3] 仲弓欲以一人之知举天下之贤，故疑其不足。夫子则因天下之贤举天下之贤，惟见其有余。用心之公私、大小如此，推其极致，则一可以丧邦，一可以兴邦。

8.18 治道亦有从本而言，亦有从事而言。从本而言，惟从"格君心之非"，"正心以正朝廷，正朝廷以正百官"。若从事而言，不救则已，若须救之，则必变，大变则大益，小变则小益。[1]

[1] 论治本，则正君而国定矣。就事而言，则必有大更革，然后能救积弊，然要以格君心为本。

---

① 龠：yuè。
② 合：gě。

8.19 唐有天下，虽号治平，然亦有夷狄之风。三纲不正，无君臣、父子、夫妇，其原始于太宗也。故其后世子弟皆不可使。君不君，臣不臣，故藩镇不宾，权臣跋扈，陵夷①有五代之乱。[1] 汉之治过于唐。汉大纲正，唐万目举，本朝大纲正，万目亦未尽举。[2]

[1] 太宗以智力劫持取天下，其于君臣父子之义有亏，闺门之间又有惭德，三纲皆已不正。是以后世子孙气习相传，纲常陵夷而不可止。玄宗使肃宗至灵武，则自立称帝，使永王璘使江南，则反。君臣之道不正，遂使藩镇披猖于外，阉竖擅专于内，驯致②五季之极乱也。

[2] 大纲，谓纲常。唐之治目，若世业，若府兵，若租庸调，若省府，其区画法制，略仿先王之遗意，故亦足以维持天下。

8.20 教人者，养其善心而恶自消；治民者，导之敬让而争自息。[1]

---

① 陵夷：渐趋衰微。
② 驯致：逐渐达至。

[1]《外书》。下同。○"道之以德，齐之以礼。"

8.21 明道先生曰：必有《关雎》《麟趾》之意，然后可行《周官》之法度。[1]

[1]《关雎》咏文王妃姒氏，有幽闲正静之德；《麟趾》咏文王子孙宗族，有仁爱忠厚之性。朱子曰：自闺门衽席之微，积累至熏蒸洋溢，天下无一民一物不被其化，然后可以行《周官》之法度。不然，则为王莽矣。

8.22 "君仁莫不仁，君义莫不义。"天下之治乱，系乎人君仁不仁耳。离是而非，则"生于其心"，必"害于其政"，岂待乎作之于外哉？[1]**昔者孟子三见齐王而不言事，门人疑之，孟子曰："我先攻其邪心。"心既正，然后天下之事可从而理也。夫政事之失、用人之非，知者能更之，直者能谏之。然非心存焉，则一事之失，救而正之，后之失者，将不胜救矣。"格其非心"，使无不正，非大人，其孰能之？**[2]

[1]一国以一人为本，一人以一心为本。使人君有

一念私邪，必将害于其政，奚待作于外而后可知？

[2] 孟子见齐王，首言仁术，曰："是心足以王。"至将求其所大欲，则曰：缘木求鱼，后必有灾，王欲行之，盍反其本？凡皆以格其非心而兴其善意。至于一政事之得失，固未暇论。

8.23 横渠先生曰："道千乘之国"，不及礼乐刑政，而云"用而爱人，使民以时"。言能如是则法行，不能如是则法不徒行。礼乐刑政，亦制数而已耳。[1]

[1]《正蒙》。下同。○说见《论语》。道，治也。千乘，诸侯之国，其赋可出兵车千乘者。治国以人心为本，必节己裕民，德意孚洽，民安其生，然后礼乐刑政有所措。

8.24 法立而能守，则德可久，业可大。郑声、佞人，能使为邦者丧所以守，故放远之。[1]

[1] 郑声者，郑国之俗淫邪，其作之诗、著于乐者，声皆淫靡。佞人者，口给面谀之人也。夫子既告颜子以四代之礼乐，而必欲"放郑声、远佞人"，

盖二者荡心之原、败法乱纪之要也。

8.25 横渠先生《答范巽之书》曰：朝廷以道学、政术为二事，此正自古之可忧者。巽之谓孔孟可作，将推其所得而施诸天下邪？将以其所不为而强施之于天下欤？[1]**大都君相以父母天下为王道，不能推父母之心于百姓，谓之王道，可乎？所谓父母之心，非徒见于言，必须视四海之民如己之子。设使四海之内皆为己之子，则讲治之术，必不为秦汉之少恩，必不为五伯**①**之假名。**[2]**巽之为朝廷言，"人不足与适，政不足与间"，能使吾君爱天下之人如赤子，则治德必日新，人之进者必良士，帝王之道不必改途而成，学与政不殊心而得矣。**[3]

[1] 道学、政术分为两途，则学与政皆非矣。使孔孟复生，必将推其所得之道，措之天下，必不以政术非吾所事，而姑以是强施之天下也。

[2] 视民犹子，则所以抚摩、涵育、教诲、辅翼之者，何所不尽？秦汉惨刻少恩，五伯假义图利，皆无诚爱之心者也。

---

① 伯：同"霸"。

269

[3]《文集》。○适,过也。间,非也。用人之非,不足过谪;行政之失,不足非间。惟能爱民如赤子,恳恻切至,则治德将日新,何忧为政之失?所任皆良士,何忧用人之非?帝王之道,即今日之政事,非有两途;今日之政术,即平日之学问,非有二心也。

卷九　治法 凡二十七条

此卷论治法。盖治本虽立，而治具不容阙。礼、乐、刑、政，有一之未备，未足以成极治之功也。

9.1 濂溪先生曰：古圣王制礼法，修教化，三纲正，九畴叙，百姓大和，万物咸若。[1] 乃作乐以宣八风之气，以平天下之情。[2] 故乐声淡而不伤，和而不淫，入其耳，感其心，莫不淡且和焉。淡则欲心平，和则躁心释。[3] 优柔平中，德之盛也；天下化中，治之至也。是谓道配天地，古之极也。[4] 后世礼法不修，政刑苛紊，纵欲败度，下民困苦。谓古乐不足听也，代变新声，妖淫愁怨，导欲增悲，不能自止。故有贼君弃父，轻生败伦，不可禁者矣。[5]呜呼！乐者，古以平心，今以助欲；古以宣化，今以长怨。[6]不复古礼，不变今乐，而欲至治者，远哉！[7]

[1] 朱子曰：纲，网上大绳也。三纲者，夫为妻纲、父为子纲、君为臣纲也。畴，类也。九畴，见《洪范》。若，顺也。此所谓"理而后和"也。

[2] 朱子曰：八音以宣八方之风，见《国语》。宣，所以达其理之分；平，所以节其和之流。

[3] 朱子曰：淡者，礼之发；和者，乐之为。先淡后和，亦主静之意也。然古圣贤之论乐，曰和而已。此所谓淡，盖以今乐形之，而后见其本于庄正齐肃之意耳。

[4] 朱子曰：欲心平，故平中；躁心释，故优柔。言圣人作乐，功化之盛如此。或云"化中"当作"化成"。

[5] 朱子曰：废礼败度，故其声不淡而妖淫；政苛民困，故其声不和而愁怨。妖淫故导欲，而至于轻生败伦；愁怨故增悲，而至于贼君弃父。

[6] 朱子曰：古今之异，淡与不淡、和与不和而已。

[7]《通书》。○朱子曰：复古礼，然后可以变今乐。

9.2 明道先生言于朝曰：治天下以正风俗、得贤才为本。宜先礼命近侍、贤儒及百执事，悉心推访有德业充备、足为师表者，其次有笃志好学、材良行修者，延聘敦遣①，萃于京师，俾朝夕相与讲明正学。其道必本于人伦，明乎物理。[1] 其教自小学洒扫应对以往，修其孝悌忠信，周旋礼乐。其所以诱掖激厉、渐②摩成就之之道，皆有节序。[2] 其要在于择善修身，至于化成天下，自乡人而可至于圣人之道。[3] 其学行皆中于是者为成。取材识明达可进于善者，使日受其业。[4] 择其学明德尊者，为太学之师，次以分教天下之学。[5] 择士入学，县升之州，州宾兴③于太学，聚而教之，岁论其贤者、能者于朝。[6] 凡选士之法，皆以性行端洁、居家孝悌、有廉耻礼逊、通明学业、晓达治道者。[7]

[1] 大而人伦，微而物理，皆道之体也。

---

① 敦遣：恭送。
② 渐(jiān)：浸润。
③ 宾兴：地方荐举人才而宾礼之，以升入太学。

[2] 诱掖，引而进之。激厉，作而兴之。渐摩则有渐，成就则周足。

[3] 择善者，致知、格物也。修身者，诚意、正心、修身也。化成天下者，齐家、治国、平天下也。乡人，乡里之常人，孟子曰"我犹未免为乡人"是也。

[4] 所学、所行中乎是者，谓择善修身足以化成天下，盖成德之士也。则又取夫材识明达、可与适道者，使受学于成德之人。

[5] 教成使为学官，推教法于天下。

[6] 此仿《周礼》乡大夫宾兴、司马论士之制。

[7]《文集》。下同。〇以此选士，则通于理而适于用，本于身而及于天下。其与后世以文词记诵取士者有间矣。

9.3 明道先生论十事：一曰师傅，[1] 二曰六官，[2] 三曰经界，[3] 四曰乡党，[4] 五曰贡士，[5] 六曰兵役，[6] 七曰民食，[7] 八曰四民，[8] 九曰山泽，[9] 十曰分①数。[10] 其言曰："无古今，无治乱，如生民

---

① 分：fèn。

之理有穷，则圣王之法可改。后世能尽其道则大治，或用其偏则小康，此历代彰灼著明之效也。苟或徒知泥古而不能施之于今，姑欲徇名而遂废其实，此则陋儒之见，何足以论治道哉？然傥谓今人之情皆已异于古，先王之迹不可复于今，趣①便目前，不务高远，则亦恐非大有为之论，而未足以济当今之极弊也。"[11]

[1] 古者自天子达于庶人，必须师友以成就其德业。今师傅之职不修、友臣之义未著，所以尊德乐善之风未成。

[2] 天地四时之官，历二帝三王，未之或改。今官秩淆乱，职业废弛，太平之治所以未至。

[3] 制民常产，使之厚生，则经界不可不正，井地不可不均。今富者跨州县而莫之止，贫者流离饿殍而莫之恤。幸民虽多而衣食不足者，盖无纪极。生齿日益繁，而不为之制，则衣食日蹙，转死日多。

[4] 古者政教始乎乡里，其法起于比、闾、族、党、州、乡、酂、遂②，以相联属统治，故民相安

---

① 趣：同"趋"。
② 比（bǐ）、闾、族、党、州、乡、酂（zàn）、遂：地方组织单位。

而亲睦，刑法鲜犯，廉耻易格。

[5] 庠序，所以明人伦、化成天下。今师学废而道德不一，乡射亡而礼义不兴。贡士不本于乡里，而行实不修；秀民不养于学校，而人材多废。

[6] 古者府史胥徒受禄公上，而兵农未始判也。今骄兵耗匮国力，禁卫之外，不渐归之农，则将贻深虑。府史胥徒之役毒遍天下，不更其制，则未免大患。

[7] 古者民必有九年之食。今天下耕之者少，食之者众，地力不尽，人功不勤。固宜渐从古制，均田务农，公私交为储粟之法，以为凶岁之备。

[8] 古者四民各有常职，而农者十居八九，故衣食易给。今京师浮民数逾百万，此在酌古变今，均多恤寡，渐为之业以救之耳。

[9] 圣人理物，山虞泽衡各有常禁，故万物阜丰而财用不乏。今五官①不修，六府②不治，用之无节，取之不时。惟修虞衡之职，使将养之，则有变通长久之势。

---

① 五官：五行之官，木正、火正、金正、水正、土正。
② 六府：水、火、金、木、土、谷。

[10] 古者冠昏丧祭、车服器用，等差分别，莫敢逾僭，故财用易给，而民有常心。今礼制不足以检饬人情，名数不足以旌别贵贱，奸诈攘夺，人人求厌其欲，此争乱之道也。〇以上十条并节录本文。

[11] 泥古而不度今之宜，徇复古之名而失其实，此固陋儒之见。然遂谓先王治法不可用于今，苟且卑陋，此又世俗之浅识，岂足以大有为而拯极弊哉？

9.4 伊川先生上疏[1]曰：三代之时，人君必有师、傅、保之官。师，道①之教训；[2] 傅，傅之德义；[3] 保，保其身体。[4] 后世作事无本，知求治而不知正君，知规过而不知养德。[5] 傅德义之道，固已疏矣；保身体之法，复无闻焉。[6] 臣以为傅德义者，在乎防见闻之非、节嗜好之过；[7] 保身体者，在乎适起居之宜、存畏慎之心。[8] 今既不设保、傅之官，则此责皆在经筵。欲乞皇帝在宫中，言动服食，皆使经筵官知之。[9] 有剪桐之戏，则随事箴规；违持养之方，则应时谏止。[10]

---

① 道：同"导"。

[1] 先生除崇政殿说书，首上此疏。

[2] 道，开诱也。

[3] 傅，附益也。

[4] 保，安全也。

[5] 君正则治可举，德盛则过自消。正君养德者，本也；求治规过者，末也。

[6] 后世徒存保、傅之名而无其职。不言师者，今日经筵之官，则道之教训之事。

[7] 非礼之事不接乎耳目，嗜好之私不溺乎心术，则德义进矣。

[8] 外适起居之宜，内存畏谨之念，则心神庄肃，气体和平矣。

[9] 宫中言动服食之间，经筵官皆得与闻之。则深宫燕私之时，无异于经筵讲诵之际；对宦官、宫妾之顷，犹若师保之临乎前也。

[10]《文集》。○《史记》："成王与叔虞戏，削桐叶为珪，曰：'以此封若。'史佚曰：'天子无戏言。'遂请封叔虞于唐。"○本注：《遗书》又云：某尝进言，欲令上于一日之中，亲贤士大夫之时多，亲宦官、宫人之时少，所以涵养气质，薰陶德性。

9.5 伊川先生《看详三学①条制》云:"旧制,公私试补,盖无虚月。学校礼义相先之地,而月使之争,殊非教养之道。请改试为课,有所未至,则学官召而教之,更不考定高下。[1] 制尊贤堂,以延天下道德之士,及置待宾、吏师斋,立检察士人行检等法。"[2] 又云:"自元丰后,设利诱之法,增国学解额至五百人,来者奔凑,舍父母之养,忘骨肉之爱,往来道路,旅寓他土,人心日偷,士风日薄。[3] 今欲量留一百人,余四百人分在州郡解额窄处。自然士人各安乡土,养其孝爱之心,息其奔趋流浪之志,风俗亦当稍厚。"又云:"三舍升补之法,皆案文责迹,有司之事,非庠序育材论秀之道。[4] 盖朝廷授法,必达乎下。长官守法而不得有为,是以事成于下,而下得以制其上,此后世所以不治也。[5] 或曰:'长贰②得人则善矣,或非其人,不若防闲详密,可循守也。'殊不知先王制法,待人而行,未闻立不得人之法也。苟长贰非人,不知教育之道,徒守虚文密法,果足以成人材乎?"[6]

---

① 三学:太学、律学、武学。
② 长贰:长官与副官。

[1] 设教之道，礼逊为先。

[2] 尊贤，谓道德可矜式者；待宾，谓行能可宾敬者；吏师，通于治道，可为吏之师法也。三者皆才德过人，首延礼之，使士人知所向慕。次乃立检察士行之法。

[3] 偷，苟得也。薄，谓薄于人伦。

[4] 旧制以不犯罚为行，试在高等为艺。按其文而不考其实，责其迹而不察其心。教之者非育才之道，取之者非论秀之法。

[5] 朝廷之法直达于下，中间更不任人。故长吏拘于法而不得自任，在下者反得执法以取必于上。后世不治，皆此之由，非独庠序而已。

[6] 或者谓任人，则人不能保其皆善；任法，则法犹可守也。殊不知法待人而后行，苟不得人，则虽有密法而无益于成才；苟得其人，则无待于密法，而法之密反害其成才之道。故不若略文法而专责任也。

9.6 《明道先生行状》云：先生为泽州晋城令，民以事至邑者，必告之以孝悌忠信，入所以事父兄，出所以事长上。[1] 度乡村远近为伍保，使之力役相助，患难相恤，而奸伪无所容。[2] 凡孤茕残废者，责之亲戚乡党，使无失所。行旅出于其涂者，疾病皆有所养。[3] 诸乡皆有校，暇时亲至，召父老与之语；儿童所读书，亲为正句读；教者不善，则为易置；择子弟之秀者，聚而教之。乡民为社会，为立科条，旌别善恶，使有劝有耻。[4]

[1] 教民孝悌，为政先务。

[2] 五家为伍，五伍为保。伍谓相参比也，保谓相保任也。

[3] 孤茕而无依，残废而不全，羁旅而疾病者，皆穷民无告，使之各得所养。

[4] 观此，则养民善俗、平易忠厚之政可知矣。

9.7　《萃》："王假①有庙。"《传》曰："群生至众也，而可一其归仰；人心莫知其乡也，而能致其诚敬；鬼神之不可度也，而能致其来格。天下萃合人心、总摄众志之道非一，其至大莫过于宗庙，故王者萃天下之道，至于有庙，则萃道之至也。[1] 祭祀之报，本于人心，圣人制礼以成其德耳。故豺獭

① 假：gé。

能祭，其性然也。"[2]

[1] 假，至也。王者至于有庙，则萃道之盛也。盖群生向背不齐，惟于鬼神则归仰如一；人心出入无时，惟奉鬼神则诚敬自尽。言人心之涣散，每萃于祭享也。鬼神，视之而弗见，听之而弗闻，然齐①明盛服以承祭祀，则洋洋如在，可致来格。言鬼神之游散，亦每萃于宗庙也。

[2]《易传》。

9.8 古者戍役，再期而还。今年春暮行，明年夏代者至，复留备秋，至过十一月而归。又明年仲春遣次戍者。每秋与冬初，两番戍者皆在疆圉②，乃今之防秋也。[1]

[1]《经说》。○论《采薇》遣戍役。北狄畏暑耐寒，又秋气折胶，则弓弩可用，故秋冬易为侵暴，每留戍以防之。

9.9 圣人无一事不顺天时，故至日闭关。[1]

---

① 齐：同"斋"。
② 疆圉（yù）：边防。

[1]《遗书》。下同。○《复卦·彖》传。说见第四卷。

9.10 韩信多多益办,只是分数明。[1]

[1] 分者,管辖阶级之分。数者,行伍多寡之数。分数明,则上下相临,统纪不紊,所御者愈众,而所操者常寡。

9.11 伊川先生曰:管辖人亦须有法,徒严不济事。今帅千人,能使千人依时及节得饭吃,只如此者,亦能有几人?[1] **尝谓军中夜惊,亚夫坚卧不起。不起善矣,然犹夜惊,何也?亦是未尽善。**[2]

[1] 管辖,统军之官。法,谓区画分数之法。
[2] 汉景帝时,七国反,遣周亚夫将兵击之。军中夜惊,扰至帐下,亚夫坚卧帐中不起,有顷遂定。

9.12 "管摄天下人心,收宗族,厚风俗,使人不忘本,须是明谱系,收世族,立宗子法。"[1] **又曰:"一年有一年工夫。"**[2]

[1] 谱,籍录也。系,联属也。明之者,辨著其

宗派。古者诸侯之適子適孙继世为君，其余庶子不得祢①其先君，因各自立为本派之始祖，其子孙百世皆宗之，所谓大宗也。族人虽五世外，皆为之齐衰②三月。大宗之庶子又别为小宗，而小宗有四：其继高祖之適长子，则与三从兄弟为宗；继曾祖之適长子，则与再从兄弟为宗；继祖之適长子，则与同堂兄弟为宗；继祢之適长子，则与亲兄弟为宗。盖一身凡事四宗，与大宗为五宗也。

[2] 行之以渐，持之以久。

9.13 宗子法坏，则人不自知来处，以至流转四方，往往亲未绝，不相识。今且试以一二巨公之家行之。其术要得拘守得。须是且如唐时立庙院③，仍不得分割了祖业，使一人主之。[1]

[1] 立庙院，则人知所自出而不散。不分祖业，则人重其宗而不迁。

---

① 祢（nǐ）：父死入庙称祢。
② 齐（zī）衰（cuī）：一种丧服，以粗麻布制成，因其缝齐，故名。
③ 庙院：唐制，庙有斋院。庙垣为东门、南门，斋院在东门外稍北。

卷九　治法

9.14　凡人家法，须月为一会以合族。古人有花树韦家宗会法，可取也。每有族人远来，亦一为之。吉凶嫁娶之类，更须相与为礼，使骨肉之意常相通。骨肉日疏者，只为不相见，情不相接尔。

9.15　冠、婚、丧、祭，礼之大者，今人都不理会。豺獭皆知报本，今士大夫家多忽此，厚于奉养而薄于先祖，甚不可也。某尝修六礼①，大略家必有庙，[1] 庙必有主②，[2] 月朔必荐新，[3] 时祭用仲月，[4] 冬至祭始祖，[5] 立春祭先祖，[6] 季秋祭祢，[7] 忌日迁主，祭于正寝。凡事死之礼，当厚于奉生者。人家能存得此等事数件，虽幼者可使渐知礼义。

[1] 庶人立影堂。〇自"庶人"以下皆本注。

[2] 高祖以上，即当祧③也。主式见《文集》。又云：今人以影④祭，或一髭发不相似，则所祭已是别人，大不便。

[3] 荐后方食。

---

① 六礼：冠（guàn）、婚、丧、祭、乡饮酒、士相见礼。
② 主：神主，俗称牌位。
③ 祧（tiāo）：迁庙。
④ 影：画像。

[4] 止于高祖。旁亲无后者，祭之别位。

[5] 冬至，阳之始也。始祖，厥初生民之祖也。无主，于庙中正位设一位，合考妣享之。

[6] 立春，生物之始也。先祖，始祖而下，高祖而上，非一人也。亦无主，设两位分享考妣。

[7] 季秋，成物之时也。

9.16 卜其宅兆，[1] **卜其地之美恶也。地美则神灵安，其子孙盛。然则曷谓地之美者？土色之光润，草木之茂盛，乃其验也。而拘忌者惑以择地之方位，决日之吉凶，甚者不以奉先为计，而专以利后为虑，尤非孝子安措之用心也。惟五患者，不得不慎：须使异日不为道路，不为城郭，不为沟池，不为贵势所夺，不为耕犁所及。**[2]

[1] 宅，墓穴也。兆，茔域也。

[2] 本注云：一本所谓五患者：沟渠、道路、避村落、远井窑。

9.17 正叔云：某家治丧，不用浮图①**。在洛亦有**

① 浮图：一作"浮屠"，指佛或佛教。

一二人家化之。[1]

[1] 司马公曰：世俗信浮屠诞诱，饭僧设道场，舍经造像，修建塔庙，曰："为此者灭弥天罪恶，必生天堂；不为者必入地狱，受无边波吒①之苦。"殊不知人生含气血，知痛痒，或剪爪剃发，从而烧斫之，已不知苦，况于死者形神相离，形则入于黄壤，朽腐消灭，与木石等；神则飘若风火，不知何之。借使剉烧舂磨，岂复知之？安得有天堂地狱之理？

9.18 今无宗子，故朝廷无世臣。若立宗子法，则人知尊祖重本。人既重本，则朝廷之势自尊。[1] 古者子弟从父兄，今父兄从子弟，由不知本也。且如汉高祖欲下沛时，只是以帛书与沛父老，其父兄便能率子弟从之。又如相如使蜀，亦移书②责父老，然后子弟皆听其命而从之。只有一个尊卑上下之分，然后顺从而不乱也。若无法以联属之，安可？[2] 且立宗子法，亦是天理。譬如木，必有从根

---

① 波吒（zhà）：苦难，磨折。
② 移书：致书。

直上一干，亦必有旁枝。又如水，虽远，必有正源，亦必有分派处，自然之势也。[3] 然而又有旁枝达而为干者，故曰"古者天子建国"，"诸侯夺宗"云。[4]

[1] 古者宗子袭其世禄，故有世臣，人知尊祖而重本，上下相维，自然固结而不涣散，故朝廷之势自尊。

[2] 汉初去古未远，犹有先王之遗俗，尊卑之分素定，所以上下顺承而无违悖也。

[3] 直干、正源，犹大宗也。旁枝、分派，犹小宗也。

[4] 天子为天下主，故得封建侯国，赐之土而命之胙。诸侯为一国之主，虽非宗子，亦得移宗于己，建宗庙为祭主。

9.19 邢和叔叙明道先生事云：尧舜、三代帝王之治，所以博大悠远，上下与天地同流者，先生固已默而识①之。[1] 至于兴造礼乐、制度文为，下至行师用兵、战阵之法，无所不讲，皆造其极。外之夷

---

① 识（zhì）：记。

狄情状，山川道路之险易，边鄙防戍、城寨、斥候、控带之要，靡不究知。[2] 其吏事操决，文法簿书，又皆精密详练。若先生，可谓通儒全才矣。[3]

[1] 所谓"识其大"者。

[2] 垒土居民曰城，木栅处兵曰寨。斥，远也。候，伺也。谓远伺敌人。控，制御也。带，围护也。

[3]《附录》。○操决，谓操持断决也。

9.20　介甫言："律是八分书①。"是他见得。[1]

[1]《外书》。○朱子曰：律是《刑统》，历代相传。至周世宗命窦仪注解，名曰《刑统》。与古法相近，故曰"八分书"。又曰：律所以明法禁非，亦有助于教化，但于根本上少有欠缺耳。"是他见得"，盖许之之词。

9.21　横渠先生曰：兵谋师律，圣人不得已而用之。

---

① 八分书：秦代人王次仲所作的一种字体，取八分隶字，二分小篆，故名。

其术见①三王方策、历代简书。惟志士仁人为能识②其远者大者,素求预备而不敢忽忘。[1]

[1]《文集》。下同。○"好谋而成","师出以律"。虽圣人用师,无谋则必败,无律则必乱。特非若后世谲诈以为谋,酷暴以为律。斯其为远者大者,惟志士仁人为能识之。

9.22 肉辟③于今世死刑中取之,亦足宽民之死。过此,当念其散之之久。[1]

[1] 肉刑有五:刻颊曰墨辟,截鼻曰劓④辟,刖足曰剕⑤辟,淫刑曰宫辟,死刑曰大辟。至汉文帝始罢墨、劓、剕、宫之刑,或曰宫刑不废。今欲取死刑情轻者,用肉刑以代之。外此当念民心离散之久,必明礼义教化以维持之,不但省刑以缓死。

9.23 吕与叔撰《横渠先生行状》云:先生慨然有

① 见:xiàn。
② 识(zhì):记。
③ 辟(bì):刑法。
④ 劓:yì。
⑤ 剕:fèi。

意三代之治，论治人先务，未始不以经界为急。尝曰："'仁政必自经界始。'贫富不均，教养无法，虽欲言治，皆苟而已。[1] 世之病难行者，未始不以亟夺富人之田为辞。然兹法之行，悦之者众，苟处之有术，期以数年，不刑一人而可复。所病者特上之人未行耳。"乃言曰："纵不能行之天下，犹可验之一乡。"方与学者议古之法，共买田一方，画为数井，上不失公家之赋役，退以其私正经界，分宅里，立敛法，广储蓄，兴学校，成礼俗，救灾恤患，敦本抑末，足以推先王之遗法，明当今之可行。此皆有志未就。

[1] 孟子曰："仁政必自经界始。"盖经界不正，则富者有所恃而易于为恶，贫者失所养而不暇为善，教养之法俱废，其治苟且而已。

9.24 横渠先生为云岩令，政事大抵以敦本善俗为先。[1] 每以月吉具酒食，召乡人高年会县庭，亲为劝酬，使人知养老事长之义。因问民疾苦，及告所以训戒子弟之意。[2]

[1] 去浮华而务质，抑末作而尚本，皆敦本之事

也；勉其孝悌，兴于礼逊，皆善俗之事也。

[2]《行状》。○月吉，月朔也。

9.25 横渠先生曰：古者"有东宫，有西宫，有南宫，有北宫，异宫而同财"，此礼亦可行。古人虑远，目下虽似相疏，其实如此乃能久相亲。盖数十百口之家，自是饮食衣服难为得一。[1] **又异宫乃容子得伸其私，所以"避子之私也。子不私其父，则不成为子"。古之人曲尽人情。必也同宫，有叔父、伯父，则为子者何以独厚于其父？为父者又乌得而当之？**[2] **父子异宫，为命士以上，愈贵则愈严。**[3] **故异宫犹今世有逐位，非如异居也。**[4]

[1] 族大人众，则服食器用固有不能齐者。同宫合处，则怨争之风或作矣。

[2] 虽同宗祖，然亲疏有分。异宫者，亦使人子各得尽情于其亲也。不然则交相病矣。

[3] 一命为士，则父子亦异宫。愈贵，则分制愈密。

[4]《乐说》。

9.26 治天下不由井地，终无由得平。周道止是均平。[1]

[1]《语录》。下同。○"周道如砥"，言其平也。

9.27 井田卒归于封建，乃定。[1]

[1] 国有定君，官有定守，故民有定业。后世长吏更易不常，相仍苟且，纵复井田，不归于封建，则其欺蔽纷争之患，庸可定乎？

卷十　政事 凡六十四条

此卷论临政处事。盖明乎治道而通乎治法，则施于有政矣。凡居官任职，事上抚下，待同列，选贤才，处世之道具焉。

10.1　伊川先生上疏曰："夫钟，怒而击之则武，悲而击之则哀。"诚意之感而入也。告于人亦如是，古人所以斋戒而告君也。[1]　**臣前后两得进讲，未尝敢不宿斋预戒，潜思存诚，觊感动于上心。若使营营于职事，纷纷其思虑，待至上前，然后善其辞说，徒以颊舌感人，不亦浅乎？**[2]

[1] 心诚则气专，气专则声应，不诚而能感乎？
[2]《文集》。下同。○或问：伊川未进讲已前，还有间断否？朱子曰：寻常未尝不诚，临见君时又加

意尔，如孔子沐浴而告哀公是也。

10.2　伊川《答人示奏稿书》云：观公之意，专以畏乱为主。颐欲公以爱民为先，力言百姓饥且死，丐朝廷哀怜，因惧将为寇乱，可也。不惟告君之体当如是，事势亦宜尔。[1]　**公方求财以活人，祈之以仁爱，则当轻财而重民；惧之以利害，则将恃财以自保。**[2]　**古之时，得丘民则得天下。后世以兵制民，以财聚众，聚财者能守，保民者为迂。惟当以诚意感动，觊其有不忍之心而已。**[3]

[1]　徒言民饥将乱为可虑，而不言民饥将死为可伤，则人主徒有忧惧忿疾之心，而无哀矜恻怛之意矣。告君之体，必词顺而理直可也。

[2]　哀矜之心生，则能轻财以救民之死；忧惧之心作，反将吝财以防民之变。

[3]　四井为甸，四甸为丘。得乎一丘之民，则可以得天下。说见《孟子》。后世以兵制民，谓民有所不足畏；以财聚众，谓财有所不可阙。于是以聚财为守国之道，以爱民为迂缓之事。苟徒惧之以祸乱，则无恻隐爱民之心，愈增其聚财自守之虑矣。

10.3 明道为邑，及民之事，多众人所谓法所拘者，然为之未尝大戾于法，众亦不甚骇。谓之得伸其志则不可，求小补，则过今之为政者远矣。人虽异之，不至指为狂也。至谓之狂，则大骇矣。[1] **尽诚为之，不容而后去，又何嫌乎？**[2]

[1] 法令有未便于民者，众人为之未免拘碍。惟先生道德之盛，从容裁处，故不大戾当时之法，而有补于民。人虽异之，而不至于骇者，亦其存心宽平而区处有方也。

[2] 此又可以见先生忠厚恳恻之心，岂若悻悻然小丈夫之为哉！

10.4 明道先生曰：一命之士，苟存心于爱物，于人必有所济。[1]

[1] 苟存爱物之心，必有及物之效。

10.5 伊川先生曰：君子观天水违行之象，知人情有争讼之道。故凡所作事，必谋其始，绝讼端于事之始，则讼无由生矣。谋始之义广矣，若慎交结、明契券之类是也。[1]

[1]《易传》。下同。○《讼卦·象》传。《坎》下《乾》上为《讼》。天西运,水东流,故曰"违行"。交结,朋游亲戚也。契券,文书要①约也。此皆生讼之端,虑其始必谨必明。

10.6 《师》之九二,为《师》之主。恃专则失为下之道,不专则无成功之理,故得中为吉。[1] 凡师之道,威和并至则吉也。[2]

[1]恃专则失为下之道,如卫青不敢专诛,而具归天子使自裁之是也。不专则不能成功,所谓"将在军,君令有所不受"是也。二居中,故有得中之象。

[2]威而不和,则人心惧而离;和而少威,则人心玩而弛。九二刚中,故有威和相济之象。

10.7 世儒有论鲁祀周公以天子礼乐,以为周公能为人臣不能为之功,则可用人臣不得用之礼乐。是不知人臣之道也。夫居周公之位,则为周公之事。由其位而能为者,皆所当为也。周公乃尽其

---

① 要(yāo):约。

职耳。[1]

[1]《师卦》九二传。成王幼，周公摄政。周公没，成王思其勋德，锡鲁以天子之礼乐，使祀周公焉。孔子曰："成王之赐，伯禽之受，皆非也。"或者谓周公能为人臣不能为之功，故可用人臣不得用之礼乐。夫圣人之于事君也，有尽其道而已，非有加于职分之外也。若职分之外，是乃过为矣。

10.8 《大有》之九三曰："公用亨于天子，小人弗克。"《传》曰："三当大有之时，居诸侯之位，有其富盛，必用亨通于天子，谓以其有为天子之有也，乃人臣之常义也。[1] 若小人处之，则专其富有以为私，不知公己奉上之道，故曰'小人弗克'也。"

[1] 当大有之时，公侯擅所有之富，故戒之以用亨通于天子。如朝觐供贡之仪，凡所以奉上之道，皆不敢自有其有，乃为尽人臣之义也。

10.9 人心所从，多所亲爱者也。常人之情，爱之则见其是，恶之则见其非。故妻孥①之言，虽失而

① 孥（nú）：子。

多从；所憎之言，虽善为恶也。苟以亲爱而随之，则是私情所与，岂合正理？故《随》之初九，出门而交，则有功也。[1]

[1] 人心之从违，多蔽于好恶之私，而失其是非之正。卦主于随，苟惟亲昵之随，则违正理矣。故必出门而交，则无所系累，而所从者有功也。

10.10 《随》九五之《象》曰："孚于嘉吉，位正中也。"《传》曰："随以得中为善。随之所防者，过也。盖心所悦随，则不知其过矣。"[1]

[1]《震》下《兑》上为《随》。震，动也。兑，悦也。以悦而动，易过于随而不自知，故必得中为善。

10.11 《坎》之六四曰："樽酒、簋①贰、用缶，纳约②自牖，终无咎。"《传》曰："此言人臣以忠信善道结于君心，必自其所明处，乃能入也。[1] 人心有所蔽，有所通。通者，明处也。当就其明处而

---

① 簋（guǐ）：祭祀时盛黍稷的圆形器皿。
② 纳：进入。约：结交。

告之，求信则易也，故云'纳约自牖'。能如是，则虽艰险之时，终得无咎也。[2] 且如君心蔽于荒乐，唯其蔽也故尔，虽力诋其荒乐之非，如其不省何？必于所不蔽之事，推而及之，则能悟其心矣。自古能谏其君者，未有不因其所明者也。故讦直强劲者，率多取忤；而温厚明辨者，其说多行。[3] 非唯告于君者如此，为教者亦然。夫教，必就人之所长。所长者，心之所明也。从其心之所明而入，然后推及其余，孟子所谓'成德''达才'是也。"[4]

[1] 一樽之酒，二簋之食，复以瓦缶为器，质之至也，所谓忠信善道也。牖者，室中所以通明也。盖忠信者，纳约之本，虽怀朴素之诚，苟不因其明而纳焉，则亦不能入矣。

[2] 人心各有所蔽，各有所通。攻其蔽，则未免扞格。因其明而导之，则易于听信。

[3] 讦者，发人之阴恶也。讦直则无委曲，强劲则乏和顺，故矫拂之过，每至抵牾。温厚者其气和，明辨者其理著。故感悟之易，每多听从。"纳约自牖"，惟温厚明辨者能之。

[4] "成德"者，因其有德而成就之；"达才"者，

因其有才而遂达之。皆谓就其所长开导之也。

10.12 《恒》之初六曰："浚恒，贞凶。"《象》曰："浚恒之凶，始求深也。"《传》曰："初六居下，而四为正应。四以刚居高，又为二、三所隔，应初之志，异乎常矣。而初乃求望之深，是知常而不知变也。[1] 世之责望故素，而至悔咎者，皆'浚恒'者也。"[2]

［1］初与四为位应，九与六为爻应，此理之常也。然为九二、九三所隔，则已改其常矣。初六当常之时，知常而不知变，求之过深，是以至于凶悔也。

［2］素，旧也。

10.13 《遁》之九三曰："系遁，有疾厉。畜臣妾吉。"传曰："系恋之私恩，怀小人、女子之道也。故以畜养臣妾则吉。[1] 然君子之待小人，亦不如是也。"[2]

［1］九三下乘六二，有系恋之心，则失宜遁之时矣，故有灾危。然君子用是道以蓄其臣妾，则可以固结其欲遁之心，是以吉也。

[2] 御下之道，苟所当去，亦不可以系恋而姑息也。

10.14 《睽》之《象》曰："君子以同而异。"《传》曰："圣贤之处世，在人理之常，莫不大同；于世俗所同者，则有时而独异。[1] 不能大同者，乱常拂理之人也；不能独异者，随俗习非之人也。要在同而能异耳。"[2]

[1] 圣贤之所为，惟顺乎理而已，岂顾夫世俗之同异哉！故循于天理之常者，圣贤安得不与人同？出于流俗之变者，圣贤安得不与人异？

[2] 同而能异，则不拂于人理之常，而亦不徇乎习俗之化，惟理之从耳。然其所以为异者，乃所以成其大同也，是亦一事而已。

10.15 《睽》之初九，当睽之时，虽同德者相与，然小人乖异者至众，若弃绝之，不几尽天下以仇君子乎？如此则失含弘之义，致凶咎之道也，又安能化不善而使之合乎？故必"见恶人"，则"无咎"也。[1] 古之圣王所以能化奸凶为善良，革仇敌为臣民者，由弗绝也。[2]

[1] 初与四位相应，而爻皆阳，为同德相与，不至睽孤。然当睽之时，乖异者众，故必恢含弘之义，而无弃绝之意，则不善者可化，乖异者可合，乃无咎也。

[2] 弗绝之，则开其自新之路，而启其从善之机也。

10.16 《睽》之九二，当睽之时，君心未合，贤臣在下，竭力尽诚，期使之信合而已。[1] 至诚以感动之，尽力以扶持之，明义理以致其知，杜蔽惑以诚其意，如是宛转，以求其合也。[2] "遇"，非枉道逢迎也。"巷"，非邪僻由径也，故《象》曰："遇主于巷，未失道也。"[3]

[1] 二五相应。然时方睽违，上下乖戾，故二必外竭其力，内尽其诚，期使疑者信、睽者合耳。

[2] 内竭其诚以感动君心，外尽其力以扶持国政，此尽其在我者也。推明义理，使君之知无不至；杜塞蔽惑，使君之意无不诚。此启其君者也。如是宛转求之，睽者庶其可合，所谓"遇主于巷"也。巷

者,委曲之途也。

[3] 上言"遇主于巷",亦正理之当然。苟遇不以直,而至于枉道逢迎;巷不以正,而至于邪僻由径。苟求其合,而陷于邪枉,则又非"遇主于巷"之道也。

10.17 《损》之九二曰:"弗损,益之。"《传》曰:"不自损其刚贞,则能益其上,乃益之也。若失其刚贞而用柔说,适足以损之而已。[1]**世之愚者,有虽无邪心,而惟知竭力顺上为忠者,盖不知'弗损,益之'之义也。"**[2]

[1] 刚正不挠,乃能有益于君。盖柔邪之人,阿意顺旨,惟务容悦。善而遇柔悦,善亦不维;恶而遇柔悦,必长其恶矣。故国有险佞之臣,士有善柔之友,皆有损而无益。

[2] 九二刚中,非有邪心者。但当损下益上之时,惟知损己以奉上,而不知臣道之少贬,未有能致益其君者,故有"弗损,益之"之戒。

10.18 《益》之初九曰:"利用为大作,元吉无

咎。"《象》曰："元吉无咎，下不厚事也。"《传》曰："在下者本不当处厚事。厚事，重大之事也。以为在上所任，所以当大事，必能济大事而致元吉，乃为无咎。能致元吉，则在上者任之为知人，己当之为胜任。不然，则上下皆有咎也。"[1]

[1]"大作"，即厚事之谓也。卦当损上益下，初居最下，受上之益。是当大任者，必克济其事，而大善上下，乃可"无咎"。

10.19 革而无甚益，犹可悔也，况反害乎？古人所以重改作也。[1]

[1]《革卦·象》传。事之变更，则于大体不能无伤。苟非有大益、无后患，君子不轻于改作。

10.20 《渐》之九三曰："利御寇。"《传》曰："君子之与小人比也，自守以正。岂唯君子自完其己而已乎？亦使小人得不陷于非义。是以顺道相保，御止其恶也。"[1]

[1]九三上下皆阴，是君子与小人同列相比也。君子以守正而不失其身，小人亦以近正而不敢为恶。

以顺道而相保，保是能止其恶也。

10.21 《旅》之初六曰："旅琐琐，斯其所取灾。"《传》曰："志卑之人，既处旅困，鄙猥琐细，无所不至，乃其所以致悔辱、取灾咎也。"[1]

[1] 初居《旅》之下，故为志卑之人。此教人处旅困之道，当略细故、存大体，斯免悔咎也。

10.22 在旅而过刚自高，致困灾之道也。[1]

[1]《旅卦》九三《象》传。过刚则暴戾而乏和顺，自高则矫亢而人不亲附。处旅如是，必致困灾。

10.23 《兑》之上六曰："引兑。"《象》曰："未光也。"《传》曰："说既极矣，又引而长之，虽说之之心不已，而事理已过，实无所说。事之盛，则有光辉，既极而强引之长，其无意味甚矣，岂有光也？"[1]

[1]《兑》之上六，悦之极也。悦极而复引之，事既过而强为悦，何辉光之有？

10.24 《中孚》之《象》曰:"君子以议狱缓死。"《传》曰:"君子之于议狱,尽其忠而已;于决死,极于恻而已。天下之事,无所不尽其忠,而议狱缓死,最其大者也。"[1]

[1]议狱而无不尽之心,致其审也;决死而有不忍之心,致其爱也。君子虽无往不尽其中心之诚,而于议狱缓死,则尤其所谨重者也。

10.25 事有时而当过,所以从宜,然岂可甚过也?如过恭、过哀、过俭,大过则不可。所以小过,为顺乎宜也。能顺乎宜,所以大吉。[1]

[1]《小过卦·象》传。"行过乎恭,丧过乎哀,用过乎俭",皆小过之以顺乎事之宜。若过之甚,则恭为足恭,哀为毁瘠,俭为鄙吝,又失其宜矣。

10.26 防小人之道,正己为先。[1]

[1]《小过卦》九三传。待小人之道,先当正己。己一于正,则彼虽奸诈,将无间之可乘矣。其他防患之道,皆当以正己为先。

10.27 周公至公不私,进退以道,无利欲之蔽。[1]其处己也,夔夔然存恭畏之心;其存诚也,荡荡然无顾虑之意。所以虽在危疑之地,而不失其圣也。[2]《诗》曰:"公孙①硕肤,赤舄②几③几。"[3]

[1] 周公之心在于天下国家,而不在其身。是以至公无私,而进退合道,盖无一毫利欲之蔽。

[2] 夔夔,戒谨卑顺之貌。存诚者,自信之笃也。荡荡,明白坦平之义。圣人虽当危疑之地,既不忿戾而改常,亦不疑惧而失守,是为不失其圣也。

[3]《经说》。下同。○《诗·狼跋篇》。硕,大也。肤,美也。孙,避让也。谓有大美而谦避不居也。赤舄,冕服之舄也。几几,进退安重貌。盖其恭顺安舒之意如此。

10.28 采察、求访,使臣之大务。[1]

[1] 采察民隐、求访贤材二事,使职之大者也。

---

① 孙:同"逊"。
② 舄(xì):鞋。
③ 几:jī。

10.29 明道先生与吴师礼谈介甫之学错处，谓师礼曰：为我尽达诸介甫。我亦未敢自以为是。如有说，愿往复。此天下公理，无彼我。果能明辨，不有益于介甫，则必有益于我。[1]

［1］《遗书》。下同。○先生忠诚恳至、词气和平如此，岂若悻悻好胜自是者之为哉！

10.30 天祺在司竹，常爱用一卒长。及将代，自见其人盗笋皮，遂治之无少贷。罪已正，待之复如初，略不介意。其德量如此。[1]

［1］德量大，则不为喜怒所迁。

10.31 明道因论"口将言而嗫嚅①"云：若合开口时，要他头，也须开口。[1] 须是"听其言也厉"。[2]

［1］本注云：如荆轲于樊於期。
［2］嗫嚅，欲言而不敢发之貌。厉，刚决之意。理明义直，内无不足，则出于口者自然刚决，不可回挠，安有嗫嚅之态？○朱子曰：合开口者，亦曰理

---

① 嗫：niè。嚅：rú。

309

之所當言。樊於期事,非理所得言,特取其事之难言而犹言之耳。

10.32　须是就事上学。《蛊》:"振民育德。"然有所知后,方能如此。"何必读书,然后为学?"[1]

[1]"振民育德",修己治人之事也。然必知之至,而后行之至,无非学也,岂但读书而谓之学哉?子路亦尝有是言,而夫子斥之,何也?盖为学之道固不专于读书,必以读书为穷理之本。子羔既未及为学,而遽使之以仕为学,则非特失知行之序,而且废穷理之大端,临事错缪,安能各当其则哉?程子之教,固以读书穷理为先务,然不就事而学,则舍简策之外,凡应事接物之际,不知所以用力,其学之间断多矣。二者之言各有在也。

10.33　先生见一学者忙迫,问其故。曰:"欲了几处人事。"曰:"某非不欲周旋人事者,曷尝似贤急迫?"[1]

[1]事虽多,为之必有序;事虽急,应之必有节。未闻可以急遽苟且而处之者。

10.34 安定之门人，往往知稽古爱民矣，则于为政也何有？[1]

[1] 胡安定教学者以通经术、治时务，明体适用，故其门人皆知以稽古爱民为事。稽古则为政之法，爱民则为政之本。

10.35 门人有曰："吾与人居，视其有过而不告，则于心有所不安。告之而人不受，则奈何？"明道曰："与之处而不告其过，非忠也。要使诚意之交通，在于未言之前，则言出而人信矣。"[1] 又曰："责善之道，要使诚有余而言不足，则于人有益，而在我者无自辱矣。"[2]

[1] 诚意素孚，则信在言前。
[2] 诚意多于言语，则在彼有感悟之益，在我无烦渎①之辱。

10.36 职事不可以巧免。[1]

[1] 职所当为，而巧图规避，是自私用智之人也。

---

① 烦渎：频繁而轻慢。

10.37 "居是邦，不非其大夫。"此理最好。[1]

[1] 朱子曰：下讪上，则无忠敬之心。

10.38 "克勤小物①"，最难。[1]

[1] 不忽于小，谨之至也。

10.39 欲当大任，须是笃实。[1]

[1] 笃实则力量深厚而谋虑审固，斯可以任大事。

10.40 凡为人言者，理胜则事明，气忿则招拂。[1]

[1] 理胜而气平，则人易晓而听亦顺。或者理虽明而挟忿气以临之，则反致扞格矣。

10.41 居今之时，不安今之法令，非义也。若论为治，不为则已，如复为之，须于今之法度内处得其当，方为合义。若须更改而后为，则何义之有？[1]

[1]《中庸》曰："非天子，不议礼，不制度，不

---

① 小物：小事。

考文。"居下位而守上之法令，义也。由今之法而处得其宜，斯为善矣。若率意改作，则已失为下之义。

10.42 今之监司①，多不与州县一体。监司专欲伺察州县，州县专欲掩蔽。不若推诚心与之共治，有所不逮，可教者教之，可督者督之。至于不听，择其甚者去一二，使足以警众可也。

10.43 伊川先生曰：人恶多事，或人悯之。世事虽多，尽是人事。人事不教人做，更责谁做？[1]

[1] 人事虽多，皆人所当为者。苟有厌事之意，则应之必不尽其理矣。

10.44 感慨杀身者易，从容就义者难。[1]

[1] 一时感慨，至于杀身而不顾，此匹夫匹妇犹或能之。若夫从容就义，死得其所，自非义精仁熟者莫之能也。《中庸》曰"白刃可蹈，中庸不可能"

---

① 监司：监察州县的路一级机构，当时有转运司、提刑司、提举常平司等。

是也。○张南轩曰：君子不避难，亦不入于难，惟当夫理而已。于所不当避而避，固私也；于所不当预而预，乃勇于就难，是亦私而已。如曾子、子思之避寇或不避，三仁之或死或不死，皆从容乎义之所当然而已。

10.45 人或劝先生以加礼近贵，先生曰：何不责以尽礼，而责之以加礼？礼尽则已，岂有加也？[1]

[1] 此与孟子"不与右师言"同意。

10.46 或问："簿①，佐令者也。簿所欲为，令或不从，奈何？"曰："当以诚意动之。今令与簿不和，只是争私意。令是邑之长，若能以事父兄之道事之，过则归己，善则唯恐不归于令，积此诚意，岂有不动得人？"[1]

[1] 过则归之己，善则归之令。非曰姑为此以悦人，盖事长之道当如是也。

---

① 簿：县主簿。宋制不设县丞，主簿地位次于县令、县尉。

10.47　问:"人于议论,多欲直己,无含容之气,是气不平否?"曰:"固是气不平,亦是量狭。[1] 人量随识长,亦有人识高而量不长者,是识实未至也。[2] 大凡别事,人都强得,惟识量不可强。[3] 今人有斗筲①之量,有釜斛②之量,有钟鼎之量,[4] 有江河之量。江河之量亦大矣,然有涯,有涯亦有时而满,惟天地之量则无满。故圣人者,天地之量也。圣人之量,道也。常人之有量者,天资也。[5] 天资有量须有限,大抵六尺之躯,力量只如此,虽欲不满,不可得也。如邓艾位三公,年七十,处得甚好,及因下蜀有功,便动了。谢安闻谢玄破苻坚,对客围棋,报至不喜,及归,折屐齿,强终不得也。[6] 更如人大醉后益恭谨者,只益恭谨,便是动了。虽与放肆者不同,其为酒所动一也。又如贵公子位益高,益卑谦,只卑谦,便是动了。虽与骄傲者不同,其为位所动一也。[7] 然惟知道者,量自然宏大,不勉强而成。[8] 今人有所见卑下者,无他,亦是识量不足也。"

---

①　筲:shāo。
②　斛:hú。

[1] 量狭故常欲己胜，而无含容之气。

[2] 见识陋，则人己得失之间皆为之动，是即量之狭也。故识之长，则量亦长。

[3] 惟识与量，则随人天资学力所至，而不可强也。

[4] 十升为斗。筥，竹器，容斗二升。釜，容六斗四升。十斗为斛。十釜为钟。

[5] 圣人之心纯乎道，道本无外，故其量亦无涯。天资者，气禀也，气禀则有涯。常人而能学以通乎道，极其至，则亦圣人之无涯也。

[6] 事见魏晋史。

[7] 居之如常而不为异者，量足以胜之也。一有意于其间，虽骄肆、谦恭之不同，要皆为彼所动矣。

[8] 知道者，虽穷居陋巷而不加损，虽禄之以天下而不加益，举世誉之而不加劝，举世非之而不加沮，何者？道固不为之而有增损也。

10.48 人才有意于为公，便是私意。[1] 昔有人典选，其子弟系磨勘①，皆不为理。此乃是私意。[2]

① 磨勘：宋制，文武官吏皆按年分磨勘功绩，以转升官阶。磨，研磨。勘，勘验。

人多言古时用直，不避嫌得，后世用此不得。自是无人，岂是无时？[3]

[1] 公者，天理之自然。有意为之，则计较安排，即是私意。

[2] 选举者，朝廷之选举也。进退之权，实非己之所得而有。子弟该磨勘而不为理，盖避私嫌，而不知如此是以选举为己之私恩，乃是私意也。于此可以识大公之道矣。

[3] 本注云：因言少师①典举、明道荐才事。○苟能以至公之心行至公之道，何嫌之避？何时而不可行？

10.49 **君实尝问先生云："欲除一人给事中，谁可为者？"先生曰："初若泛论人才，却可。今既如此，颐虽有其人，何可言？"君实曰："出于公口，入于光耳，又何害？"先生终不言。**[1]

[1] 泛论人材，则无不可。若择人任职，乃宰相之事，非在下位者所可与矣。此制义之方也。

---

① 少师：二程高祖父程羽，赠太子少师。

10.50 先生云：韩持国服义最不可得。一日，颐与持国、范夷叟泛舟于颍昌西湖。须臾，客将①云："有一官员上书，谒见大资②。"颐将为有甚急切公事，乃是求知己。颐云："大资居位，却不求人，乃使人倒来求己，是甚道理？"[1] 夷叟云："只为正叔太执。求荐章，常事也。"颐云："不然，只为曾有不求者不与，来求者与之，遂致人如此。"持国便服。

[1] 韩维，字持国。范纯礼，字夷叟。在上位者当勤于求贤，岂当待人反求知？求知者失己，使之求知者失士。

10.51 先生因言：今日供职，只第一件便做他底不得。吏人押申③转运司状，颐不曾签。国子监自系台省④，台省系朝廷官。外司有事，合行申状，岂有台省倒申外司之理？只为从前人只计较利害，不计较事体，直得恁地。[1] 须看圣人欲正名处，见得

---

① 客将：又称牙将，统领一州之兵，地位次于太守。
② 大资：资政殿大学士。
③ 申：下级向上级部门行文。
④ 台省：御史台与三省。

道"名不正"时,便至"礼乐不兴",是自然住不得。[2]

[1]《春秋》书法,王人①虽微,序于诸侯之上,尊王也。

[2]说见《论语》。名分不正,则施之于事者,颠倒而无序,乖戾而不和,礼乐何以兴?此自然必至之势。

10.52 学者不可不通世务。天下事譬如一家,非我为,则彼为;非甲为,则乙为。[1]

[1]君子存心正大如此,其所以讲明世道者,盖亦非分外之事也。

10.53 "人无远虑,必有近忧",思虑当在事外。[1]

[1]《外书》。下同。○苏氏曰:"虑不在千里之外,则患在几席之下。"此以地之远近言也。一说:"先事而图之,则事至而无患。"此以时之远近言

① 王人:周王室之微官。

也。然其理则一也。

10.54 圣人之责人也常缓，便见只欲事正，无显人过恶之意。

10.55 伊川先生云：今之守令，唯"制民之产"一事不得为。其他在法度中甚有可为者，患人不为耳。[1]

[1]"制民之产"，谓井田贡助之法。

10.56 明道先生作县，凡坐处皆书"视民如伤"四字，常曰：颢常愧此四字。

10.57 伊川每见人论前辈之短，则曰：汝辈且取他长处。[1]

[1] 扬人之短，本为薄德，况前辈乎？

10.58 刘安礼云：王荆公执政，议法改令，言者攻之甚力。明道先生尝被旨①赴中堂②议事，荆公方

---

① 被旨：奉旨。
② 中堂：即政事堂。

怒言者，厉色待之。先生徐曰："天下之事，非一家私议，愿公平气以听。"荆公为之愧屈。[1]

[1]《附录》。下同。○刘立之，字安礼，程子门人也。熙宁初，王荆公安石参知政事，创制新法，中外皆言其不便，荆公独愤然不顾。明道先生权监察御史里行，被旨赴中堂议事，从容一言之间，荆公乃为之愧屈。盖有以破其私己之见，而消其忿厉之气也。

10.59 刘安礼问临民，明道先生曰："使民各得输①其情。"[1] 问御②吏，曰："正己以格物。"[2]

[1] 民情皆得以上闻，则自无不得其所之患。然非平易聪达者，能之乎？
[2] 居上既正，则下有所感而正矣，非徒事乎刑罚之严也。

10.60 横渠先生曰：凡人为上则易，为下则难。然不能为下，亦未能使下，不尽其情伪也。大抵使

① 输：输送。
② 御：驾驭。

人，常在其前已尝为之，则能使人。[1]

[1]《文集》。○乐于使人而惮于事人，此常情也。然知事人之道，然后知使人之道。己未尝事人，则使人之际必不能尽其情。

10.61 《坎》"维心亨"，故"行有尚"。外虽积险，苟处之心亨不疑，则虽难必济，而"往有功也"。[1] 今水临万仞之山，要下即下，无复凝滞之在前。惟知有义理而已，则复何回避？所以心通。[2]

[1]《坎》为重险，故曰积险。二、五以刚居中，故外虽有积险，其中心自亨通而无所疑惧也。心亨而无疑，则可以出险矣。
[2]《易说》。下同。○此以《坎》象而言。人于义理，苟能信之笃，行之决，如水之就下，则沛然而莫御，何往而不心亨哉？

10.62 人所以不能行己者，于其所难者则惮，其异俗者，虽易而羞缩。惟心弘，则不顾人之非笑，所趋义理耳，视天下莫能移其道。[1] 然为之，人亦未必怪。正以在己者义理不胜。惰与羞缩之病，消则有长，不消则病常在，意思龌龊，无由作事。[2]在古气节之士，冒死以有为，于义未必中，然非有志概者莫能，况吾于义理已明，何为不为？[3]

[1] 志不立，气不充，故有怠惰与羞缩。惟心弘则立志远大，义理胜则气充。

[2] 滕文公行三年之丧，始也父兄百官皆不欲；文公以义理所当为，发哀戚之诚心，人亦莫不悦服。所患在我义理不胜，则不能自强，故有惰与羞缩之患。

[3] 志气感慨，虽未必中于义，而死且不顾。况吾义理既明，尚何怠惰羞缩之为？举重明轻，所以激昂柔懦之士。

10.63 《姤》初六："羸豕孚蹢躅①。"豕方羸时，力未能动，然至诚在于蹢躅，得伸则伸矣。[1] 如李德裕处置阉宦，徒知其帖息威伏，而忽于志不忘逞，照察少不至，则失其几也。[2]

[1] 羸，弱也。蹢躅，跳跃也。豕性阴躁，虽当羸

---

① 蹢：zhí。躅：zhú。

弱之时，其诚心未尝不在于动也，得肆则肆矣。犹小人虽困，志在求逞，君子所当察也。

[2] 唐武宗时，德裕为相，君臣契合，莫能间之。宦寺之徒帖息畏伏，诚若无能为者，而不知其志在求逞也。继嗣重事，卒定于宦者之手，而德裕逐矣。盖几微之间，所当深察。

10.64 人教小童，亦可取益。绊己不出入，一益也。[1] **授人数①数，己亦了此文义，二益也。**[2] **对之，必正衣冠，尊瞻视，三益也。常以因己而坏人之才为忧，则不敢堕，四益也。**[3]

[1] 取益，谓有益于己。绊，牵系也。

[2] 数数，犹频数也。了，晓彻也。

[3]《语录》。○此段疑当在十一卷之末。

---

① 数：shuò。

卷十一　教学 凡二十一条

此卷论教人之道。盖君子进则推斯道以觉天下，退则明斯道以淑①其徒。所谓"得英才而教育之"，即"新民"之事也。

11.1 濂溪先生曰：刚，善为义、为直、为断、为严毅、为干固②；恶为猛、为隘、为强梁。柔，善为慈、为顺、为巽；恶为懦弱、为无断、为邪佞。[1] **惟中也者，和也，中节也，天下之达道也，圣人之事也。**[2] **故圣人立教，俾人自易其恶，自至其中而止矣。**[3]

---

① 淑：善。
② 干固：干事而坚固。

[1] 朱子曰：气禀刚柔，固阴阳之大分，而其中又各有善恶之分焉。恶者固为非正，而善者亦未必皆得乎中也。

[2] 朱子曰：此以得性之正而言也。然其以和为中，与《中庸》不合，盖就已发无过不及者而言之，如《书》所谓"允执厥中"者也。

[3]《通书》。○朱子曰：易其恶，则刚柔皆善，有严毅慈顺之德，而无强梁懦弱之病矣。至其中，则其或为严毅，或为慈顺也，又皆中节，而无大过不及之偏矣。

11.2 伊川先生曰：古人生子，能食、能言而教之。[1]**大学之法，以豫为先。人之幼也，知思未有所主，便当以格言至论日陈于前。虽未晓知，且当熏聒，使盈耳充腹，久自安习，若固有之。虽以他言惑之，不能入也。**[2]**若为之不豫，及乎稍长，私意偏好生于内，众口辩言铄于外，欲其纯完，不可得也。**[3]

[1] 古者子生，能食则教之以右手，能言则教之唯诺。

[2]《学记》曰:"禁于未发之谓豫。"此所谓"少成若天性,习惯如自然"者也。

[3]《文集》。○教之不早,及其稍长,内为物欲所陷溺,外为流俗所销靡,欲其心德之无偏驳,难矣。

11.3 **《观》之上九曰:"观其生,君子无咎。"《象》曰:"观其生,志未平也。"《传》曰:"君子虽不在位,然以人观其德,用为仪法,故当自慎省。观其所生,常不失于君子,则人不失所望而化之矣。**[1]**不可以不在于位故,安然放意,无所事也。"**[2]

[1]上为无位之地,故曰"不在位"。然当观之时,高而在上,固众人所观瞻而用为法则者。要当谨畏,反观内省己之所为,常不违乎君子之道,而后人心慰满,得所矜式也。

[2]《易传》。○释"志未平"也。言高尚之士亦不可以轻意肆志也。

11.4 圣人之道如天然,与众人之识甚殊邈也。门

人弟子既亲炙，而后益知其高远。既若不可及，则趋望之心怠矣。故圣人之教，常俯而就之。[1] **事上临丧，不敢不勉，君子之常行。不困于酒，尤其近也。而以己处之者，不独使夫资之下者勉思企及，而才之高者亦不敢易乎近矣。**[2]

[1] 圣人教人循循善诱，常俯而就之。盖亦因其资以设教，不使之徒见高远而自沮也。

[2]《经说》。说见《论语》。○道固不外乎日用常行之间，在圣人无事乎思勉耳。夫子设教，固常人之所可勉，而贤者之所不可忽也。

11.5 明道先生曰：忧子弟之轻俊者，只教以经学念书，不得令作文字。[1] **子弟凡百玩好①，皆夺志。至于书札，于儒者事最近，然一向好着，亦自丧志。如王、虞、颜、柳辈，诚为好人则有之，曾见有善书者知道否？平生精力一用于此，非惟徒废时日，于道便有妨处，足知丧志也。**[2]

[1] 志轻才俊者，惮于检束而乐于驰逞。使之习经念书，则心平气定。使作文字，则得以用其才而长

---

① 好（hào）：爱好。

其轻俊矣。

[2]《遗书》。下同。○王右军羲之、虞永兴世南、颜鲁公真卿、柳河东公权，皆工书札，亦各有风节表见当世，然终不足以知道。盖专工一艺，岂特徒费时日，妨于学问，而志局于此，已失其操存之本矣。

11.6　**胡安定在湖州置治道斋，学者有欲明治道者，讲之于中，如治民、治兵、水利、算数之类。尝言刘彝善治水利，后累为政，皆兴水利有功**。[1]

[1] 治民，如政教施设之方。治兵，如战阵部伍之法。水利，如江河渠堰之利。算数，如律历、九章之数。

11.7　**凡立言，欲涵蓄意思，不使知德者厌、无德者惑**。[1]

[1] 知德者玩其意而不厌，无德者守其说而不惑。○朱子曰：近看尹先生《论语说》，句句有意味，不可以为常谈而忽之也。

11.8 教人未见意趣,必不乐学。欲且教之歌舞,如古《诗》三百篇,皆古人作之。如《关雎》之类,正家之始,故用之乡人,用之邦国,日使人闻之。此等诗,其言简奥,今人未易晓。欲别作诗,略言教童子洒扫应对事长之节,令朝夕歌之,似当有助。

11.9 子厚以礼教学者最善,使学者先有所据守。[1]

[1] 礼以恭敬辞逊为本,而有节文度数之详。学者从事乎此,则日用言动之间,皆有依据持守之地。

11.10 语学者以所见未到之理,不惟所闻不深彻,反将理低看了。[1]

[1] 学者见所未到而骤以语之,则彼不惟无深造自得之功,而亦且轻视之矣。

11.11 舞、射便见人诚。古之教人,莫非使之成己。[1] 自洒扫应对上,便可到圣人事。[2]

[1] 舞者所以导其和,射者所以正其志。要必以诚

心为之，诚者所以成己也。

[2] 洒扫应对，即是教之以诚。诚之至，即是圣人事。

11.13 自"幼子常视无诳"以上，便是教以圣人事。[1]

[1] "无"本作"毋"。○说见《曲礼》。"视"与"示"同。诳，欺妄也。小未有知，常示以正事。此即圣人无妄之道也。

11.13 "先传""后倦"，君子教人有序：先传以小者、近者，而后教以大者、远者。非是先传以近小，而后不教以远大也。[1]

[1] 子游讥子夏之门人，于洒扫应对进退末事则可矣，于道之本原则无如之何。子夏闻而非之，曰："君子之道，孰先传焉？孰后倦焉？"盖君子教人，先后有序，不容躐等而骤进。非谓传以近、小者于先，而不教以远、大者于后也。○朱子曰："洒扫应对"，"精义入神"，事有大小，而理无大小。事有大小，故其教有序而不可躐；理无大小，故随其

所处而皆不可不尽。愚谓：子夏正谓教人小大有别。前段程子之说，却就洒扫应对上发明理无大小，自是一义。

11.14 伊川先生曰：说书必非古意，转使人薄。学者须是潜心积虑，优游涵养，使之自得。今一日说尽，只是教得薄。至如汉时说，"下帷①讲诵"，犹未必说书。[1]

[1] 理贵玩索，至于口耳之传，末矣。"下帷讲诵"，如董仲舒之徒，说见《汉史》。

11.15 古者八岁入小学，十五入大学。择其才可教者聚之，不肖者复之农亩。盖士农不易业，既入学则不治农，然后士农判。[1] 在学之养，若士大夫之子，则不虑无养。虽庶人之子，既入学则亦必有养。古之士者，自十五入学，至四十方仕，中间自有二十五年学，又无利可趋，则所志可知，须去趋善，便自此成德。后之人，自童稚间已有汲汲趋利之意，何由得向善？故古人必使四十而仕，然后志

---

① 下帷：放下帷幕。指讲诵者身在帷幕之中。

定。只营衣食却无害，惟利禄之诱最害人。[2]

[1] 古者自国之贵游子弟，及士庶人之子，八岁则皆入小学，十五则入大学，然后择其材之可教者聚之于学，其不可教者复归之农亩。

[2] 本注云：人有养，便方定志于学。〇先王设教，养之周而行之久。士有定志，专于修己而缓于干禄，故能一意趋善，卒于成德。后世反是。只营衣食者，求于力分之内，未足以夺志，故无害。若诱于利禄，则所学皆非为己，而根本已拨矣，故害最甚。

11.16 天下有多少才，只为道不明于天下，故不得有所成就。且古者"兴于《诗》，立于礼，成于乐"，如今人怎生会得？古人于诗，如今人歌曲一般，虽闾巷童稚，皆习闻其说而晓其义，故能兴起于《诗》。后世老师宿儒，尚不能晓其义，怎生责得学者？是不得"兴于《诗》"也。[1] 古礼既废，人伦不明，以至治家皆无法度，是不得"立于礼"也。[2] 古人有歌咏以养其性情，声音以养其耳目，舞蹈以养其血脉，今皆无之，是不得"成于乐"

333

也。[3] 古之成材也易，今之成材也难。

[1] 古人歌诗，习熟其说而通达其义，故吟讽之间，足以感发其善心，而惩创其逸志。

[2] 礼，所以叙人伦。而施之家国者，皆有法度以为据依，故能有立也。

[3] 歌咏声诗，温柔笃厚，有以养其性情也。五声成文，八音相比，鸿杀疏数①，节奏和平，有以养其耳目也。至于手之舞、足之蹈，执其羽、籥、干、戚之器，习其"屈伸俯仰，缀兆②舒疾"之文，是以容貌得庄，行列得正，进退得齐，心志条畅，而血气和平，是有以养其血脉也。

11.17 孔子教人，"不愤不启，不悱不发"。盖不待愤悱而发，则知之不固；待愤悱而后发，则沛然矣。学者须是深思之，思之不得，然后为他说便好。[1] 初学者，须是且为他说。不然，非独他不晓，亦止人好问之心也。[2]

[1] 朱子曰：愤者，心求通而未得之意；悱者，口

---

① 鸿杀（shài）疏数（cù）：强弱疏密。
② 缀：舞者的位置。兆：乐舞的区域。

欲言而未能之貌。启，谓开其意；发，谓达其辞。愚谓：不待愤悱而遽启发之，则未尝深思，其受之也必浅，既无所得，其听之也若亡。启发于愤悱之余，则思深力穷而倏尔有得，必沛然而通达矣。

[2]此又诱进初学之道。

11.18 横渠先生曰："恭敬、撙节、退让，以明礼。"仁之至也，爱道之极也。[1]己不勉明，则人无从倡，道无从弘，教无从成矣。[2]

[1]《曲礼》曰："君子恭敬、撙节、退让，以明礼。"郑氏曰："撙，犹趋也。"谓趋就乎？节，约也。恭敬者，礼之本。撙节、退让者，礼之文。诚能从事乎此，则视听言动之间，天理流行，人欲消尽，而心德全矣，是仁之至也。恭敬则无忽慢，撙节则无骄溢，退让则无怨争，是皆所以尽仁爱之道者也。

[2]《正蒙》。〇明，谓明礼也。人必以礼而倡率，道必以礼而宏大，教必以礼而成就。

11.19 《学记》曰："进而不顾其安，使人不由其诚，教人不尽其材。"[1] 人未安之，又进之；未喻之，又告之，徒使人生此节目。不尽材，不顾安，不由诚，皆是施之妄也。[2] 教人至难，必尽人之材，乃不误人。观可及处，然后告之。圣人之教，直若庖丁之解牛，皆知其隙，刃投余地，无全牛矣。[3] 人之才足以有为，但以其不由于诚，则不尽其才。若曰勉率而为之，则岂有由诚哉！[4]

[1] 其安、其诚、其材，皆谓受教者。

[2] 此言"进而不顾其安"，徒使人生此节目。盖三患实相因而然，皆陵节躐等，不当其可而施之也。

[3] 此言教人必尽其材。圣人随材施教，各当其可，如庖丁解牛，洞见间隙，无全牛矣。事见《庄子》。

[4] 横渠《礼记说》。下同。〇此言"使人不由其诚"，勉强为之而无诚意，虽材所可为者，亦不能尽之矣。〇朱子曰：尝见横渠简与人，谓其子曰来诵书不熟，宜教他熟诵，尽其诚与材。

11.20 古之小儿便能敬事。长者与之提携，则两手奉①长者之手。问之，掩口而对。[1] 盖稍不敬事，

① 奉：同"捧"。

便不忠信。故教小儿，且先安详恭敬。[2]

[1] 说见《曲礼》。捧手，习扶持尊者。掩口而对，习其乡①尊者屏气也。

[2] 安详则不躁率②，恭敬则不诞慢，此忠信之本也。

11.21 孟子曰："人不足与適③也，政不足与间④也。唯大人为能格君心之非。"非惟君心，至于朋游学者之际，彼虽议论异同，未欲深较。惟整理其心，使归之正，岂小补哉！[1]

[1] 横渠《孟子说》。

---

① 乡：同"向"。
② 率：轻率。
③ 適（zhé）：指责。
④ 间（jiàn）：非议。

卷十二　警戒 凡三十三条

此卷论戒谨之道。修己治人，常当存警省之意，不然则私欲易萌，善日消而恶日积矣。

12.1 濂溪先生曰：仲由喜闻过，令①名无穷焉。今人有过，不喜人规，如护疾而忌医，宁灭其身而无悟也。噫![1]

[1]《通书》。〇子路有改过迁善之实，故令名无穷焉。

12.2 伊川先生曰：德善日积，则福禄日臻。德逾于禄，则虽盛而非满。自古隆盛，未有不失道而丧

---

① 令：善。

败者也。[1]

[1]《易传》。下同。○《泰卦》九三传。德胜于禄，则所享者虽厚而不为过；禄过其德，则所享者虽薄且不能胜，况于隆盛乎？隆盛之败丧，必自无德者致之也。

12.3 人之于豫乐，心说之，故迟迟，遂至于耽恋不能已也。《豫》之六二，以中正自守，其介如石，其去之速，不俟终日，故贞正而吉也。[1] 处豫不可安且久也，久则溺矣。如二可谓"见几而作"者也。盖中正，故其守坚，而能辩之早、去之速也。[2]

[1] 人处豫乐，易至耽恋。六二中正，上又无应，特立自守。其节之坚，介然如石，无所转移也。其去之速，不俟终日，无所耽恋也。

[2] 惟其自守之坚，故能见几而作。

12.4 人君致危亡之道非一，而以豫为多。[1]

[1]《豫卦》六五传。衰世之君，大率以逸豫致危亡，可不深戒哉！

12.5 圣人为戒，必于方盛之时。方其盛而不知戒，故狃安富则骄侈生，乐舒肆则纪纲坏，忘祸乱则衅孽萌，是以浸淫，不知乱之至也。[1]

[1]《临卦·象》传。骄侈每生于安富之余，纲纪每废于舒肆之日，衅端祸孽每兆于无虞①之中。故方盛之时，实将衰之渐。圣人为戒于早，则可保其长盛矣。

12.6 《复》之六三，以阴躁处动之极，复之频数而不能固者也。[1] 复贵安固，频复频失，不安于复也。复善而屡失，危之道也。[2] 圣人开其迁善之道，与其复，而危其屡失，故云"厉无咎"。不可以频失而戒其复也。频失则为危，屡复何咎？过在失，而不在复也。[3] 刘质夫曰：频复不已，遂至迷复。[4]

[1]《震》下《坤》上为《复》。三既阴躁，又处震动之终，其于复善也，躁动而不能固守者也。

[2] 有失而后有复，屡复而屡失，不常其德，危之道也。

---

① 虞：忧患。

［3］屡失故危厉，屡复故无咎。无咎者，补过之称。

［4］刘绚，字质夫，程子门人也。频复频失而不止，久则玩溺而不能复，必至上六之迷复矣。

12.7　伊川先生曰：睽极则怫①戾而难合，刚极则躁暴而不详，明极则过察而多疑。《睽》之上九，有六三之正应，实不孤。而其才性如此，自"睽孤"也。[1] 如人虽有亲党，而多自疑猜，妄生乖离，虽处骨肉亲党之间，而常孤独也。[2]

［1］《兑》下《离》上为《睽》。上居《睽》之终，是睽之极也；以九居上，是刚之极也；居《离》之终，是明之极也。有是三者，何往而不"睽孤"哉？虽有正应，亦不合矣。

［2］多自疑猜，过明之患也。妄生乖离，过刚好睽之致也。

12.8　《解》之六三曰："负且乘，致寇至，贞吝。"《传》曰："小人而窃盛位，虽勉为正事，而

---

① 怫（fú）：违逆。

气质卑下，本非在上之物，终可吝也。[1] 若能大正，则如何？曰：大正，非阴柔所能也。若能之，则是化为君子矣。"

[1] 负者，小人之事也。乘者，君子之器也。故为小人窃盛位之象。勉为正事者，贞也。然而阴柔卑下之质，冒居内卦之上，非其所安，是以吝也。

12.9 《益》之上九曰："莫益之，或击之。"《传》曰："理者，天下之至公；利者，众人所同欲。苟公其心，不失其正理，则与众同利，无侵于人，人亦欲与之。若切于好利，蔽于自私，求自益以损于人，则人亦与之力争。故莫肯益之，而有击夺之者矣。"[1]

[1] 在上者，推至公之理，而与众同其利，则众亦与之同其利。苟怀自私之心而惟欲利己，则人亦各欲利其己而夺其所利矣。《益》之上九，人"莫益之"而"或击之"者，以其求益之过也。

12.10 《艮》之九三曰："艮其限，列其夤，厉熏心。"《传》曰："夫止道贵乎得宜。行止不能以时，而定于一，其坚强如此，则处世乖戾，与物睽绝，其危甚矣。[1] 人之固止一隅，而举世莫与宜者，则艰蹇忿畏燄挠其中，岂有安裕之理？'厉熏心'，谓不安之势熏烁其中也。"

[1] 限，界分也。列，绝也。夤，膂肉也，亦一身上下之限也。三居内卦之上，实内外之分，故取象皆为限止之义。所贵于止者，谓各得其宜止，而无过与不及也。苟不度时中，而一于限止焉，坚执强忍如此，则违世绝物，危厉甚矣。

12.11 大率以说而动，安有不失正者？[1]

[1]《归妹·彖》传。《兑》下《震》上为《归妹》。兑，悦也。震，动也。"心有所好乐，则不得其正"，况从欲而忘返者耶？

12.12 男女有尊卑之序，夫妇有倡随之理，此常理也。若徇情肆欲，唯说是动，男牵欲而失其刚，妇狃说而忘其顺，则凶而无所利矣。[1]

[1] 同上。《震》，长男。《兑》，少女。以说而动，则徇情肆欲，必且失其常理而致凶矣。

12.13 虽舜之圣,且畏巧言令色。说之惑人,易入而可惧也如此。[1]

[1]《兑卦》六五传。巧言者工佞之言,令色者善柔之色,皆务以悦人也。人心喜顺恶逆,故巧言令色易以惑人。凡说之道皆然,不可不戒也。

12.14 治水,天下之大任也。非其至公之心,能舍己从人,尽天下之议,则不能成其功,岂"方命圮族"者所能乎?[1] 鲧虽九年而功弗成,然其所治,固非他人所及也。惟其功有叙,故其自任益强,咈戾圮类益甚,公议隔而人心离矣。是其恶益显,而功卒不可成也。[2]

[1] 方,不顺也。命,天理也。圮族,败类也。夫任天下之大事者,非一人之私智所能集,要必合天下之谋而后可也。苟上不顺乎天理,下不依乎群情,恃其才智,任己而行,乌能有济?
[2]《经说》。下同。○公议隔而得失莫闻,人心离而事功莫与共之者矣。

12.15 "君子敬以直内。"微生高所枉虽小,而害直则大。[1]

[1] 子曰："孰谓微生高直？或乞醯①焉，乞诸其邻而与之。"微生，姓；高，名。"君子敬以直内"，不容有一毫之邪枉，所谓"直"也。微生高以无为有，曲意徇人，盖邪枉之态不能掩者。其事虽微，所以害于其直者甚大，故圣人因以立教。

12.16 人有欲则无刚，刚则不屈于欲。[1]

[1] 谢上蔡曰：刚与欲正相反。能胜物之谓刚，故常伸于万物之上；为物掩之谓欲，故常屈于万物之下。

12.17 人之过也，各于其类。君子常失于厚，小人常失于薄；君子过于爱，小人伤于忍。[1]

[1] 君子小人之分，在于仁与不仁而已。故仁者之过，常在于厚与爱；不仁者之过，常在于薄与忍。

12.18 明道先生曰：富贵骄人，固不善；学问骄

---

① 醯（xī）：醋。

人，害亦不细。[1]

[1]《遗书》。下同。○君子之学，为己而已。以学问骄人，非特其学为务外，而傲惰败德，学亦不进矣。

12.19 人以料事为明，便骎①骎入逆诈、亿不信去也。[1]

[1] 子曰："不逆诈，不亿不信。"朱子曰：逆，未至而迎之也。亿，未见而意之也。愚谓：事而无情曰诈，言而无实曰不信。诈者巧，而不信者诞也。扬子云谓"匿行曰诈，易言曰诞"是也。若事未显，而逆料臆度之，则自流于巧而惑于疑，未必得事之情实矣。人以料事为明者，必至于是。周子曰："谓能疑为明，何啻千里！"

12.20 人于外物奉身者，事事要好。只有自家一个身与心，却不要好。苟得外面物好时，却不知道自家身与心却已先不好了也。[1]

[1] 所谓"以小害大、贱害贵"者也。

---

① 骎（qīn）骎：马疾行貌。

12.21 人于天理昏者，是只为嗜欲乱着他。庄子言："其嗜欲深者，其天机浅。"此言却最是。[1]

[1] 嗜欲多，则志乱气昏，而天理微矣。二者常相为消长。

12.22 伊川先生曰：阅机事之久，机心必生。盖方其阅时，心必喜，既喜，则如种下种子。[1]

[1] 庄子曰："有机械者，必有机事；有机事者，必有机心。"

12.23 疑病者，未有事至时，先有疑端在心。周罗事者，先有周事之端在心。皆病也。[1]

[1] 周罗，俚语，犹兜揽也。事未至而有好疑喜事之端，则事至之时，有不当疑而疑、不当揽而揽者矣。故治心者必去其端。

12.24 较事大小，其弊为枉尺直寻之病。[1]

[1] 事无大小，惟理是视。或者有苟成急就之意，谓道虽少屈而所伸者大，义虽微害而所利者博，则有冒而为之者。原其初心，止于权大小，遂至枉尺

直寻。其末流之弊，乃有不可胜言矣。

12.25 "小人""小丈夫"，不合小了他，本不是恶。[1]

[1] 性无不善，而局于气质、汩于利欲者，自小之耳。

12.26 虽公天下事，若用私意为之，便是私。[1]

[1] 事虽出于公，而以私意为之，即是私也。故学者以正心为本，论人者必察其心，不徒考其事。

12.27 做官夺人志。[1]

[1] 仕而志于富贵者，固不必言。或驰骛乎是非予夺之境，而此志动于喜怒爱恶之私；或经营于建功立业之间，而此志陷于计度区画之巧。德未成而从政者，未有不夺其志，学者所当深省也。

12.28 骄是气盈，吝是气歉。人若吝时，于财上亦不足，于事上亦不足，凡百事皆不足，必有歉歉之色也。[1]

[1]骄，矜夸；吝，鄙啬也。骄气盈者，常觉其有余；吝气歉者，常觉其不足。惟君子所志者道，故无时而盈，亦无所不足。

12.29 未知道者如醉人，方其醉时，无所不至；及其醒也，莫不愧耻。人之未知学者，自视以为无缺，及既知学，反思前日所为，则骇且惧矣。

12.30 邢恕云："一日三点检。"明道先生曰："可哀也哉！其余时理会甚事？盖仿'三省'之说错了，可见不曾用功。"又多逐人面上说一般话，明道责之。邢曰："无可说。"明道曰："无可说，便不得不说？"[1]

[1]曾子"三省"，谓日以三事自省。邢仿其言，乃云"一日三次点检"。

12.31 横渠先生曰：学者舍礼义，则饱食终日，无所猷①为，与下民一致，所事不逾衣食之间、燕游之乐尔。[1]

① 猷（yóu）：谋。

[1]《正蒙》。

12.32 郑卫之音悲哀，令人意思留连，又生怠惰之意，从而致骄淫之心。虽珍玩奇货，其始感人也，亦不如是切，从而生无限嗜好。故孔子曰：必放之。亦是圣人经历过，但圣人能不为物所移耳。[1]

[1] 横渠《礼乐说》。

12.33 孟子言"反经"，特于"乡原①"之后者，以乡原大者不先立，心中初无主，惟是左右看，顺人情，不欲违，一生如此。[1]

[1] 横渠《孟子说》。○经，常也，古今不易之常道也。是是非非，必有定理，而好善恶恶，必有定见。今乡原浮沉俯仰，无所可否，盖其义理不立，中无所主，惟务悦人，以是终身，乃乱常之尤者。君子反经，复其常道，则是非昭然，而乡原伪言伪行，不得以惑之矣。

---

① 原：同"愿"。

卷十三　辨异端 凡十四条

此卷辨异端。盖君子之学虽已至,然异端之辨尤不可以不明。苟于此有毫厘之未辨,则贻害于人心者甚矣。

13.1　明道先生曰:杨墨之害,甚于申韩;佛老之害,甚于杨墨。[1] 杨氏为我,疑于仁;墨氏兼爱,疑于义。申、韩则浅陋易见。故孟子只辟杨墨,为其惑世之甚也。[2] 佛老其言近理,又非杨墨之比,此所以为害尤甚。杨墨之害,亦经孟子辟之,所以廓①如也。[3]

[1] 杨朱、墨翟,详见《孟子》。申不害者,郑

---

① 廓:空。

人，以刑名干①韩昭侯，昭侯用以为相。韩非，韩之诸公子，善刑名法术之学。佛者，本西域之胡，为寂灭之学，自汉以来，其说始入中国。老者，周柱下史老聃也，其书言清净无为之道。

[2] 杨氏为我，可谓自私而不仁矣，然而犹疑似于无欲之仁；墨氏兼爱，可谓泛滥而无义矣，然犹疑似于无私之义，故足以惑人也。若申、韩之刑名功利，浅陋而易见。故孟子但辟杨墨，恐其为人心之害，而申韩不足辟也。

[3]《遗书》。下同。○佛氏言心性，老氏谈道德，皆近于理，又非杨墨之比，故其为人心之害尤甚。扬子云曰：古者杨墨塞路，孟子辞②而辟之，廓如也。○朱子曰：杨朱即老聃弟子。孟子辟杨墨，则老庄在其中矣。

13.2 伊川先生曰：儒者潜心正道，不容有差，其始甚微，其终则不可救。如"师也过，商也不及"，于圣人中道，师只是过于厚些，商只是不及些。然而

---

① 干：干求，干谒。
② 辞：著书立说。

厚则渐至于兼爱，不及则便至于为我。其过、不及同出于儒者，其末遂至杨墨。至如杨墨，亦未至于无父无君，孟子推之便至于此，盖其差必至于是也。[1]

[1] 师，子张名。商，子夏名。子张才高意广，泛爱兼容，故常过乎中。子夏笃信自守，规模谨密，故常不及乎中。二子于道亦未远也。然师之过，其流必至于墨氏之兼爱。子夏之不及，其后传田子方，子方之后为庄周，是杨氏为我之学也。孟子推杨墨之极致，则兼爱者至于无父，盖爱其父亦同于路人，是无父也；为我者至于无君，盖自私其身而不知有上下，是无君也。

13.3 明道先生曰：道之外无物，物之外无道，是天地之间，无适而非道也。即父子而父子在所亲，即君臣而君臣在所严，以至为夫妇、为长幼、为朋友，无所为而非道，此道所以"不可须臾离也"。然则毁人伦、去四大者，其戾于道也远矣。[1] 故"君子之于天下也，无适①也，无莫也，义之与

---

① 适：dí。

比①"。若有适、有莫，则于道为有间，非天地之全也。[2] 彼释氏之学，于"敬以直内"则有之矣，"义以方外"则未之有也。[3] 故滞固者入于枯槁，疏通者归于恣肆，此佛之教所以为隘也。吾道则不然，率性而已。斯理也，圣人于《易》备言之。[4] 又曰：佛有一个觉之理，可以"敬以直内"矣，然无"义以方外"。其直内者，要之其本亦不是。[5]

[1] 物由道而形，故道外无物；道以物而具，故物外无道。人于天地间，不能违物而独立，故无适而非道也。今释氏乃毁弃人伦，灭除四大，其戾于道远矣。释氏以地、水、火、风为四大，谓四大幻假而成人身。寂灭幻根，断除一切。

[2] 适，可也。莫，不可也。比，从也。君子之于天下，无可无不可，惟义之从也。今释氏可以寂灭无为，而不可以察理应事，必欲断除外相，始见法性，非天地本然全体之性矣。

[3] 释氏习定，欲得此心收敛虚静，亦若所谓"敬以直内"。然有体而无用，绝灭伦理，何有于义？

[4] 释氏离器以为道，故于日用事物之间，或拘或

---

① 比：bì。

肆，皆为之病。名为"大自在"，而实则隘陋而一毫不容也。若吾儒率性之道，动静各正，既不病于拘，亦不至于肆。圣人赞《易》，所谓"知至至之，可与几也；知终终之，可与存义"，"敬以直内，义以方外"，"时止则止，时行则行，动静不失其时"，体用本末，备言之矣。

[5]佛，学禅者，觉也。觉者，心无倚着，灵觉不昧，所谓"常惺惺法"，若可"敬以直内"矣。然而无制事之义，则其所谓觉者，犹无寸之尺、无星①之两，其直内之本亦非矣。

13.4 "释氏本怖死生，为利，岂是公道?[1]惟务上达而无下学，然则其上达处，岂有是也？元不相连属，但有间断，非道也。[2]孟子曰：'尽其心者，知其性也。'彼所谓识心见性是也，若存心养性一段，则无矣。[3]彼固曰出家独善，便于道体自不足。"[4]或曰："释氏地狱之类，皆是为下根之人设此怖，令为善。"先生曰："至诚贯天地，人尚有不化，岂有立伪教而人可化乎？"[5]

---

① 星：秤星。

[1] 释氏谓有生必有灭，故有轮回，今求不生不灭之理，可免轮回之苦。此本出于利己之私意也。

[2] 绝学而求顿悟，故无下学工夫。道器本不相离，今舍物以明理，泯迹以求心，岂知道者哉？

[3] 朱子曰：释氏恍惚之间略见得心性影子，都不见里面许多道理。政①使有存养之功，亦只存养得他所见影子，亦不分明。

[4] 道本人伦，今日出家，则于道体亏欠大矣。

[5] 以上明道语。

13.5 学者于释氏之说，直须如淫声美色以远之。不尔，则骎骎然入于其中矣。颜渊问为邦，孔子既告之以二帝三王之事，而复戒以"放郑声，远佞人"，曰："郑声淫，佞人殆。"彼佞人者，是他一边佞耳，然而于己则危。只是能使人移，故危也。至于禹之言曰："何畏乎巧言令色！"巧言令色直消言畏，只是须着如此戒慎，犹恐不免，释氏之学更不消言，常戒到自家自信后，便不能乱得。[1]

[1] 初学立心未定，必屏远异端之说。信道既笃，

---

① 政：同"正"。

乃可考辨其失。

13.6 所以谓万物一体者，皆有此理，只为从那里来。"生生之谓易"，生则一时生，皆完此理。人则能推，物则气昏，推不得，不可道他物不与有也。[1] **人只为自私，将自家躯壳上头起意，故看得道理小了他底。放这身来，都在万物中一例看，大小大快活。**[2] **释氏以不知此，去他身上起意思，奈何那身不得，故却厌恶，要得去尽根尘；为心源不定，故要得如枯木死灰。然没此理，要有此理，除是死也。**[3] **释氏其实是爱身，放不得，故说许多。譬如负贩之虫，已载不起，犹自更取物在身。又如抱石投河，以其重愈沉，终不道放下石头，惟嫌重也。**[4]

[1] 天地之理流行化生，人之与物均有是生，则亦均具是理，所谓万物一体也。然人所禀之气通，故能推；物所禀之气塞，故不能推。

[2] 人知万物一体之理，不为私己之见，自然与物各得其所。

[3] 释氏惟不知万物一体，顺理而行，本无障碍。

顾乃自生私见，为吾身不能不交于物也，遂欲尽去根尘，空诸所有。佛书以耳、目、口、鼻、身、意为六根，以色、声、香、味、触、法为六尘。其说谓幻尘灭，故幻根亦灭；幻根灭，故幻心亦灭。然心本生道，有体则有用，岂容绝灭哉！

[4] 原释氏之初，本是爱己，妄生计较，欲出离生死，而不知去私己之念，本无事也。

13.7 人有语导气者，问先生曰："君亦有术乎？"明道曰："吾尝'夏葛而冬裘，饥食而渴饮'，'节嗜欲，定心气'，如斯而已矣。"[1]

[1] 圣贤养生，顺理窒欲而已。岂若偏曲之士，为长生久视之术者哉！

13.8 佛氏不识阴阳、昼夜、死生、古今，安得谓形而上者与圣人同乎？[1]

[1] 形而上者，性命也。阴阳、昼夜、死生、古今，乃天命之流行，二气之屈伸。释氏指为轮回、为幻妄，则其所谈性命，亦异乎圣人矣。

13.9　释氏之说，若欲穷其说而去取之，则其说未能穷，固已化而为佛矣。只且于迹①上考之，其设教如是，则其心果如何？固难为取其心不取其迹，有是心则有是迹。王通言"心迹之判"，便是乱说。故不若且于迹上断定不与圣人合。其言有合处，则吾道固已有；有不合者，固所不取。如是立定，却省易。[1]

[1] 此言虽为初学立心未定者设，然孟子辟杨墨，亦不过考其迹而推其心，极之于无父无君。此实辩②异端之要领也。

13.10　问："神仙之说有诸？"曰："若说白日飞升之类，则无。若言居山林间，保形炼气，以延年益寿，则有之。譬如一炉火，置之风中则易过，置之密室则难过，有此理也。"又问："扬子言：'圣人不师仙，厥术异也。'圣人能为此等事否？"曰："此是天地间一贼，若非窃造化之机，安能延年？使圣人肯为，周、孔为之矣。"[1]

---

① 迹：行为表现。
② 辩：同"辨"。

[1]人之精气，聚则生，散则死。彼有见于造化之机，窃而用之。使精气固结而不散，故能独寿，此理之所有也。顾其自私小技，圣贤弗为耳。

13.11 谢显道历举佛说与吾儒同处，问伊川先生。先生曰：恁地同处虽多，只是本领不是，一齐差却。[1]

[1]《外书》。〇大本既差，则其说似同而实异。

13.12 横渠先生曰：释氏妄意天性，而不知范围之用，反以六根之微因缘天地，明不能尽，则诬天地日月为幻妄。[1]**蔽其用于一身之小，溺其志于虚空之大。此所以语大语小，流遁失中。**[2]**其过于大也，尘芥六合；其蔽于小也，梦幻人世。谓之穷理，可乎？不知穷理，而谓之尽性，可乎？谓之无不知，可乎？**[3]**尘芥六合，谓天地为有穷也；梦幻人世，明不能究其所从也。**[4]

[1]范围，犹裁成也。圣人尽性，故能裁成天地之道。释氏欲识性，而不知范围之用，则是未尝知性也。谓六根悉本天地，六根起灭无有实相，天地日

月等为幻妄。

[2] 厌此身之小，则蔽其用而不能推；乐虚空之大，则溺其志而不能反。故其语大语小，展转流遁，皆失其中。

[3] 上下四方为六合。谓六合在虚空中，特一微尘芥子耳，所以言虚空之大；"一切有为法，如梦幻泡影"，所以言人世之微。此皆不能穷理尽性之过。

[4]《正蒙》。下同。〇佛说谓虚空无穷，天地有穷，人世起灭皆为幻妄，莫知所从来也。

13.13 大《易》不言有无。言有无，诸子之陋也。[1]

[1]《易》曰："一阴一阳之谓道。"盖阴阳之运，其所以然者，即道也。体用相因，精粗罔间，不可以有无分。后世异端见道不明，始以道为无，以器为有。有者为幻妄，为土苴①；无者为玄妙，为真空。析有无而二之，皆诸子之陋见也。

13.14 浮图明鬼，谓有识之死，受生循环，遂厌

---

① 苴（chá）：草。

苦求免，可谓知鬼乎？[1] 以人生为妄见，可谓知人乎？[2] 天人一物，辄生取舍，可谓知天乎？[3] 孔孟所谓天，彼所谓道。惑者指"游魂为变"为轮回，未之思也。大学当先知天德，知天德则知圣人、知鬼神。今浮图剧论要归，必谓死生流转，非得道不免，谓之悟道，可乎？[4] 自其说炽，传中国，儒者未容窥圣学门墙，已为引取，沦胥①其间，指为大道。乃其俗达之天下，致善恶知愚、男女臧获，人人着信。使英才间气②，生则溺耳目恬习之事，长则师世儒崇尚之言，遂冥然被驱。因谓圣人可不修而至，大道可不学而知。故未识圣人心，已谓不必求其迹；未见君子志，已谓不必事其文。此人伦所以不察，庶物所以不明，治所以忽，德所以乱。[5] 异言满耳，上无礼以防其伪，下无学以稽其弊。自古诐③淫邪遁之辞，翕然④并兴，一出于佛氏之门者已五百年。向非独立不惧，精一自信，有大过人之才，何以正立其间，与之较是非、计得失哉！[6]

---

① 沦胥：相与沦陷。
② 间（jiàn）气：间有之气，指难得的人才。
③ 诐（bì）：偏颇。
④ 翕然：一致。

[1] 精气聚则为人，散则为鬼。散则澌灭就尽而已。释氏谓神识不散，复寓形而受生，是不明鬼之理也。

[2] 人生日用，无非天理之当然。释氏指为浮生幻化，岂为知人乎？

[3] 天人一理，今乃弃人事而求天性，岂为知天乎？

[4] 本注云：悟则有义有命，均死生，一天人，推知昼夜，通阴阳，体之无二。○当生而生，当死而死，是则有义有命。生死均安，何所厌苦？天人一致，何所取舍？知昼夜，通阴阳，则知死生之说，何所谓轮回？

[5] 世儒于圣门未有所见，而耳目习熟，固已陷溺于异端。乃谓不假修为，立地成佛；不立文字，教外别传。不修而至，故谓不必求其迹；不学而知，故谓不必事其文。

[6] 诡服异行，非修先王之礼，何以防其伪？邪说异教，非通圣人之学，何以稽其弊？

卷十四　观圣贤 凡二十六条

此卷论圣贤相传之统，而诸子附焉。断自唐虞，尧、舜、禹、汤、文、武、周公，道统相传，至于孔子。孔子传之颜、曾，曾子传之子思，子思传之孟子，遂无传焉。于是楚有荀卿，汉有毛苌、董仲舒、扬雄、诸葛亮，隋有王通，唐有韩愈，虽未能传斯道之统，然其立言立事，有补于世教，皆所当考也。逮于本朝，人文再辟，则周子唱之，二程子、张子推广之，而圣学复明，道统复续，故备著之。

14.1 明道先生曰：尧与舜更无优劣，及至汤、武便别。孟子言"性之""反之"，自古无人如此说，只孟子分别出来，便知得尧、舜是生而知之，汤、武是学而能之。文王之德则似尧、舜，禹之德则似汤、武，要之皆是圣人。[1]

[1]《遗书》。下同。○"性之"者，生而知之，安而行之，天性浑全，不待修习者也；"反之"者，学而知之，利而行之，修身体道，以复其性者也。文王"不识不知，顺帝之则"，盖亦生知之性也；禹"克勤克俭，不矜不伐"，盖亦学能之事也。

14.2 仲尼，元气也；颜子，春生也；孟子，并①秋杀尽见②。[1] 仲尼无所不包；颜子示"不违如愚"之学于后世，有自然之和气，不言而化者也；孟子则露其材。盖亦时然而已。[2] 仲尼，天地也；颜子，和风庆云也；孟子，泰山岩岩③之气象也。观其言，皆可见之矣。[3] 仲尼无迹，颜子微有迹，孟子其迹著。[4] 孔子尽④是明快人，颜子尽恺弟⑤，

---

① 并：并且。指以"春生"为基础的进一步表现。
② 见：xiàn。
③ 岩岩：崇高貌。
④ 尽：jǐn。
⑤ 恺（kǎi）弟（tì）：和乐平易。

孟子尽雄辨①。[5]

[1] 夫子大圣之资，犹元气周流，浑沦溥博，无有涯涘，罔见间隙。颜子亚圣之才，如春阳盎然，发生万物，四时之首，众善之长也。孟子亦亚圣之才，刚烈明辩，整齐严肃，故并秋杀尽见。

[2] 夫子道全德备，故无所不包。颜子"不违如愚"，与圣人合德，后世可想其自然和气，"默而成之，不言而信"者也。孟子英材发越，盖亦战国之时，世道益衰，异端益炽，又无夫子主盟于其上，故其卫道之严，辩论之明，不得不然也。

[3] 天地者，高明而博厚也。和风庆云者，协气祥光也。泰山岩岩者，峻极不可逾越也。

[4] 夫子浑然天成，故无迹。颜子"不违如愚"，本亦无迹，然为仁之问，喟然之叹，犹可窥测其微。至于孟子，则发明底蕴，故其迹彰彰。

[5] 夫子"清明在躬"，犹青天白日，故极其明快。颜子"有若无，实若虚，犯而不校"，故极其岂弟。孟子"息邪说，距诐行，放淫辞"，故极其雄辨。〇此段反复形容大圣大贤气象，各臻其妙。

---

① 辨：同"辩"。

古今之言圣贤，未有若斯者也，学者其潜心焉。

14.3 曾子传圣人学，其德后来不可测，安知其不至圣人？如言"吾得正而毙"，且休理会文字，只看他气象极好，被他所见处大。后人虽有好言语，只被气象卑，终不类道。[1]

[1] 曾子悟一贯之旨，已传圣人之学矣。至其易箦之言："吾何求哉？吾得正而毙焉，斯可矣。"自非乐善不倦，安行天理，一息尚存，必归于正，夫岂一时之所能勉强哉？○《遗书》又曰：曾子疾病，只要以正，不虑死，与武王"杀一不辜，行一不义，得天下不为"同心。

14.4 传经为难。如圣人之后才百年，传之已差。圣人之学，若非子思、孟子，则几乎息矣。道何尝息？只是人不由之。"道非亡也，幽、厉不由也。"[1]

[1] 群经定于夫子之手，至孟子时才百年间，微言绝而大义乖矣。犹赖曾子之门有传，子思、孟子之徒相继缵述，提纲挈领，辟邪辅正，以垂万世，如

《论语》《大学》《中庸》《孟子》之书可见矣。

14.5 荀卿才高，其过多；扬雄才短，其过少。[1]

[1] 荀卿，名况，字卿，为楚兰陵令。扬雄，字子云，为汉光禄卿。荀卿才高，敢为异论，如以人性为恶，以子思、孟子为非，其过多。扬雄才短，如作《太玄》以拟《易》，《法言》以拟《论语》，皆模仿前圣之遗言，其过少。

14.6 荀子极偏驳，只一句"性恶"，大本已失；扬子虽少过，然已自不识性，更说甚道？[1]

[1] "率性之谓道。"荀子"性恶"，扬子"善恶混"，均之不识本然之性，何以语道？

14.7 董仲舒曰："正其义不谋其利，明其道不计其功。"此董子所以度越诸子。[1]

[1] 自春秋以来，举世皆趋功利，仲舒此言最为纯正。○朱子曰：仲舒所立甚高。后世所以不如古人者，以道义功利关不透耳。

14.8 汉儒如毛苌①、董仲舒，最得圣贤之意，然见道不甚分明。下此即至扬雄，规模又窄狭矣。[1]

[1] 毛苌治《诗》，为河间献王博士。仲舒举贤良对策，为胶西相。二子言治，皆以修身齐家为本，先德教而后功利，最为得圣贤意。扬雄以清净寂寞为道，无儒者规模。〇或问：伊川谓仲舒见道不分明。朱子曰：如云"性者，生之质"，"性非教化不成"，似不识本然之性。又问：何所主而取毛公？曰：考之《诗传》，紧要有数处，如《关雎》所谓"夫妇有别则父子亲，父子亲则君臣敬，君臣敬则朝廷正，朝廷正则王化成"。要之，亦不多见，只是其气象大概好。

14.9 林希谓扬雄为禄隐。扬雄，后人只为见他著书，便须要做他是②。怎生做得是？[1]

[1] 禄隐，谓浮沉下位，依禄而隐，即禄仕之意也。雄失身事莽，以是禄隐，何辞而可？

---

① 苌：cháng。
② 做他是：以他为是。

14.10　孔明有王佐之心，道则未尽。王者如天地之无私心焉，行一不义而得天下，不为。孔明必求有成而取刘璋，圣人宁无成耳，此不可为也。[1]　**若刘表子琮将为曹公所并，取而兴刘氏，可也。**[2]

[1] 诸葛亮，字孔明。东汉末，曹操据汉将篡，孔明辅先主，志欲攘除奸凶，兴复汉室，而其规模宏远，操心公平，有王佐之心，然于王道，则有所未尽。盖圣人之道，如天地发育，无有私意，行一不义，虽可以得天下而不为。先主以诈取刘璋，孔明不得以无责。盖其志于有成，行不义而不暇顾。若圣人则宁汉无兴，不忍为此也。

[2] 先主依刘表。曹操南侵，会表卒，子琮迎降。孔明说先主取荆州，先主不忍。琮降则地归曹氏矣，取以兴汉，何负于表？较之取刘璋，则曲直有间矣。或谓先主虽得荆州，未必能御曹操。然此又特以利钝言者也。

14.11　诸葛武侯有儒者气象。[1]

[1] 孔明辅汉讨贼，以信义为主，以节制行师，以公诚待人，至于"亲贤臣，远小人"，"咨诹善道，

察纳雅言",有大臣格君之业。○朱子曰:孔明虽尝学申韩,然资质好,却有正大气象。

14.12 孔明庶几礼乐。[1]

[1] 文中子曰:"使孔明而无死,礼乐其有兴乎?"亮之治国,政刑修治,而人心豫附,名正言顺,礼乐其庶几乎?

14.13 文中子本是一隐君子,世人往往得其议论,附会成书。其间极有格言,荀、扬道不到处。[1]

[1] 文中子,王氏,名通,隋末不仕,教授于河汾。其弟王凝、子福畤等,收其议论,增益为书,名曰《中说》。○朱子曰:其书多为人添入,真伪难见。然好处甚多。就中论世变困革处,说得极好。又曰:文中子论治体处,高似仲舒而本领不及,爽似仲舒而纯不及。

14.14 韩愈亦近世豪杰之士,如《原道》中言语虽有病,然自孟子而后,能将许大见识寻求者,才见此人。至如断曰:"孟氏醇乎醇。"又曰:"荀与

扬择焉而不精，语焉而不详。"若不是他见得，岂千余年后，便能断得如此分明？[1]

[1] 韩愈，字退之，仕唐为吏部侍郎。尝著《原道》，其间如"博爱之谓仁"，则明其用而未尽其体；如"道德为虚位"，则辨其名而不究其实；如言"正心诚意"之学，而遗"格物致知"之功。凡此类皆有疵病。然其扶正学、辟异端，秦汉以来未有及之者。至于论孟氏之与荀、扬，尤其卓然之见也。

14.15 学本是修德，有德然后有言。退之却倒学了，因学文，日求所未至，遂有所得。[1] 如曰："轲之死，不得其传。"似此言语，非是蹈袭前人，又非凿空撰得出，必有所见。若无所见，不知言所传者何事。[2]

[1] 古之学者务修德而已，德之既盛，则发于言辞，有自然之文。退之反因学文而有所见。
[2] 朱子曰：韩文公见得大意已分明，只是不曾向里面省察，不曾就身上细密做工夫。

14.16 周茂叔胸中洒落，如光风霁月。[1] 其为政，精密严恕，务尽道理。[2]

[1] 见黄庭坚所作《诗序》。李延平每诵此言，以为善形容有道者气象。

[2]《通书·附录》。〇见潘延之所撰《墓志》。又孔经父《祭文》云："公年壮盛，玉色金声，从容和毅，一府皆倾。"

14.17 伊川先生撰《明道先生行状》曰：先生资禀既异，而充养有道。[1] 纯粹如精金，[2] 温润如良玉。[3] 宽而有制，[4] 和而不流。[5] 忠诚贯于金石，[6] 孝悌通于神明。[7] 视其色，其接物也，如春阳之温；[8] 听其言，其入人也，如时雨之润。[9] 胸怀洞然，彻视无间。测其蕴，则浩乎若沧溟之无际；[10] 极其德，美言盖不足以形容。[11] 先生行己，内主于敬，而行之以恕，[12] 见善若出诸己，[13] 不欲勿施于人。[14] 居广居而行大道，[15] 言有物而行有常。[16] 先生为学，自十五六时，闻汝南周茂叔论道，遂厌科举之业，慨然有求道之志。未知其要，泛滥于诸家，出入于老、释者几①十年，返求

① 几（jī）：将近。

诸六经而后得之。[17] 明于庶物，察于人伦。[18] 知尽性至命，必本于孝悌；穷神知化，由通于礼乐。[19] 辨异端似是之非，开百代未明之惑。秦汉而下，未有臻斯理也。谓孟子没而圣学不传，以兴起斯文为己任。其言曰："道之不明，异端害之也。昔之害近而易知，今之害深而难辨。昔之惑人也乘其迷暗，今之入人也因其高明。[20] 自谓之穷神知化，而不足以开物成务；[21] 言为无不周遍，实则外于伦理；[22] 穷深极微，而不可以入尧舜之道。[23] 天下之学，非浅陋固滞，则必入于此。自道之不明也，邪诞妖异之说竞起，涂生民之耳目，溺天下于污浊。虽高才明智，胶于见闻，醉生梦死，不自觉也。是皆正路之蓁芜①、圣门之蔽塞，辟之而后可以入道。"[24] 先生进将觉斯人，退将明之书，不幸早世，皆未及也。其辨析精微，稍见②于世者，学者之所传耳。[25] 先生之门，学者多矣。先生之言，平易易知，贤愚皆获其益，如群饮于河，各充其量。先生教人，自致知至于知止，诚意至于平天

---

① 蓁：草盛貌。芜：杂乱。
② 见：xiàn。

下，洒扫应对至于穷理尽性，循循有序。病世之学者，舍近而趋远，处下而窥高，所以轻自大而卒无得也。[26] 先生接物，辨而不间①，[27] 感而能通。[28] 教人而人易从，[29] 怒人而人不怨，[30] 贤愚善恶，咸得其心。[31] 狡伪者献其诚，[32] 暴慢者致其恭。[33] 闻风者诚服，[34] 觌②德者心醉。[35] 虽小人以趋向之异，顾于利害，时见排斥，退而省其私，未有不以先生为君子也。[36] 先生为政，治恶以宽，[37] 处烦而裕。[38] 当法令繁密之际，未尝从众为应文逃责之事。人皆病于拘碍，而先生处之绰然；众忧以为甚难，而先生为之沛然。[39] 虽当仓卒，不动声色。[40] 方监司竞为严急之时，其待先生率皆宽厚，设施之际，有所赖焉。[41] 先生所为纲条法度，人可效而为也。至其道③之而从，动之而和，不求物而物应，未施信而民信，则人不可及也。[42]

[1] 资禀得于天，充养存于己。
[2] 纯粹而不杂。

① 间（jiàn）：间隔。
② 觌（dí）：见。
③ 道：同"导"。

[3] 温良而润泽。

[4] 宽大而有规矩。

[5] 和易而有撙节。

[6] 忠诚之至,可贯于金石。

[7] 孝悌之至,可通于鬼神。

[8] 春阳发达,盎然其和。

[9] 优游而不迫,沾洽①而有余。

[10] 胸次洞达,无少隐慝。然测其学识所蕴,则又深博而无涯。

[11] 以上一节言资禀之粹、充养之厚也。

[12] 敬主于身,而恕及于物。敬则其本正而一,恕则其用公而溥。

[13] 与人为善也。

[14] 视人犹己也。

[15] 居天下之广居,不安于狭陋;行天下之大道,不由于邪僻。

[16] 言必有实,故曰物;行必有度,故曰常。〇以上一节言行己之本末也。

[17] 按:濂溪先生为南安军司理参军时,程公珦

---

① 沾洽:雨泽充足。

摄通守①事。视其气貌，非常人。与语，知其为学知道也。因与为友，且使其二子受学焉。而《程氏遗书》有言："再见周茂叔后，吟风弄月以归，有'吾与点也'之意。"明道学于濂溪者，虽得其大意，然其博求精察，益充所闻，以抵于成者，尤多自得之功。

[18] 明则有以识其理，察则加详于明。

[19] 孝悌，说见第四卷。《乐记》曰："天高地下，万物散殊，而礼制行矣；流而不息，合同而化，而乐兴焉。"通乎礼，则知万化散殊之迹；通乎乐，则穷万化同流之妙。此言明乎天，实本乎人也。

[20] 昔之害，杨墨、申韩是也；今之害，老佛是也。浅近，故迷暗者为所惑；深远，故高明者反陷其中。

[21] 自谓通达玄妙，实则不可以有为于天下。

[22] 自谓性周法界，然实则外乎人伦物理。

[23] 尧舜之道，大中至正。穷深极微，是过之也。

[24] 浅陋固滞者，乃刑名功利之习、训诂词章之

---

① 通守：通判。

士是也。学者不入于浅陋固滞，则必入于老佛之空无。

[25] 以上一节，言学道之本末，与其辟异端、正人心之大略也。

[26] 此一节言教人之道，本末备具而循序渐进，惟恐学者厌卑近而务高远，轻自肆而无实得也。

[27] 是非虽明，而亦不绝之。

[28] 感而必应。

[29] 教人各因其资，而平易明白，故易从。

[30] 怒所当怒，而心平气和，故不怨。

[31] 爱而公，故咸得其欢心。

[32] 待人尽其诚，而人不忍欺之。

[33] 待人尽其礼，而人不忍以非礼加之。

[34] 诚服者，真实而非勉强。闻风而服，则无远不格矣。

[35] 盛德所形见者，熏乎至和，如饮醇酎①。

[36] 先生以议新法不合，遂遭排斥。然当时用事者②亦曰："伯淳，忠信人也。"则其言行之懿，有

---

① 酎（zhòu）：多重加工而酿成的醇酒。
② 用事者：执政当权者。此指王安石。

不可诬者。○以上一节言接物之道。

［37］开其自新之路，改而止。

［38］得其要领，且顺乎理。

［39］法令峻密，而先生未尝为苟且应命之事。然而处之有道，故不见其碍；为之有要，故不见其难。

［40］理素明而志素定。

［41］忠信恳恻，足以感人。故能不徇时好，而得遂其所为。

［42］政令设施，可仿而行。道化孚①感，不可力而致。○以上一节，言为政之道。

14.18 明道先生曰：周茂叔窗前草不除。问之，云："与自家意思一般。"[1]

［1］《遗书》。下同。本注云：子厚观驴鸣，亦谓如此。○天地生意流行发育，惟仁者生生之意充满胸中，故观之有会于其心者。

14.19 张子厚闻生皇子，喜甚。见饿莩者，食便

---

① 孚：诚信。

不美。[1]

[1] 此即《西铭》之意。亦其养德之厚，故随所感遇，蹴然动于中而不可遏，初非拟议作意而为之也。

14.20 伯淳尝与子厚在兴国寺讲论终日，而曰：不知旧日曾有甚人于此处讲此事？[1]

[1] 吕原明曰：此处气象，自有合得"如此等人，说此等话"道理。

14.21 谢显道云：明道先生坐如泥塑人，接人则浑是一团和气。[1]

[1]《外书》。下同。○所谓"望之俨然，即之也温"。

14.22 侯师圣云：朱公掞①见明道于汝，归谓人曰："光庭在春风中坐了一个月。"游、杨初见伊川，伊川瞑目而坐，二子侍立。既觉，顾谓曰：

---

① 掞：yàn。

"贤辈尚在此乎？曰既晚，且休矣。"及出门，门外之雪深一尺。[1]

[1] 侯仲良，字师圣。朱光庭，字公掞。皆程子门人也。明道接人和粹，伊川师道尊严，皆盛德所形，但其气质成就有不同耳。明道似颜子，伊川似孟子。

14.23 刘安礼云：明道先生德性充完，粹和之气，盎于面背。乐易多恕，终日怡悦。立之从先生三十年，未尝见其忿厉之容。[1]

[1]《附录》。〇明道先生质之美、养之厚、德之全，故其粹然发见，从容岂弟如此。百世之下闻之者，鄙夫宽，薄夫敦，而况于亲炙之者乎？

14.24 吕与叔撰《明道先生哀词》云：先生负特立之才，知大学之要，博文强识①，躬行力究。察伦明物，极其所止。涣然心释，洞见道体。[1] 其造于约也，虽事变之感不一，知应以是心而不穷；虽天下之理至众，知反之吾身而自足。[2] 其致于一也，异端并立而不能移，圣人复起而不与易。[3] 其

① 识：zhì。

养之成也，和气充浃，见于声容，然望之崇深，不可慢也；遇事优为，从容不迫，然诚心恳恻，弗之措也。[4] 其自任之重也，宁学圣人而未至，不欲以一善成名；宁以一物不被泽为己病，不欲以一时之利为己功。[5] 其自信之笃也，吾志可行，不苟洁其去就；吾义所安，虽小官有所不屑。[6]

［1］识，记也。博文强识，博学也。躬行力究，力行也。察伦明物以下，物格而知至也。

［2］应感无穷，而实本乎吾心；物理散殊，而皆备乎吾身。言其学虽博而有要也。

［3］致一者，见之明而守之定。故邪说不能移，百世以俟圣人而不惑也。

［4］和易而有涵蓄，宽裕而恳至也。

［5］自任之重，所志者远。不安于小成，不急于近功。

［6］志若可行，不洁其去以为高；义择所安，亦不屑于就以自卑。

14.25 吕与叔撰《横渠先生行状》云：康定用兵之时，先生年十八，慨然以功名自许，上书谒范文正公。公知其远器，欲成就之，乃责之曰："儒者自有名教，何事于兵？"因劝读《中庸》。先生读其书，虽爱之，犹以为未足，于是又访诸释、老之书，累年尽究其说，知无所得，反而求之六经。嘉祐初，见程伯淳、正叔于京师，共语道学之要。先生涣然自信，曰："吾道自足，何事旁求！"于是尽弃异学，淳如也。[1] 晚自崇文①移疾②西归横渠。终日危坐一室，左右简编，俯而读，仰而思，有得则识③之。或中夜起坐，取烛以书。其志道精思，未始须臾息，亦未尝须臾忘也。学者有问，多告以知礼成性、变化气质之道，学必如圣人而后已，闻者莫不动心有进。[2] 尝谓门人曰："吾学既得于心，则修其辞；命辞无差，然后断事；断事无失，吾乃沛然。'精义入神'者，豫而已矣。"[3] 先生气质刚毅，德盛貌严。然与人居，久而日亲。其治家接物，大要正己以感人。人未之信，反躬自治，不以语人，虽有未谕，安行而无悔。故识与不识，闻风

---

① 崇文：崇文院，宋代朝廷藏书馆。横渠曾为崇文院校书。

② 移疾：移书言疾，犹言告病。

③ 识（zhì）：记。

而畏。非其义也，不敢以一毫及之。[4]

[1] 本注：尹彦明云：横渠昔在京师，坐虎皮说《周易》，听从甚众。一夕，二程先生至，论《易》。次日，横渠撤去虎皮，曰："吾平日为诸公说者，皆乱道。有二程近到，深明《易》道，吾所弗及，汝辈可师之。"○愚谓：此可以见横渠先生勇于从善，无一毫私吝之意。非大公至明，孰能如是？

[2] 说并见前。

[3] 人于义理，其初得于心者，虽了然无疑，及宣之于口，笔之于牍，则或有差。故命辞无差，则所见已审。以是应酬事物，知明理精，妙用无方矣。是皆穷理致知之功素立，而非勉强拟议于应事之时也。

[4] 德貌严毅而中诚恳恻，故与人久而益亲。躬自厚而薄责于人，故人心服而不敢加以非义。

14.26 横渠曰：二程从十四五时，便锐①然欲学圣人。[1]

[1]《语录》。

---

① 锐：《张载集·经学理窟·学大原上》亦作"锐"，今多引作"脱"。

附　录

近思录集解序

皇宋受命，列圣传德，跨唐越汉，上接三代统纪。至天僖、明道间，仁深泽厚，儒术兴行，天相①斯文，是生濂溪周子，抽关发朦，启千载无传之学。既而洛二程子、关中张子，缵②承羽翼，阐而大之。圣学湮而复明，道统绝而复续，猗与③盛哉！中兴再造，崇儒务学，遹遵祖武④，是以巨儒辈出，沿沂大原，考合绪论。时则朱子与吕成公采

---

① 相（xiàng）：助。
② 缵（zuǎn）：继承。
③ 猗（yī）与（yú）：叹美之辞。
④ 遹（yù）遵祖武：遵循祖先的遗迹。

摭四先生之书，条分类别，凡十四卷，名曰《近思录》。规模之大而进修有序，纲领之要而节目详明，体用兼该，本末殚举。至于辟邪说，明正宗，罔不精核洞尽。是则我宋之一经，将与《四子》① 并列，诏后学而垂无穷者也。尝闻朱子曰："《四子》，《六经》之阶梯；《近思录》，《四子》之阶梯。"盖时有远近，言有详约不同，学者必自近而详者，推求远且约者，斯可矣。采年在志学，受读是书，字求其训，句探其旨，研思积久，因成《集解》。其诸纲要，悉本朱子旧注，参以升堂记闻② 及诸儒辨论，择其精纯，刊除繁复，以次编入。有阙略者，乃出臆说。朝删暮辑，逾三十年，义稍明备，以授家庭训习。或者谓寒乡晚出，有志古学而旁无师友，苟得是集观之，亦可创通大义，然后以类而推，以观四先生之大全，亦"近思"之意云。

　　淳祐戊申长至③日，建安叶采谨序。

---

① 《四子》：即《四书》。
② 升堂记闻：及门弟子所记的朱子语录。
③ 长至：夏至。

近思录集解目录

紫阳先生朱文公。

南轩先生张宣公。

东莱先生吕成公。

勉斋先生黄文肃公名榦,字直卿。

节斋先生蔡氏名渊,字伯静。

果斋先生李氏名方子,字公晦。

近思录群书姓氏

周子《太极》《通书》[1]

明道先生《文集》[2]

伊川先生《文集》[3]

《周易程氏传》

《程氏经说》

《程氏遗书》

《程氏外书》

横渠先生《正蒙》[4]

横渠先生《文集》

横渠先生《易说》

横渠先生《礼乐说》

横渠先生《论语说》

横渠先生《孟子说》

横渠先生《语录》

[1] 周子，名惇实，字茂叔，避厚陵藩邸名①，改惇颐。世为道州营道人。营道县出郭三十里，有村落曰濂溪，周氏家焉。先生晚年卜居庐阜，筑室临流，寓濂溪之名。

[2] 先生姓程氏，名颢，字伯淳。太师文潞公题其墓曰"明道先生"。

[3] 先生名颐，字正叔，明道先生之弟也。家居河南伊水之上。

[4] 先生姓张氏，名载②，字子厚。世大梁人。父迪，知涪州事，卒于官，遂侨寓凤翔郿县横渠镇南大振谷口。晚年居于横渠。

---

① 厚陵藩邸名：宋英宗（陵号厚陵）为藩王时，名宗实。

② 载：zài。

附录

近思录前引

淳熙乙未之夏,东莱吕伯恭来自东阳,过予寒泉精舍。留止旬日,相与读周子、程子、张子之书,叹其广大闳博,若无津涯,而惧夫初学者不知所入也。因共掇取其关于大体而切于日用者,以为此编,总六百二十二条,分十四卷。盖凡学者所以求端、[1] 用力、[2] 处己、[3] 治人,[4] 与夫所以辨异端、[5] 观圣贤[6]之大略,皆粗见其梗概。以为穷乡晚进、有志于学而无明师良友以先后之者,诚得此而玩心焉,亦足以得其门而入矣。如此,然后求诸四君子之全书,沉潜反覆,优柔厌饫①,以致其博而反诸约焉,则其宗庙之美,百官之富,庶乎其有以尽得之。若惮烦劳,安简便,以为取足于此而可,则非今日所以纂集此书之意也。

五月五日,朱熹谨识。

[1] 首卷论道体。
[2] 二卷总论为学大要,三卷论致知,四卷论

---

① 厌饫（yù）：沉酣饱满。

存养。

[3] 五卷论克己，六卷论家道，七卷论出处义利。

[4] 八卷论治体，九卷论治法，十卷论政事，十一卷论教学，十二卷论警戒。

[5] 十三卷。

[6] 十四卷。

近思录后引

《近思录》既成，或疑首卷阴阳变化性命之说，大抵非始学者之事。祖谦窃尝与闻次缉之意：后出晚进于义理之本原，虽未容骤语，苟茫然不识其梗概，则亦何所底止？列之篇端，特使之知其名义，有所向望而已。至于余卷所载讲学之方、日用躬行之实，具有科级。循是而进，自卑升高，自近及远，庶几不失纂集之指。若乃厌卑近而骛高远，躐等陵节①，流于空虚，迄无所依据，则岂所谓"近思"者耶？览者宜详之。

淳熙三年四月四日，东莱吕祖谦谨书。

① 躐（liè）等陵节：越级。

进近思录表

臣采言：先儒鸣道，萃为圣代之一经；元后①崇文，兼取微臣之集传。用扶世教，昭揭民彝。臣采实惶实恐，顿首顿首。窃惟邹轲既殁，而理学不明；秦斯所焚，而经籍几息。汉专门之章句，训诂仅存；唐造士以词华，藻绘弥薄。天开皇宋，星聚文奎。列圣相承，治纯任于王道；诸儒辈出，学大明于正宗。逮淳熙之初元，有朱熹之继作，考图书传集之精粹，溯濂、洛、关陕之渊源，摭其训辞，名《近思录》，汇分十有四卷，六百二十二条。凡求端、用力之方，暨处己、治人之道，破异端之扃鐍②，辟大学之户庭，体用相涵，本末洞贯，会六艺之窔奥③，立《四子》之阶梯，人文载④开，道统复续。臣昔在志学，首受是书。博参师友之传，稍穷文义之要，大旨本乎朱氏，旁通择于诸家。间

---

① 元后：天子。
② 扃（jiōng）：门闩。鐍（jué）：锁。
③ 窔（yǎo）奥：屋室的东南、西南二隅。
④ 载（zài）：又，再。

有阙文，乃出臆说。删辑已逾于二纪，补缀仅成于一编。只欲备初学之记言，讵敢尘乙夜①之睿览②。兹盖恭遇皇帝陛下天锡圣智，日就缉熙③。遵累朝之尚儒，讲诵不违于寒暑；列五臣于从祀，表章远迈于汉唐。岂徒褒显其人，正欲阐明斯道。俯询《集解》之就绪，遽命缮写以送官。傥于宫庭朝夕之间，时加省阅，即是周、程、张、朱之列日侍燕闲。固将见天地之纯全，明国家之统纪，表范模于多士，垂轨辙于百王。粤自中古以来，未有若今之懿。臣幸逢上圣，获效愚衷，顾以萤爝之微，仰裨日月之照。五千文、十万说，虽莫赞于法言；四三王、七"六经"，愿益恢于圣化。所有《近思录集解》壹部拾册，谨随表上进以闻。干冒宸严，臣无任战汗屏营之至。臣采实惶实恐，顿首顿首，谨言。

淳祐十二年正月　日，朝奉郎监登闻鼓院兼景献府教授臣叶采上表。

---

① 乙夜：二更。
② 睿览：御览。
③ 缉：继续。熙：光明。

"新编儒林典要"已出书目

《太极图说、通书 述解》　　　（宋）周敦颐 撰，（明）曹端 述解
《近思录集解》　　　　　（宋）朱熹、吕祖谦 编，（宋）叶采 集解
《慈湖家记》　　　　　　　　　　　　　　　　　（宋）杨简 撰